老年社会工作

LAONIAN SHEHUI GONGZUO

朱媛媛　阎 安　编著

中国社会出版社
国家一级出版社 · 全国百佳图书出版单位

图书在版编目（CIP）数据

老年社会工作 / 朱媛媛，阎安编著．-- 北京 ：中国社会出版社，2022.11（2024.8 重印）
ISBN 978-7-5087-6739-0

Ⅰ.①老… Ⅱ.①朱… ②阎… Ⅲ.①老年人-社会工作 Ⅳ.①C913.6

中国版本图书馆 CIP 数据核字（2022）第 051611 号

老年社会工作

出 版 人：程 伟
终 审 人：李 浩
责任编辑：李新涛
装帧设计：时 捷
出版发行：中国社会出版社
（北京市西城区二龙路甲 33 号 邮编 100032）
印刷装订：北京联兴盛业印刷股份有限公司
版 次：2022 年 11 月第 1 版
印 次：2024 年 8 月第 2 次印刷
开 本：170mm × 240mm 1/16
字 数：310 千字
印 张：19
定 价：68.00 元

目　录

第一章　老年社会工作概述

随着人口老龄化脚步的逼近，我国大力推动老年社会工作的发展，丰富拓展我国老年社会工作的内容，助力解决老年群体面临的一系列社会问题。本章将重点介绍老年社会工作的基本概念，即老年社会工作的含义、类型、范围、目标、原则和功能，以及老年社会工作者的必备条件等。

第一节　老年社会工作的含义、类型和特征

老年社会工作是社会工作的重要组成部分，伴随着世界人口结构的变化和国际范围老龄化社会的发展趋势，老年社会工作的研究和实施在现代社会发展中越来越重要。随着经济的发展与医疗卫生条件的改善，人的预期寿命越来越长，老年人在整个社会人群中所占的比例也会越来越高，老龄化社会的到来是社会发展的必然趋势。由于老年社会工作含义、类型与范围的特殊性，需要作专业的研究，具有与其他领域社会工作不同的含义。

一、老年社会工作的含义

（一）老年社会工作的概念

老年社会工作是指老年社会工作机构和老年社会工作者运用社会工作的理论、原则和方法，为老年人提供社会保障与社会服务，解决老年人的社会问题，使老年人能够继续参与社会生活，幸福安度晚年的社会活动。

在我国，老年社会工作的领导和组织机构是各级老龄工作委员会以及党组织中的老干部局，具体工作机构是政府、集体和私人兴办的老人服务单位，

如老人院、老人公寓、老人医院、老人服务中心等；老年社会工作者包括所有从事与老年人工作有关的人员，如老龄委、老干部局的工作人员，老人服务机构的从业人员以及义务工作人员。老年社会工作的对象是我国60岁以上的男性公民和55岁以上的女性公民。

（二）老年社会工作的特征

老年社会工作是一门应用性的社会科学，它以研究老人社会现象和运用老年社会工作的理论、方法解决老年人的具体问题为工作内容。其具体特征如下：

1. 综合性

老年社会工作涉及的学科非常广泛与复杂，它要求老年社会工作者能够运用多种学科的知识、多种工作方法与技能去处理老人的社会问题，综合性是老年社会工作的显著特征。

2. 科学性

老年社会工作不论其知识基础还是专业理论，以至具体的工作方法、技能都具有科学性。具体来说，老年社会工作的基础学科有医学、社会学、心理学、法学、行为科学等，这些学科都有专门的系统理论和科学的知识。另外，老年社会工作还有自己的专业理论与工作理论，是经过长期的工作实践证明行之有效的，因而同样具有科学性。

3. 服务性

老年社会工作在本质上是服务性的，其基本任务或职能是对有困难有需求的老年人提供有效的服务，帮助他们走出困境与误区，使他们能够保持独立与尊严，幸福地安度晚年。这些服务性工作可以是有偿的，也可以是无偿的。作为老年社会工作者，应有不辞劳苦、任劳任怨的无私奉献精神，全心全意为老年人服务。

4. 专业性

老年社会工作是综合多门学科的理论与知识发展起来的，这些理论与知识都具有专业的特点。同时，老年社会工作在发展过程中不断地吸收其他专业的理论与知识，形成有别于其他专业的特点，具有自己专门的理论工作方法与技巧。这些理论与方法、技巧，如果不经过专业训练和学习是无法获得的。

二、老年社会工作的类型

老龄化社会产生的问题涉及诸多方面，老年社会工作的内容也错综复杂，根据不同的标准与内涵，可划分为多种类型。

1. 从工作任务上划分，可分为提供帮助型老年社会工作、科学研究型老年社会工作和行政管理型老年社会工作。提供帮助型老年社会工作指直接为老年人服务，为老年人提供物质上和精神上的帮助的工作。科学研究型老年社会工作指从事与老年人有关的科学理论的研究工作，如研究老年行为学、老年心理学的工作。行政管理型老年社会工作指在国家老年社会工作机关和老人服务机构从事行政工作。

2. 从工作对象上划分，可分为低龄老年人的社会工作、中龄老年人的社会工作、高龄老年人的社会工作和老年妇女的社会工作等。

3. 从工作目标上划分，可分为治疗与照料性的老年社会工作，辅导和指导性的老年社会工作，行政和研究性的老年社会工作等。

4. 从工作关系上划分，可分为直接性的老年社会工作和间接性的老年社会工作。直接性的老年社会工作指直接接触老年人，为老年人提供各种服务的工作。间接性的老年人社会工作指对老年社会工作进行组织领导、理论研究、政策制定等。

5. 从工作方法上划分，可分为个案老年社会工作、团体老年社会工作和社区老年社会工作等。

三、老年社会工作的范围

发展老龄事业，开展老年社会工作，妥善解决老年人问题，提高老年人生活质量，解决老龄化社会所带来的各种问题，是党和政府一项非常迫切的工作任务。根据《中国老龄事业发展“十五”计划纲要（2001—2005年）》的精神，老年社会工作的范围包括经济供养、医疗保健、照料服务、精神文化生活和权益保障等五个方面。

（一）经济供养方面

1. 任务

初步建立政府、社会、家庭和个人相结合的经济体系，保障老年人基本生活。

确保老年人生活水平随社会经济发展逐步提高。

2. 措施

在城镇，要加快建立统一、规范、完善的养老保险体系，确保企业离退休人员基本养老金的按时足额发放，全面实行基本养老金的社会化发放。

在农村，要逐步建立和完善土地保障，家庭赡养和社会扶持相结合的农民养老保障体系。

按照政府救济和社会互助相结合的原则，构建多层次、多元化、多项目的贫困老人救助体系。

（二）医疗保健方面

1. 任务

努力满足老年人的基本医疗需求。

初步建立以社区卫生服务为基础的老年医疗保健服务体系。

做好健康教育和预防保健工作，提高老年人口健康水平。健康教育普及率城市达到80%，农村达到50%。老年人体育健身参与率达到40%~50%。

2. 措施

要完善和推进城镇职工基本医疗保险制度，逐步探索和建立城乡医疗救助制度，改善特困老年人的医疗条件。

加强社区老年卫生工作。要充分利用城市现有卫生资源，大力发展社区老年卫生服务，以优质、便捷、经济为原则，为老年人提供预防、医疗、护理和康复等多种服务，逐步把老年人的基本健康问题大部分解决在社区。

重视健康教育和预防保健。逐步建立社区老年人口健康档案，加强健康教育和健康监测。重视老年期常见病、多发病的防治和康复研究，建立老年人口健康评价指标体系。

为老年人参与体育健身创造条件。县（市、区）要普遍设立老年体育指导站（点），加强对老年人体育健身活动的科学指导；城市社区和农村乡镇要因地制宜地开辟老年人健身场所；逐步建立老年人体质监测站，开展老年人体质监测指导工作。

高龄老人和残疾老人就医，享受优先服务。

（三）照料服务方面

1. 任务

初步建成养老设施网络。城市养老机构床位数达到每千名老人 10 张，农村乡镇敬老院覆盖率达到 90%。

初步形成以社区为依托的老年照料服务体系，提供全方位、多层次的服务。

建立社区为老年人服务的有效管理体制和服务队伍。

2. 措施

国家在充分利用现有设施的基础上，增加对养老设施建设的投入，通过新建和改、扩建的办法，办好示范性的养老设施，同时制定优惠政策，吸引社会力量投资兴办以社区为基础、不同档次的养老服务设施，注意以需求为导向发展护理型养老设施。城市要有老年公寓、社会福利院、老年护理院，街道要有与老年人需求相适应的养老院或托老所，充分利用城市基层医疗机构的现有资源开展养老服务，逐步形成养老设施网络。乡（镇）敬老院要进一步加强设施建设，完善服务功能，服务范围扩大到周边地区老年人。

制定和完善各类老年设施的建设标准和设计规范。住宅、道路交通和公共设施建设应逐步满足老年人的特殊需求。

大力发展社区老年照料服务。

加强社区老年管理与服务人员培训，提高职业道德和业务素质。

积极探索退休人员社区管理服务的新模式，逐步完善老年管理服务网络，充分发挥群众组织在社区老年社会工作中的作用。

（四）精神文化生活方面

1. 任务

营造全社会尊重、理解、关心和帮助老年人的社会环境与舆论氛围。

丰富老年人闲暇生活，提高老年人精神文化生活质量。

大力发展老年教育，在校老年学员人数在现有基础上增加 1 倍。

充分发挥老年人在社会生活中的积极作用。

2. 措施

充分发挥广播、电视、报刊等大众传播媒体的宣传和引导作用，采取多种形式，加强宣传工作，增强全社会的老龄意识；把弘扬敬老、养老、助老美德作为社会主义精神文明建设的重要内容；将敬老教育内容列入中小学教材；地方各级人民政府和有关部门要对老龄事业中涌现出的先进单位、家庭和个人给予表彰和奖励。

加强老年人活动设施建设。

加强老年人文化建设。

建立老年教育网络。各级政府要合理安排对老年教育的投入，同时动员社会力量，因地制宜办好老年教育。

开展适合老年人特点的教育活动，帮助老年人增长知识，陶冶情操，倡导科学、文明、健康的生活方式。

鼓励老年人继续参与社会发展。根据社会需要和自愿、量力的原则，创造条件，积极发挥老年人在两个文明建设和基层民主政治建设中的作用。

（五）权益保障方面

1. 任务

加强立法、执法工作，逐步形成维护老年人合法权益的法律保障体系。

加强普法教育工作。城市普法教育普及率不低于 80%，农村不低于 60%。

2. 措施

抓紧制定中华人民共和国老年人权益保障法实施细则以及有关老年人社会福利等方面的法律法规，根据实际情况，制订地方行政法规和部门规章。

加大执法力度，依法处理和打击侵犯老年人合法权益的不法行为。逐步建立较为完善的老年人法律服务、法律援助组织网络，基层法律服务和法律援助机构要设立老年人合法权益维护岗，社区要设立法律服务网点，保证老年人能够就地、就近、及时得到有效的法律服务。对无力支付法律服务费用的老年人，按有关规定提供法律援助，给予缓交、减免或免交的优待。

加大《中华人民共和国老年人权益保障法》的宣传力度，强化全社会维护老年人权益的法制观念。帮助老年人学法、懂法、守法，增强法律意识，依法维护自身的合法权益。

加强法律监督。各级老龄工作机构、老年社会工作者要切实履行职责，督促和协调各部门依法执行政策，积极配合和协助司法行政部门，做好维护老年人合法权益的工作。有关部门要对《中华人民共和国老年人权益保障法》的贯彻执行情况定期进行检查。

第二节　老年社会工作的目标、原则和功能

一、老年社会工作的目标和指导原则

为了促进我国老龄事业的发展，进一步做好老年社会工作，根据老年社会工作的特点、任务，确立如下目标和指导原则。

（一）老年社会工作目标

加快老龄事业发展步伐，重点解决老龄事业发展中的突出问题，落实“老有所养、老有所医、老有所教、老有所学、老有所为、老有所乐”，把老龄事业推向新的发展阶段，努力实现以下目标。

1. 初步建立适应社会主义市场经济要求，体现城乡不同特点的城市和农村养老保障体系。
2. 建立以城市社区为基础的老年人管理与服务体系。
3. 进一步丰富老年人的精神文化生活，加强思想政治工作。
4. 切实维护老年人的合法权益。
5. 建立老龄事业的正常投入机制。
6. 健全老龄工作体系。

（二）老年社会工作指导原则

为了提高老年人口的生活质量，实现经济和社会的可持续发展，发展老龄事业，需要遵循以下原则。

1. 坚持老龄事业与国民经济和社会发展相适应

把老龄事业纳入可持续发展战略，增加老龄事业投入，使其与经济社会发展水平和老年人口增长相适应。把解决现实老龄问题和应对人口老龄化高峰的长远准备结合起来，统筹兼顾，协调发展。

2. 坚持老龄事业与社会主义市场经济体制相适应

发展老龄事业要着眼于体制创新，发挥政府的主导作用，运用市场机制，动员社会各方面力量，推动老年服务业走向社会化、产业化道路。

3. 坚持家庭养老与社会养老相结合

完善社会养老保障制度，加快发展老年服务事业，同时继续鼓励和支持家庭养老，倡导个人的自我养老准备，走政府、社会、家庭和个人相结合的养老保障道路。

4. 坚持用法制和道德的力量营造发展老龄事业的社会环境

加强法制建设，建立健全法制约束机制；完善道德规范，重视舆论引导，增进代际和谐。

5. 坚持从物质和精神两方面提高老年人的生活质量

在保障老年人生活的同时，注意丰富老年人的精神文化生活，重视老年人的价值，发挥老年人的作用，引导老年人自立自强，积极向上。

6. 坚持因地制宜，分类指导，突出重点

重视农村老龄问题和农民的养老问题；解决好老少边穷地区老年人的生活困难问题；保障高龄老人、残疾老人、独居老人等特殊群体的基本生活和合法权益；把老龄工作的重心放在社区、基层。

二、老年社会工作的功能

老年社会工作的功能是指老年社会工作在社会生活中的地位和作用。老年人是社会生活中的重要成员，开展老年社会工作，解决好老年人的生存问题，提高老年人的生活质量，对社会的可持续发展具有重大作用。具体来说，老年社会工作大致有以下的功能。

（一）社会服务的功能

老年社会工作的本质就是为老年人服务，服务是老年社会工作最基本最重要的功能。随着社会的发展、社会分工的专业化和计划生育政策的推行，过去家庭养老的模式将逐步被社会养老取代。《中华人民共和国老年人权益保障法》中提出，社会要创造条件，保证老年人“老有所养，老有所医，老有所教，老有所学，老有所为，老有所乐”。

（二）社会稳定的功能

稳定是社会发展的前提与必要条件。老年社会工作的一个重要作用就是促进社会的稳定。

生老病死是人生的自然规律，现在的老年人若干年前就是青年人和中年人，他们年轻时是社会的中坚，对社会作出过巨大的贡献。但是，长期以来我国高积累、低收入和平均主义的体制使他们的价值没有体现出来。近十年来，我国经济取得巨大发展，人民生活水平迅速提高。社会的巨大财富中，有他们长期积累的一部分。做好老年社会工作，让老年人分享经济发展的成果，是对他们过去贡献的补偿，是体现社会公平的重要标志，而社会公平是社会稳定的重要砝码。

做好老年社会工作是弘扬中华民族尊老敬老的优良传统的体现。一方面使老年人感觉到社会的温暖，保持尊严地生活，减少失落感。另一方面也使年轻人认识到老年人的价值，应该受到社会的尊重。双方良性的互动可以消除代际之间的冲突，使社会趋于稳定和谐，积极健康地发展。

做好老年社会工作，使所有的老年人都能够无忧无虑地安度晚年，对整个社会也是一种慰藉。因为现在的年轻人将来也会老，一个尊老敬老的良性社会环境使他们看到自己的将来，增加了对社会的理性认识，有助于维护我国安定团结的政治局面。

（三）社会整合的功能

社会整合是指社会内部人与人之间，人与群体、社会之间的互相联系与合作的和谐状态。一个社会如果没有整合，个人或群体之间就会产生隔膜、疏离，以致分化。在步入老年之后，生理与心理方面所受到的冲击会接踵而来，如职业丧失、地位变换、收入下降、社会活动减少、疾病缠身、配偶去世等，部分老年人因无法自我调适，变得孤独、猜疑、忧郁、沮丧，逐渐与世隔绝，加快了衰老的到来。作为老年社会工作者，有责任协助老年人摆正与现实的关系，重新找回自己在社会中的位置，确立有意义的生活目标，以弥补其失落感。

老年人重新投入社会，扮演起适当的社会角色，社会因为他们有所作为的存在而变得更加完整和协调。老年社会工作能使社会免于解组与分化，为社会营造互相信任与合作的氛围，增强人与人之间、人与社会之间的凝聚力，对社会的整合有重要的促进作用。

（四）社会管理的功能

所谓社会管理，是指对社会上的事务或人员的管辖与治理，包括领导、组织、协调、处理等功能。作为一项重要的社会系统工程，老年社会工作当然离不开管理。

首先，开展老年社会工作，必须有领导机构与人员。全国老龄事业工作委员会以及地方各级老龄委是国家在老年社会工作方面的行政管理机构，其职能是负责党和国家对社会老龄事业的管理。它从事的每一项工作，担负的每一项任务，如老龄政策的制定，老年社会工作的组织、领导，老年人权益的保障等，都毫无例外是社会管理功能在实际工作中的应用。

其次，开展老年社会工作，兴建老年人活动场所，开设老人服务中心，组织老年人活动，为老年人提供各项服务等，都离不开组织与管理。至于兴办老人养老机构，如老人院、敬老院、老人公寓等，更需要科学的现代化的管理。缺少有效的管理，这些机构就办不下去，更不用说为老人提供优质的服务。由此可见，开展每一项老人社会工作都需要管理，社会管理是老年社会工作的一个重要功能。

第三节　老年社会工作的历史

一、老年社会工作的缘起

中国是礼仪之邦，敬老爱老尊老具有悠久的传统。早在三千年前，《礼运·大同篇》有说："故人不独亲其亲，子其子，使老有所终，壮有所用，幼有所长，矜寡孤独废疾者，皆有所养。"《周礼·司徒篇》有言："以保息六养万民，一曰慈幼、二曰养老、三曰振穷、四曰恤贫、五曰宽疾、六曰安富。"孟子则提出："使民养生丧死无憾，王道之始也。""明君制民之产，必使仰足以事父母，俯足以蓄妻子，乐岁终身饱，凶年免于死亡。""老吾老以及人之老，幼吾幼以及人之幼"更是民间流传甚广的伦理道德观。中华民族的传统美德强调百行孝为先，这是我国开展老年社会工作的深厚历史和文化背景。

最早从法律上提出养老保障问题的是英国，英国从 1908 年开始起草、1911 年通过《养老金法》，从法律的角度规定保障老年人的基本生活需要。美国于 1935 年由罗斯福主持制定了《社会保障法案》，老年保险制度被置于社会保险方案首位。公共分类救助的方案明确以老人、贫困者、盲人以及儿童作为它的救助对象。自此以后，老年人的社会保障问题成为西方各国社会工作的主要关注对象之一。

二、老年社会工作的发展

老年社会工作的发展历程与社会工作的发展几乎是同步的，可以说从社会工作产生之日起，老年社会工作就是其中的重要内容。西方国家社会工作在 19 世纪末以来发展迅速，这与工业革命的发展带来许多社会问题有关。第二次世界大战以后，由于人口增长的加速和人口老龄化程度日益上升，使得各国政府不得不正视和面对人口老龄化给社会发展带来的种种考验和挑战。同时第四次产业革命所创造出来的巨大物质财富，也为老年社会工作的发展奠定了必要的物质基础，促进了世界各国老年社会工作蓬勃发展。随着老龄化社会的到来，老年社会工作比以往任何时代都显得更为迫切和重要。

现代社会老年社会工作的内容比初期有了很大的变化，不仅在经济上保障老年人的基本生活需要，还要考虑老年人的其他需求，比如交往的需求、自尊的需求。老年社会工作的思路也从改善老年人生活待遇的救助转为提供各种专业服务上来，比如激励老年人挖掘潜能、互帮互助，为老年人争取合法权益，协助老年人提高生活质量、体现晚年人生价值等发展性的功能。

三、影响老年社会工作的主要因素

（一）经济因素

社会生产力发展水平的高低是影响老年社会工作的首要因素，老年社会工作的目标就是要帮助有困难的老年人走出困境，与其他社会群体一起分享新的社会资源、提高生活质量，安度晚年。社会经济发展迅速，提供的物质财富多，老年社会工作发展就有物质基础的保障。老年社会工作的内容包括老年人福利津贴的发放、老年人福利设施的修建、老年人服务网络的构建等，需要政府和社会民间团体投入大量的资金。可以这么说，一个国家老年服务系统的完善程度主要取决于经济发展的水平。社会经济发展水平是老年社会工作发展的必要前提，但不是充分必要条件。老年社会工作的开展和实施必须有经济支持，还必须有社会政策的支持和经过专业培养和训练的社会工作者的支持。其中，老年社会工作的主要经济支持来自政府和民间团体。

（二）社会政策因素

国家的老年社会政策是开展老年社会工作的重要因素。一个国家对老年群体的重视程度及政策的支持与完善程度对老年社会工作有重要影响。老年人由于生命周期等许多因素的影响成为竞争能力较弱的群体，他们的合法权益的保障、福利保障水平的提高、生存条件的改善都依赖于国家社会政策的支持与保护。一个国家是否重视老年社会工作，可以通过为老年群体制定的社会政策反映出来。西方福利国家制定了一系列对退休老年人、贫困老年人、高龄老年人的社会政策与法规，在帮助老年人走出困境、满足老年人的基本生活需要和提高生活质量方面，国家和政府制定的政策起至关重要的作用。我国许多地方在交通、公园等娱乐场所对老年群体实施的优惠，就是社会政策的表现形式。

（三）文化环境因素

由于中西方文化观念不同，老年人的自我认同、传统观念中老人的赡养方式、居住方式、人际交往方式也往往存在着差异，导致不同文化背景下老年社会工作的区别。我国文化背景有敬老爱老的传统，十分注重“孝道”和家庭养老，使家庭承担了在西方由国家承担的养老义务，也使我国老年社会工作比较滞后。我国老年群体由于受传统文化和生活方式的影响，喜欢“四世同堂”式的热闹，特别是《红楼梦》中贾母众多儿孙围绕膝下的生活方式令不少人津津乐道。如果老年人由于各种原因要住进养老院，老年人被别人看作可怜，儿女则被看作不孝。因此，无论是老年人自己还是儿女都不愿意将老人送到养老院由专人照顾。当老年人疾病缠身需要照顾或者住院治疗时，儿女既要上班又要照顾老人，往往顾此失彼疲于奔命，成为很多家庭无法解决的难题。西方文化体系崇尚有独立才有尊严的生活方式，家庭成员无论老人还是青年都趋向于过一种比较独立的生活。因此，赡养老年人不是子女应尽的义务，而是政府的责任，老年人也承担自我养老的责任，在工作时期为自己晚年养老积累必要的养老基金，这就使西方国家普遍发展出一套比较完善的社会养老服务网络，以解决老年人的种种特殊需要。只要不是万不得已，西方国家老年人都不愿意与儿女居住在一起，他们认为与儿女一起居住没有隐私，没有隐私就没有尊严。我国社会工作者在从事老年社会工作时，必须注重文化背景的差异，不能照搬西方模式。

（四）技术因素

工业化和技术进步为解决老年人的社会问题提供了现代化的手段和服务。在自然经济条件下是家庭式养老，这种形式的重点就是解决温饱问题。现代社会养老问题已经突破了温饱的界限，老年人的物质、精神等生活质量的提高都纳入养老的范围。为老年人提供全面的养老方式，满足老年人的物质需求和精神文化需求，在健康保障、娱乐保健等方面的完善都有赖于社会技术因素的提高。

第四节　老年社会工作者的必备条件

在我国，随着老年人口的逐渐增加，需要更多的专业工作者参加老年社会工作的队伍，而老年社会工作本身的复杂性和严峻性也对老年社会工作者的水平和素质提出了更高的要求。作为一个合格的老年社会工作者，必须具备一定的专业素质，除了要有深厚的感情、热情的服务态度和耐心细致的工作方法外，还要有丰富的知识、熟练的技术、充足的能力。

一、老年社会工作者的知识结构

老年社会工作是一项管理性、服务性的职业，是在综合多门学科的理论与知识的基础上发展起来的。它要求老年社会工作者必须具备与之相关的学科知识。

（一）要有广博的基础知识

社会的发展，人口的老化，产生了一系列的老年社会问题。这些问题的产生并不是孤立的现象，而是社会各种因素互相作用的结果。开展老年社会工作，解决老年社会问题，就必须熟悉相关的社会现象，掌握相关的学科知识，懂得相关的工作方法。由于社会的现象错综复杂，老年人的问题包罗万象，客观上要求老年社会工作者必须具备广博的社会基础知识，以增强适应各种老年社会问题的能力。作为老年社会工作者，掌握广博的社会基础知识，在分析老年社会问题时，就能由此及彼，举一反三，就能透过现象看本质，抓住主要矛盾；解决老年社会问题时，就能融会贯通，对症下药，使问题迎刃而解。随着人口老龄化速度的加快，老年社会工作所要解决的问题日益增多，老年社会工作者对各种科学知识的需求也就永无止境。

具体来说，老年社会工作涉及医学、生物学、心理学、政治学、社会学、经济学、法学、教育学等多种学科，内容十分广博。对于以上这些知识，老年社会工作者都应该有所了解并掌握。例如，要进行老年人护理工作，没有基本的医学知识是难以胜任的；要为老年人争取合法权益，则必须依靠法律武器；对老年人心理健康的辅导离不开心理学、教育学等基础知识。由此可见，老年社会工作者应具有广阔的知识面，涉猎多种学科领域。

（二）要有精深的专业知识

除了广博的基础知识之外，精深的专业知识更是老年社会工作者不可或缺的，这是老年社会工作得以顺利开展的保障和关键。由于老龄社会产生的问题涉及诸多方面，老年社会工作的内容错综复杂，需要各种不同学科的人才从事这项工作。作为老年社会工作者，不同的服务岗位对老年从业人员有不同的要求。例如，作为老年社会工作行政机构的管理人员，除了要有以上基础知识外，还要有领导学、组织学、行政管理学、人口学、伦理学、社会调查研究方法等专业知识。掌握这些专业知识，行政管理机构的管理人员就能针对性地制定解决老年问题的有关政策和具体措施，促进老龄事业的发展。作为老年人社会服务机构的管理人员，应具备社会管理学、公共关系学、人才学、经济管理学等专业知识，这是管理好老人社会服务机构的必要条件。作为服务老年人的医务工作者，除了具备治疗各种疾病的医学基础知识以外，还要掌握老年病理学、老年心理学、老年养生学等专业知识，丰富的老年医学专业知识是为老年人提供优质服务的保证。从事简单劳动的老年护理人员也有专业知识的要求，他们除了需要掌握一般的医学知识以外，还应具备老人护理学、老年人营养学、老年人康复学等专业知识。

老年社会工作的方法和技巧是老年社会工作专业知识的核心内容。老年社会工作尽管在我国起步比较晚，但通过借鉴外国和我国多年的探索、实践，已经积累了一套关于老年社会工作的方法与技巧。由于老年社会工作者的专业方向或专长不同，担负的具体工作也就不同，有的做老年个案工作，有的做团体工作，有的做社区工作。从中国当前的现实条件来看，应该培养专业知识方面的“通才”，即应该通晓老年社会工作的所有专业知识，这样才有助于妥善解决各种问题，更好地适应新形势的要求。

二、老年社会工作者的能力要求

老年社会工作直接面向老年人，工作对象的特殊性决定了工作任务的复杂性。由于老年社会存在的问题多种多样，要求老年社会工作者必须具有较强的工作能力。

（一）社会交往能力

社会工作是同人打交道的事业，是使人们摆脱痛苦与困境的活动，而老年人又属于特殊的人群，更要求老年社会工作者应具有较高水平的、娴熟的社会交往能力。

1. 交往对象和内容的多样性对交往能力提出更高要求

21 世纪是个大变革的时期，我国已进入老龄化社会，老年人口的数量迅速增加，随着社会的变革和经济的发展，老年社会工作的对象和内容正在发生根本的变化。从传统的老年社会工作来看，其对象大多是社会上处于不利地位的老年人，是社会的下层。现在其对象不仅是社会的下层，而是社会广大的老年人，还包括高层次、高素质的老年人。这些老年人受过高等教育，有丰富的人生阅历，形成固定的思维定式，要与他们打交道，为他们排忧解难，非得有较高的社交能力不可。

随着社会经济的发展，老年人的物质、精神需求，已从过去的低层次向高层次发展变化。过去老年社会工作仅需解决老年人的衣食住行问题，现在，较多的是解决他们精神层次的追求与心理方面的困扰。因此，同这些老年人进行有效的交往，没有较强的社交能力是无法开展工作的。同时，作为老年社会工作者，要做好老年社会工作，还要与社会上方方面面的关系打交道，没有较强的社会交往能力同样是难以胜任的。

2. 交往情境的复杂性要求娴熟的交往能力

情境是老年社会工作者社会交往的背景，它对社会交往有直接影响。老年社会工作者的工作环境是时常变化的，因此，它对老年社会工作者的交往能力有不同的要求。比如在与同一个工作对象交往的过程中，由于对方的态度、行为以及具体环境的变化，交往的情境也随着发生变化，这一点老年社会工作者必须做到心中有数，有心理准备。例如，进行老年人心理咨询时，工作的对象可能会随着咨询的进展而有不同的反应。在这种情况下，老年社会工作者应该审时度势，正确地给出情境定义，作出适当的反应，千万不能手足无措，从而陷入被动。另外，某些老年社会工作具有综合性，常常要求老年社会工作者在短时间内妥善解决多种问题，提出正确的意见和主张。比如，在社区老年社会工作中，社区的情况千差万别，每个老年人又有不同的境况，这就要求老年社会工作者不断提高交往能力，使自己老练成熟。

（二）组织协调能力

老年社会工作对工作者的组织协调能力也提出了一定的要求，这在老年团体工作和老年社区工作中体现得最明显。

团体工作的实质是一个组织过程，是将有共同需要的工作对象组织联系起来的活动，团体工作可以看作是社会工作者的组织协调能力的集中展示。例如，在养老院中，社会工作者需要帮助院内老人筹划、组织各种文体活动，或创造一定的途径让老人们接受继续教育等。

社区工作以更复杂的情境、更艰巨的任务向老年社会工作者的组织能力提出挑战。在社区或居委会工作中，老年社会工作者有责任将辖区内的老年人团结、凝聚起来，同心同德地实现社区发展的目标。例如，我国目前城市社区中的志愿者队伍，相当一部分是老年人，这就是社会工作者充分动员的结果。

（三）决断能力

社会工作的服务对象是复杂多样的，其工作情境也变化多样，这使得社会工作者必须面对现实，针对不同情况作出恰当的回应。社会工作强调个别化原则，个别化原则不是倡导标新立异，而是要实事求是采取有差别性的处理方法。恰当的、有差别性的处理方法向社会工作者的决断能力提出近乎苛刻的要求。老年人本身就是社会中的脆弱群体，需要社会的关爱，社会工作者任何不慎的决策都将是对他们在身心方面新的打击，所以避免错误决策是老年社会工作者的基本信条。而要做到这一点，需要老年社会工作者有良好的判断能力，遇事善于决断，敢于决断。

三、老年社会工作者应具有奉献精神

老年社会工作者之所以应具有奉献精神，这是由老年社会工作的性质、作用和任务所决定的。

从老年社会工作的性质来看，老年社会工作是一种社会服务工作，它体现了社会（国家）对社会成员（广大老年人）的一种责任。这种责任是无偿的，是尽义务的，是义不容辞的职责。老年社会工作者则是代表社会（国家）来实施这一责任，为老年人、老年团体服务。老年社会工作者必须具有全心全意为人民服务的奉献精神，才能做好这项工作。反之，如果掺杂上个人或小集团的私利，那就必然会违背老年社会工作的宗旨，甚至会歪曲党和政府的方针、政策，做出损害人民的利益，损害党和政府威信的事情来。

从老年社会工作的作用来看，老年社会工作的使命是为社会主义制度下的社会发展、改革开放，提供一个稳定和谐的社会状况和积极健康的社会心理背景。老年社会工作者则是通过自己的工作，直接或间接地消除和转化由于各种原因造成的不协调或可能不协调的因素。老年社会工作者为了更好地发挥这种作用，必须培养和发扬奉献精神，竭诚尽职，一丝不苟地努力工作。

从老年社会工作的任务来看，老年社会工作纷繁复杂，涉及面广，责任重大。党中央、国务院发出的《关于加强新时代老龄工作的意见》，把老龄工作当作一项重要的政治任务来抓，《中国老龄事业发展“十四五”规划》又为老年社会工作制定了具体的工作任务。各级党委、政府必须高度重视，狠抓落实。要完成好每一项具体工作任务，都需要付出艰辛的劳动和汗水，没有奉献精神是很难完成这些艰巨复杂的任务的。

本章思考题：

1. 概述老年社会工作的含义、类型。
2. 开展老年社会工作有什么原则与方法？

3. 简述老年社会工作的任务和措施。
4. 简述老年社会工作者的必备条件。

本章“课程思政”点：

1.“老年社会工作”的起源和历史中融入中华民族传统美德和历史文化。
2. 对“老年社会工作”奉献精神的解析融入社会主义核心价值观。

第二章　老年社会工作的背景

联合国人口与发展委员会第51次会议发布的《世界人口趋势报告》（以下简称《报告》）指出，到2050年全球人口将达98亿。其中，65岁以上的老年人口将超过15亿，占总人口的16%。2021年全球人口总数近79亿，其中老年人口为7亿，占总人口的9.6%。从各地区2050年的老龄化比例（65岁以上人口占总人口比例）的推算值来看，欧洲最高，达28%，北美为23%，亚洲为18%。即使是全球年轻人口比例最高的非洲，老龄化比例也将从2017年的3%左右提高至6%。据联合国人口预测所示，到2050年60岁或60岁以上人口数量将达20亿。

第一节　人口老龄化的趋势和特征

联合国教科文组织规定，一个国家或一个地区的60岁以上的人口占该国家或地区人口总数的10%或以上，或一个国家或一个地区的65岁以上的人口占该国家或地区人口总数的7%或以上，那么，该国家或地区就进入了老龄化社会。根据第七次人口普查结果显示，我国60岁及以上人口已超过2.6亿，占全国人口比重的18.70%，其中65岁以上人口为19064万，占总人口的13.50%，比2010年上升了5.44个百分点。依照人口年龄结构的标准中国已经进入了老龄化国家行列。今后一个时期，我国老年人口还将以较快速度增长。“银发浪潮”正在向我国逼近，老龄化社会带来的老年人生活保障、医疗保险、心理健康和生活质量提高等正在成为我国的重大社会问题。

一、人口老龄化的含义

老龄化社会的到来是人类社会发展的必然趋势，同时也给人类社会带来了一系列的社会问题，需要给予足够的重视。在研究老龄化社会所带来的各种问题之前，我们先区分几个基本概念。

（一）老年人与老龄化

老年人与老龄化是两个不同的概念。老年人是指达到或超过老年年龄的人，老龄化是一种社会现象，指社会总人口中老年人数量达到一定比例，并持续增长的过程。

1. 老年人

人从出生开始，就经历生长、发育、成熟到衰老的缓慢过程。老年人是指生物上的人体结构和生理上的衰老，受生物学规律和周围环境的制约，与机体生长、成熟这一序列同步，随着时间的推移必然老化，具有不可逆转性。但是，由于人的生活环境不同、个人自身的生长条件和先天机体发育的差异，判断老年人的标准也有所不同。根据人的生理机能、心理状态和角色作用，可以分别从生理年龄、心理年龄和社会年龄来衡量。1956 年，联合国委托法国人口学家撰写并出版了《人口老龄化及其社会经济影响》一书，其中以 65 岁作为老年起点。后来，人口老龄化成了全球趋势，许多发展中国家老年人口不断增多，为了便于与发达国家作比较，1982 年，在联合国“老龄问题世界大会”上，将老年年龄的界限定义为 60 岁。目前国际通用的是以 60 岁或 65 岁作为标准。

2. 老龄化

老龄化不是某个长寿高龄的人，而是人类群体老化的社会现象。它包括绝对老化和相对老化。由于老年人口数量增多，老年人口数在总人口数量的比值中日益增大，这一老化过程被称为绝对老化。但是人口老化不仅取决于老年人口的绝对数量，而且取决于老年人口数与其他年龄人口数的相对比值。如果总人口中少年儿童或成年人比老年人增加得更多更快，那么，即使老年人数也在增多，也不能形成人口老化。反之，如果生育率下降引起少年儿童人口比重减少，最后引起总人口数减少，使得老年人口所占比重相对增加，也会引起人口老化。这种老年人口与总人口数量减少而出现的老化，称为相对老化。关于老龄化的界定，国际上的学者有诸多的说法。根据联合国提出的标准，65 岁及以上老年人口占总人口比重的不同，将人口年龄结构类型区分为年轻型、成年型和老年型三类。

老年人口占总人口 4% 以下——年轻型

老年人口占总人口 4%~7%——成年型

老年人口占总人口 7% 以上——老年型

目前世界上许多发达国家的老年人口比重已超过 10%，而发展中国家的老年人口也在不断上升，为了便于比较，一种较流行的建议是将 60 岁作为老年人口的起点。根据此种标准划分人口年龄结构类型为：

老年人口占总人口 5% 以下——年轻型

老年人口占总人口 5%~10%——成年型

老年人口占总人口 10% 以上——老年型

现在国际上通用的标准是将 65 岁及以上老年人口占总人口的比重≥7% 或 60 岁及以上人口≥10%，作为进入老龄化社会的标准。如果 65 岁以上人口所占比重达到 15% 以上，则为“超老年型”社会。

（二）老龄化速度

老龄化的速度是指社会中 60 岁或 65 岁以上老年人口的比重增长的速度。它主要受出生率与死亡率的制约，在经济发展较快的国家和地区，由于科学技术的进步、营养结构的改善和医疗事业的进步而使老年人的体质改善，寿命延长，死亡率降低。同时，由于年青一代生育意愿减弱，或国家推行计划生育政策，使人口出生率降低，社会老龄化的速度大大提高。一些经济发展非常缓慢的国家，由于科技水平低下、医疗卫生条件恶劣，人们的寿命通常都极低，出生率却比较高，人口老龄化的速度也较缓慢。

二、我国人口老龄化的发展趋势与基本特征

在西方发达国家受到银色浪潮冲击的同时，20 世纪 50 年代以来，发展中国家由于生育率和死亡率的持续下降，人口老龄化的步伐也大大加快。我国属于发展中国家，是世界上第一人口大国，根据第七次人口普查结果显示，2021 年中国已成为全世界老年人口数量最多、老龄化速度最快的大国。

（一）我国人口年龄结构的变化

近年来，我国人口数量在急剧增长的同时人口年龄结构也经历了快速的转变，先后经历了年轻型人口结构、成年型人口结构及老年型人口结构。

1. 年轻型人口

20 世纪 40 年代末至 60 年代末，我国人口的出生率非常高，除了 1960 年和 1961 年外，年出生率都在 30‰以上，生育率最高的 1963 年竟高达 43‰。持续的高生育率使少年儿童人口占总人口比重增加，导致老年人口比重减少，这一段时间我国人口年龄属于年轻型。

2. 成年型人口

70 年代末，我国开始全面落实计划生育政策，控制人口的出生率，使出生率大幅降低。1975 年至 1990 年间，人口出生率锐减为 23. 01‰以下，其中生育率水平最低的 1984 年为 17. 5‰。不断下降的出生率使少年儿童人口在总人口中所占比重减少，而在上一个生育高峰期出生的人已经开始成年，成年人数在总人口数中所占比例越来越大，我国人口年龄结构由年轻型转向成年型。

3. 老年型人口

90 年代以来，随着计划生育政策的不断落实，我国人口出生率持续降低，全国人口出生率下降到 10‰以下（2020 年为 8. 52‰）。同时，由于改革开放后，我国经济迅速发展，人民的生活水平有了极大的提高。医疗卫生事业的发展，使老年人的健康水平普遍提高，人均寿命达到 77 岁，与发达国家持平。人均寿命的不断提高使人口的死亡率持续下降，老年人的绝对数和相对比例均在增加。2010 年，我国第六次全国人口普查结果显示，0 ~ 14 岁的少年儿童占总人口的 16. 60%；60 岁及以上老年人口占总人口的 13. 26%，其中 65 岁及以上人口约为 1. 2 亿人，占 8. 87%。2021 年，第七次全国人口普查结果显示，0 ~ 14 岁的少年儿童占总人口的 17. 95%，60 岁及以上老年人口占总人口的 18. 7%，其中 65 岁及以上的约为 1. 9 亿人，占 13. 5%。可见，老年人的绝对数在增加。同 2010 年第六次人口普查相比，0 ~ 14 岁人口的比重上升了 1. 35 个百分点，60 岁以上人口比重上升了 5. 44 个百分点，其中 65 岁以上人口上升了 4. 63 个百分点，相较于略有上升的少年儿童比重，老年人口比重的大幅上升，使得老年人口在总人口中的相对比例也在增加。根据联合国的标准，我国人口老龄化程度已高于世界平均水平（65 岁及以上人口占比 9.3%）。

（二）我国人口老龄化的发展趋势

据专家预测，到 2030 年我国 60 岁及以上老年人口和 65 岁及以上老年人口的占比分别为 22.34% 和 15.21%，2040 年为 25% 和 20%。由此可见，2030 年时中国将进入“超老年型”社会。到 2050 年，60 岁以上的人口总数将达到 4 亿左右，占总人口的比重将超过 25%，届时，每 4 个中国人中间就有 1 个白发苍苍的老者，中国将成为高度老龄化的国家。

人口老龄化对社会经济和文化的发展产生一定的影响，这是不言而喻的。但是，从另一个方面也说明社会有较大的发展，人民生活水平迅速提高，医疗卫生条件有较大的改善和人的寿命不断延长。改革开放以来，我国社会和经济取得迅猛发展，人民生活普遍从贫困跨入小康，不少地区已经赶上西方经济发达国家的水平，人的平均寿命从 1980 年不足 60 岁到 2019 年超过 77 岁，所以，人口老龄化的速度加快是不足为奇的。从这方面来看，人口老龄化并不是一件坏事，而是社会进步的重要标志。只要我们有足够的认识，有充分的准备，就一定能够解决好人口老龄化的问题。

三、我国老龄化的基本特征

我国是一个人口大国，近 20 年来，社会经济发展迅速，人民生活水平有了较大的提高，死亡率迅速降低；同时，由于强制推行计划生育政策，生育率下降速度也比较快，使我国人口老龄化具有世界各国不同的特征。

（一）老年人口规模大，发展速度快

我国人口占世界人口的四分之一，老年人口的绝对数量居世界第一位。根据第七次人口普查结果显示，我国 60 岁及以上人口已超过 2.6 亿，占全国人口比重 18.70%，其中 65 岁以上人口为 1.9 亿，比 2010 年上升了 5.44 个百分点，约占世界老年人口总数的 1/4。我国进入老龄化时间迟，但老龄化发展速度大大快于世界平均水平。瑞典老年人口比重从 7% 升至 14% 用了 85 年，法国用了 115 年，老年人口发展速度最快的日本用了 26 年。中国人口老龄化速度与日本不相上下，老年人口比重从 7% 升至 14%，预计只需要 27 年。

（二）人口老龄化在时间和空间上不平衡

中国的人口老龄化在时间上分布不平衡，主要分为三个过程：第一阶段是1990—2000年，老年人口的绝对数和比例都在增长，60岁以上老年人口由1990年的9800万增加到2000年的1.3亿，所占比重也由8.59%上升到10.41%，而0～14岁的少年儿童人口在总人口中的比重开始下降。逐渐由成年型向老年型转化。第二阶段是2000—2025年，在这25年当中，中国人口的老龄化速度加快，60岁及以上老年人口将上升到18.51%，65岁以上老年人口将接近14%，而少年人口的比重继续下降到18.28%，这一阶段是中国开始进入高度老龄化社会的阶段。第三阶段是2025—2050年，这一阶段是中国人口老龄化的严重阶段。60岁以上老年人的比重将上升到27%左右，而少年人口所占比重下降到17%左右。此后，中国的人口比例分布将逐渐稳定下来。

中国人口老龄化的空间分布不平衡，主要表现在农村和城市之间、沿海与内陆之间、中部与西部之间的差别很大。总的来说，东南沿海地区属于老龄型，内陆和西部偏于成年型；城市偏于老龄型，乡村偏于成年型。90年代中期，上海、北京、天津、江苏、浙江5省市率先进入老龄化，而部分边远省区市在2000年之后10～20年时间才能进入老龄化。

在城乡差异上，我国人口老龄化的不平衡性具有两头突出的特点：一方面由于城市计划生育政策得到较好的落实及医疗卫生技术、生活水平的提高使人的寿命延长而表现为大城市人口超前老龄化；另一方面又表现为近年来农村地区青壮年劳动人口大量外流而使农村人口老龄化程度迅速提高。目前，农村老年人口数量庞大，已占全国老年人口总数的74.9%。今后，农村地区将是中国未来人口老龄化最严重的地区。面临的种种问题和困难将是今后农村老年社会工作的一大难题。

（三）呈现高龄化趋势

从1982年至1990年，中国80岁及以上的高龄老人年平均增长速度达到5%，快于60岁及以上老年人口的增长速度。1990年至2010年，80岁及以上的高龄老人年平均增长速度达到4.1%，快于世界平均3.0%和发达国家平均2.0%的水平。在1950年，世界80岁及80岁以上的老年人总数为1500万，占总人口的0.6%，而中国有233.8万人，占总人数的0.42%；2000年世界

80 岁及 80 岁以上的老年人总数为 6000 万人，占总人口的 0.98%，而中国有 1343.4 万人，占总人数的 1.07%。预计到 2025 年，世界 80 岁及 80 岁以上的老年人总数为 11100 万人，占总人口的 1.35%，而中国有 2574.8 万人，占总人数的 1.76%。中国的人口老龄化已经表现出明显的高龄化趋势。高龄老年人的比重不断上升，意味着医疗、护理任务加重，医疗和护理人员的社会需求量增大，用于医疗和护理方面的费用负担也加重，社会化的养老要求也越来越迫切。

（四）超前于社会经济的发展

一般情况下，经济发展、出生率下降和人口老龄化三者大致是同步的。中国人口老龄化是在经济发展水平不高，综合国力不强，人民生活水平还比较低的情况下到来的，人口老龄化超前于社会经济的发展。发达国家在进入老龄化社会时，已具备较强的经济实力，在经济上人均国民生产总值至少 1 万美元左右，到目前平均达 2 万美元左右。发达国家所经历的时间是几十年甚至是上百年，在时间上有一个缓冲的机会，从而能相应地做好各种工作。即便是一些发展中国家，在进入老龄化社会时，人均国民生产总值也大大超过我国，例如乌拉圭，在进入老龄化社会时人均国民生产总值也在 2000 美元左右。而我国，在进入老龄化社会时，人均国民生产总值仅 1000 美元。老龄化大大超前于经济发展，未富先老，超出了社会经济的承受能力，增加了解决老年问题的难度。到 21 世纪中叶，我国的老龄化水平接近发达国家水平时，我们的经济实力也仅相当于中等发达国家水平。因此，经济的发展滞后于老龄化将是困扰我们社会主义建设的主要问题。

第二节　开展老年社会工作的必要性

人进入老年期后，身体机能逐渐衰退，劳动能力、生活自理能力减弱甚至逐渐丧失。他们的赡养、医疗、生活服务等均需他人或社会的帮助。我国是在经济不发达的情况下迎来人口老龄化的，社会化养老未成体系，在老龄化社会到来时，一系列严重的问题也接踵而来。

一、人口老龄化带来的社会问题

现代社会总人口中老年人口比例的增大、家庭规模的缩小、人口流动的加剧、价值观念的变化等一系列因素，使老年人问题成为一个社会问题。具体来说，中国现实社会中的老年人问题主要有如下几方面。

（一）经济保障问题

人口老化给社会带来的最终问题就是经济问题，经济水平是制约老年人生存和发展的决定因素。在我国，城市老年人的主要收入是退休金，但微薄的退休金并不能让老年人安享晚年。近几年，由于一些企业的改革、生产效益较差等原因，退休金不能按时发放或打折扣，在物价上涨，特别是在生病和发生意外时，老年人的经济困难就表现得更加突出。因此，老年人在生活上主要依靠子女的现象比较普遍。而在农村，老年人的生活状况就更差，他们的经济来源主要依靠劳动收入，随着年龄的增加而体力衰退，收入越来越少，特别是在丧失劳动能力之后就等于失去了经济来源，完全依靠配偶或子女进行养老，生活水平相对较低。子女供养仍然是我国老年人目前主要的养老形式。《1999 年中国老龄问题报告》一文显示，在我国，57.1%的老年人主要依靠子女或其他亲属提供经济帮助，25.1%的老年人依靠自己的劳动收入，15.6%的老年人依靠退休金，依靠社会保险和救济等其他途径来养老的只有 2.2%。因此，妥善解决老年人的经济来源，确保老年人的经济生活无忧是解决老年问题中的首要问题。

（二）健康保障问题

老年人口对健康保障的需求大于其他年龄组的人口。而且，年龄越高，健康保障问题就越严重。一方面是由于生理机能的衰退引起疾病缠身，另一方面是由于高年龄组行动不方便，需要有一个方便快捷而服务良好的医疗机构。随着我国老龄化向高龄化发展，高龄老年人的医疗和护理的需求量也增大。但是，目前我国老年人总的医疗保障水平是较低的，尤其是农村，医疗保险系数很低。

医疗保障问题较突出地集中在如下几方面：一是老年人看病难，主要原因是老年人经济困难、手续烦琐和行动不便、交通不便等；二是老年人的医疗服务措施不完善；三是农村合作医疗覆盖率偏低；四是医疗费用支出增大，公费医疗不能及时、足额报销。特别是近几年伴随着公费医疗制度的改革，老年人在医疗方面的负担越来越重，健康保障问题就更突出。

（三）生活质量问题

老年人生活质量受社会制度、生产力发展状况和国家政策所制约，老年人生活水平的提高要靠经济、社会、文化、科技等多面的发展来实现。但是，我国的人口老龄化先于社会经济的发展速度，在经济上的支持和准备不足，老年人总的生活质量水平不高。主要表现在如下几方面。

1. 健康问题

老年人慢性病患病率高，带病期长，健康预期寿命短。我国老年人的健康状况不容乐观，超过 1.8 亿老年人患有慢性病，这意味着老年人群体中超过 70% 有慢性病史，并且常常多种疾病并发。60 岁以上老年人的慢性病患病率是平均患病率的 3.2 倍，伤残率是 3.6 倍，且城市老年人的慢性病患病率高于农村老年人。老年人的平均死亡率约为 5%，高于美国等发达国家水平。

2. 住房问题

衣、食、住、行是人的最基本生活需要，“住”对于老年人来说尤为重要。老年人随着年龄的增加，社会活动日益减少，而在家庭居室中的活动越来越多。目前，我国老年人中 29.8% 居住在城镇，70.2% 居住在乡村。在 65 岁以上老年户中，虽然有 77.02% 的户是老年人与子女或亲属一起居住，但是，只有一对老年夫妇生活的户占 11%，单独老人户占 10.44%，与未成年子女一起生活的户占 1.25%，也就是说，约有 23% 的老年人未与成年子女一起生活居住，缺少亲人的照顾。

3. 婚姻状况

在我国，60 岁以上的老人中有 11.8% 从未结过婚，离婚、丧偶者占 32.83%，与配偶一起生活的占 66%。随着年龄的增长，有配偶的老年人的比例逐渐减少，65 岁以上老年人有配偶的仅占 58%。无配偶的老年人群，包括离婚、丧偶和独身的，生活上的孤独感很强，婚姻状况对老年人的日常生活尤为重要。

4. 娱乐生活状况

我国老年人的娱乐生活设施较少，影响了老年人的生活满足感。主要存在两个比较突出的问题。一是“电视病”日渐严重。随着电视的普及，看电视已成为老年人最主要的娱乐活动。老年人长期坐在电视机前有损身心健康，也隔绝了与他人的交往。二是老年人的娱乐生活单一枯燥，这与目前我国老年人活动场所不足、布局不尽合理有关。

（四）家庭生活问题

老年人需要更多的照顾和慰藉，家庭与婚姻对于提高老年人的生活质量有重要的意义，天伦之乐是老有所乐的基础与核心。在这里，家庭生活问题主要是指生活照料和精神慰藉两方面的内容。

1. 生活照料方面

老年人的生活自理能力不断降低，特别是在丧失生活自理能力后，生活的各方面都需要家庭成员帮助甚至代劳。但是，随着家庭日益小型化，子女人数减少，且大部分有工作，照料护理老年人的时间减少，使老年人的照料护理水平降低。目前，社会服务还不可能实现高度社会化，家庭在老年人的生活照料方面仍发挥着重要作用。这样，一方面，需要照顾的老年人越来越多，时间越来越长；另一方面，能够照顾老年人的人越来越少，老年人的照料护理质量就不能不受到严重影响。

2. 精神慰藉方面

家庭对于老年人来说，不仅是主要的物质生活保障场所，也是重要的精神支柱。老年人随着年龄的增大而社会交往活动减少，尤其是一些意外事件的来临，如丧偶、病重、亲朋好友的生离死别等，都会给老年人带来严重的心理损害。因此，老年人特别需要家庭的精神慰藉，但是现代年轻人成家后往往搬离老人，加上工作压力大，更是大大减少了与老年人交流的时间。老年人失去了交流情感的对象和宣泄情绪的渠道，因而情感需要难以满足，老年人心理难以平衡，容易产生老年性的心理疾病。

（五）社会参与与社会融合问题

老年人参与社会，是指老年人参与社会的政治、经济、文化等活动。老年人退休后，随着年龄的增长，体力渐衰，其交往的圈子日益缩小，与社会逐渐脱离，这对老年人的身心发展都是不利的。所以，应该为老年人创造一定的条件和场所，鼓励老年人培养兴趣与爱好，学习知识、充实自己，积极参加社会活动，发挥余热，健康条件允许的老年人还可以再就业，实现自身价值，这既可以改善老年人的经济条件，也促进了老年人的社会交往，加强社会融合，缓解老龄化社会带来的矛盾，提高老年人的生活质量。

二、开展老年社会工作的必要性

我国的老龄化进程与经济发展不同步，未富先老。而在社会转型期间，长期以来形成的企事业单位的退休、劳动保护和公费医疗制度和农村依靠集体经济建立的“五保”体制已无法适应形势的需要，社会的老龄化对个人、家庭及国家都产生严重影响。解决国家过重的负担、减轻家庭的压力，提高老年人的生活质量，是当前老年社会工作的当务之急。

（一）我国老年社会工作的发展历程

我国的老年社会工作一直受到国家领导的重视。为履行国际联大的决议，并根据中国人口老龄化发展趋势，中国政府于 1982 年 3 月正式批准成立了“老龄问题世界大会中国委员会”，并组团出席了联合国于 1982 年 7 月 26 日至 8 月 6 日在维也纳召开的“老龄问题世界大会”。该会之后，经国务院批准，将“老龄问题世界大会中国委员会”改名为“中国老龄问题全国委员会”（简称“全国老龄委”），并于 1983 年 4 月正式被批准为常设机构。

“全国老龄委”的成立，为迎接中国人口老龄化的挑战，从思想、组织、理论、物资等方面做了准备工作，得到了联合国的赞许。到 1992 年底，中国已基本形成了专群结合的老龄组织网络，全国各地基本建立了“老龄委”以及办事机构，从组织上保证了老年社会工作的开展。

与此同时，各级各类行业性、专业性老年群众组织和学术团体，如老年学工会、老年基金会、老年大学工会、老年体育协会、老记者协会等组织应运而生，一些具有福利性质的老年服务设施和机构，如老年人活动中心、老人公寓、老年社区服务、老年康复医院、老年病医院和门诊、临终关怀医院、老年人合法权益咨询和老年人心理咨询机构等，也随着我国的经济发展和老龄化的加剧而不断产生和完善。

为保障老年人的合法权益，1996 年，我国制定并颁布了第一部老年人法律——《中华人民共和国老年人权益保障法》。

为更好地落实老年工作，自 2000 年起，《中国老龄事业发展“十五”计划纲要（2001—2005 年）》《中国老龄事业发展“十二五”规划》《“十三五”国家老龄事业发展和养老体系建设规划》等陆续出台，这些举措有力地推动了我国老龄事业的发展。2021 年 11 月，中共中央、国务院印发《关于加强新时代老龄工作的意见》，对加强新时代老龄工作作出全面部署。该意见与 2019 年中共中央、国务院印发的《国家积极应对人口老龄化中长期规划》以及即将印发的《“十四五”国家老龄事业发展和养老服务体系规划》，共同构成了实施积极应对人口老龄化国家战略、实现老龄事业和产业高质量发展的顶层设计。

我国老龄事业的发展，使老年人的经济供养和医疗保障得到改善，老年福利、文化、教育、体育事业有了较快发展，老年人的合法权益受到重视，老年人生活质量明显提高。但是，我国老龄事业总体上仍然滞后于人口老龄化的要求和社会经济的发展，客观上要求我们积极开展老年社会工作，建立和完善适应社会主义市场经济体制的老龄事业发展机制。

（二）开展老年社会工作的意义

开展老年社会工作，落实老年人的经济保障，协助家庭照顾老年成员的饮食起居，为老年人提供多种形式的社会服务，使老年人能够保持独立和尊严，积极参与社会活动，幸福地安享晚年，这对促进社会主义经济的发展，加强社会主义物质文明和精神文明建设具有多方面的意义。

1. 有助于发挥老年人的“余热”

积淀于老年人思想中丰富的阅历、知识、经验，是我们宝贵的人力资源，通过开展老年社会工作，充分利用老年人人力资源，落实“老有所乐”，使老年人既可以为教育下一代作出贡献，又可以在社会中充分发挥“余热”，实现自身的价值。

2. 有助于社会稳定

老龄化社会的到来，给社会、家庭以及经济的发展都带来不利的影响。开展老年社会工作，解决老年人问题，可以化消极因素为积极因素，对实现家庭的和谐、社会的稳定，为经济发展营造一个安定祥和的局面具有不可低估的作用。

3. 有助于社会主义精神文明建设

尊老敬老爱老是我们中华民族几千年的优良传统，老年社会工作的开展为更好地继承和发扬这一优良传统赋予了新的意义，它充分地体现了社会主义的道德风尚，是落实社会主义精神文明建设的重要内容。

（三）开展老年社会工作的作用

老年人是社会的重要组成部分，他们为中国革命和建设作出过重大贡献。满足广大老年人日益增长的物质和文化生活的需要，让老年人共享经济和社会发展的成果，是解决老年人问题的核心，也是构建有中国特色的“共建、共享、共治”格局的必要前提。具体来说，开展老年社会工作有如下的作用。

1. 确保老年人“老有所养”

目前，家庭养老是我国老年人主要的养老方式，靠国家和集体养老占老年人总数不到3%。靠家庭养老在今天的社会经济发展过程中暴露出不少弊端，主要是年轻人的负担系数增大，老年人的经济生活难以保障，家庭中得不到应有照顾，受虐待现象时有发生。

开展老年社会工作，建立和完善老年社会养老体系，进一步完善家庭的养老方式，倡导社会敬老、养老、助老的社会风尚，能使老年人从国家、社会和家庭层面获得物质帮助，确保老年人的基本生活。随着社会经济的不断发展，不断地调高老年人的养老标准，提高他们的生活质量，满足老年人多层次的精神生活需要，使老年人能够幸福地度过晚年，实现我国老龄事业发展纲要提出的“老有所养”的目标。

2. 实现老年人“老有所医”

我国目前存在着老年人“医疗服务设施简单，医疗费用高昂”等看病难问题。特别是在农村，由于合作医疗覆盖率低、交通不方便、经济条件差等原因，老年人看病难的问题更严重。另外，随着人口老龄化的进一步发展，高龄老年人不断增多，老年人的照料问题也越来越突出。

开展老年社会工作，建立起医院、社区、家庭相结合，保健、医疗、福利相结合的老年卫生保健系统，开设专业的老年病门诊和医院，能够合理解决老年人看病难的问题。发展老年医学，加强对传统医学的研究，探讨老年常见病、多发病的预防、诊断和治疗，能减少疾病对老年人的伤害，使老年人健康长寿。大力发展农村老年保险事业，建立三级医疗保健网络，把农村老年人纳入“人人享有卫生保健”的范畴，能保证他们的医疗需求，特别是能确保经济困难的老年人得到及时的医治，实现我国老年人“老有所医”的目标。

3. 能使老年人“老有所教”和“老有所学”

我国的老年人文化结构差异很大，总的文化层次较低。据调查，中国老年人口中，无文化老年人占半数以上。老年人口文化程度低，影响着他们的经济收入和精神生活。

开展老年社会工作，首先，结合老年人的特点，因地制宜，多渠道、多层次、多形式地开展老年教育，为老年人的“老有所教”和“老有所学”创造条件，能提高老年人的整体素质，从而整体上提高全民族受教育的水平。其次，通过学习，能使老年人积累智慧，挖掘潜能，满足老年人“再社会化”的充电要求，有利于老年人重新参加工作，发挥“余热”。最后，老年人通过学习，能使大脑得到有效的锻炼，防止机体过早衰老，有利于老年人的身心健康。

4. 有助于老年人“老有所为”

老年人有丰富的工作经验，是不可低估的智力资源和劳动资源。据统计，我国的人才资源严重不足，行业人才年龄断层的现象突出。而全国现有的离退休高级专业技术人员 80 多万，占在职高级专业技术人员的 40%，他们中有 90% 是年龄在 70 岁以下的低龄老年人，大多数有继续工作的能力。

首先，开展老年社会工作，发挥他们的优势，创造条件，通过各种渠道，帮助老年人再就业，可以改善老年人的经济条件，解决他们因物价上涨而造成生活水平下降的困难，减轻政府、社会和家庭的赡养负担，实现老年人自身的价值。其次，老年人再就业，能创造物质和精神财富，为社会贡献力量。最后，老年人通过工作，能充实自己，消除孤独感，满足精神生活的需要。

5. 满足老年人“老有所乐”

我国老年文化娱乐设施较少，分布不均衡，特别是农村老年文化生活设施和内容更是少得可怜。老年人的精神生活相对比较贫乏，对老年人自身和社会都有不良的影响。

开展老年社会工作，发展老年体育事业，多渠道地建立老年文化娱乐设施和开展各种文娱体育活动，能调动老年人参加集体活动的积极性，扩大老年人社会交往，充实他们的晚年生活，使他们感觉到自己存在的价值。发展老年体育，帮助老年人树立锻炼身体的信念，能提高老年人的体质健康，减少疾病，减少国家医疗费用的开支。

总之，开展老年社会工作，既解决人口老龄化过程中所带来的各种矛盾和问题，也能提高老年人的综合素质和生活质量，实现老年人的“老有所养、老有所医、老有所教、老有所学、老有所为和老有所乐”的目标。

本章思考题：

1. 试分析我国人口老龄化的趋势及所带来的社会问题。
2. 加强老年人与社会的联系有何意义？其主要方法有哪些？
3. 发挥老年人余热有哪些途径？应注意哪些问题？
4. 开展老年社会工作有何意义？

本章“课程思政”点：

1. 在“老年社会工作”的服务介绍与开展中融入社会主义精神文明建设。

2. 在“老年社会工作”的作用与意义中融入中华优秀传统文化及中国特色社会主义思想政治教育。

第三章　老年期的生理特征

老龄化社会的出现是国际社会发展的趋势，老年人问题成为全社会关注的焦点之一，老年社会工作也相应提上了日程。在老年人社会工作中，我们尤其关注老年人的健康问题，而老年人的健康包括了生理健康和心理健康两个方面。因此，要顺利地开展老年社会工作，首先，我们需要了解“老年人”，洞察他们在“老年期”这个阶段生理方面所出现的特殊变化，了解和掌握老年医学的相关知识，从而进行相应的老年人医疗保健工作。

第一节　老年期的含义

通常我们将人的生命周期分为婴儿、儿童、少年、青年、中年、老年几个阶段，显然，老年期是人生的最后一个阶段。年龄，是标记人的生命周期的时间尺度，老年期的界定也是以年龄为标准的。

马克思认为，人的本质是社会关系的总和，人的本体不仅只是生命的机体，而且还包括人的精神和社会活动。因此，我们对年龄的内涵有不同的理解，相应地，有关老年期的研究也存在着几种不同的观点。

一、年龄的不同内涵

（一）生命年龄（Life Age，LA）

生命年龄指个体出生到现在按年月计算的时间而确定的年龄，又称“实足年龄”或“自然年龄”。人的生命年龄随岁月而增加，一年增一岁，这是普遍采用的方法。那么，人到多大年龄才算进入老年期？各国标准不一。西方一些国家一般将老年期的起点年龄定为65岁，我国则习惯定为60岁。1964年我国第一届老年学与老年医学会议上明确规定，男女都以60岁以上为老年期。1980年亚太地区第一届老年学学术会议也规定，60岁以上的为老年人。

在中国民间，“年过花甲”即称为老年人。老年期是一个相当长的时期，不同时代有着不同的阶段划分。《周礼》曾将老年期分为五个阶段：“五十曰艾，六十曰耋，七十曰耆，八十、九十曰耄，百岁曰期颐。”《说文》上则从70岁算起，将老年期分为四个阶段：“七十曰老，八十曰耋，九十曰鲐背，百年曰期颐。”为研究方便，现代有学者把老年期划分为3个阶段，55~65岁为老年前期，65~75岁为老年期，75岁以上为衰老期。

应该承认的是，每个人的生命年龄增长的速度虽然相同，但由于其所处的客观环境千差万别，以及个人的体质等其他因素的影响，生命年龄并不能完全代表一个人的生理功能、心理状况以及社会活动能力等方面的内容。

（二）生理年龄（Physiological Age，PA）

生理年龄指以正常个体生理学上和解剖学上的发育状况为标准确定的年龄，这一年龄是根据个体目前的健康状况（如细胞、组织、器官、生理功能等）以及反映其健康状况的生理指标来确定的。一般来说，生理年龄会随着生命年龄的递增而增长，也就是说机体的结构和功能会随着增龄而发生老化性改变。人们把这种变化分成4个阶段：0~19岁为生长发育期，20~39岁为成熟期，40~59岁为衰老前期，60岁以上为衰老期。生理年龄在60岁以上的人，其机体内各脏器组织的活动已呈现老化，并逐渐衰竭，因此称之为“老年人”。

当然，生理年龄并不完全等同于生命年龄。由于先天遗传因素和后天环境、疾病、营养、运动等因素的不同影响，机体的生理功能、组织结构的老化速度是不同的，个体差异很大。例如，同为60岁，有的人身板硬朗，精神抖擞，显得非常年轻；有的人却步履蹒跚，百病缠身，看上去很苍老。

（三）心理年龄（Mental Age，MA）

心理年龄是根据个体心理活动的程度与功能确定的个体年龄，也叫“智力年龄”。人的心理年龄分为三个时期：0~19岁为未成熟期，20~59岁为成熟期，60岁以上为衰老期。心理年龄在60岁以上的被认为是老年人，它反映出一个人在经历了漫长的人生中其主观感受方面的老化程度。

心理年龄和生命年龄、生理年龄并不完全同步。例如，有些人年纪不大，但心理上却“未老先衰”“老气横秋”，整日意志消沉，感叹生命苦短；而有些人年纪虽大，仍然思维敏捷、动作稳健、情绪乐观，可谓“老当益壮”“人老心不老”。很明显，后者的心理年龄要低于前者。

（四）社会年龄（Social Age，SA）

社会年龄指根据一个人在与其他人交往中的角色作用来确定的个体年龄，它反映的是个体的社会行为的成熟程度。一般来说，社会年龄分为 3 个阶段：0～17 岁为未成熟期，18～59 岁为成熟期，60 岁以上为衰老期。社会年龄在 60 岁以上者为老年人。社会年龄和前面三种年龄并非一致。人们常说某人“老年持重”，意即一个人的社会行为稳重，而所谓的“老来少”则指老年人的行为返老还童。

二、人生四种年龄的关系

人的四种年龄的发展速度通常并不同步，一般来说有下列几种情况。

（一）生命、生理、心理和社会年龄四种年龄发展基本同步

大多数老人在离退休后随着体力的减退，不再担任任何社会职务，疾病增加，健康下降，感知觉、记忆力、智力、情绪、兴趣等心理能力迅速衰退，在人际交往、参加社会活动等方面也进入了低潮状态。

（二）生命年龄衰退在先，其他三种年龄老化在后

我们看到，有的老年人虽已退休，但仍然“宝刀未老”，或自谋职业、继续创业，或积极参加社会活动、发挥余热，或热衷于琴棋书画、花草鱼鸟之趣，他们没有把职业当作生活的全部，而是将离退休视为一种生活方式的转变，一种身心自由发展的机会。

（三）心理、社会年龄老化在先，生命、生理年龄衰退在后

这就是俗语常说的“未老先衰”。例如，有的人身体并无大病患，外表也无明显衰老症状，但对外界各种刺激的反应能力减弱，兴趣减退，回避社交，

性情变得孤独、忧郁、封闭，甚至心智不明。

（四）社会年龄老化在先，生命、生理和心理年龄老化在后

比方说，现在社会中典型的“59 岁现象”，一些人自恃过去功勋卓著、劳苦功高，临退休时变得胆大妄为，想趁机捞一把，因此在社会行为方面倒退到不成熟的状态或者说老化到利令智昏，结果自食其果。这就是社会年龄提前衰退的明显表现。

以上介绍了人的四种年龄——生命、生理、心理和社会年龄，而且这四种年龄的发展并不是齐头并进的。在人类无法改变的生命年龄的基础上，人们的生理功能、心理状况以及社会行为能力都不尽相同。由此可见，对于“老年期”的界定在不同的年龄背景下应该区别对待。尽管如此，我们也看到，这四种年龄都是共同地以 60 岁为起始年龄的，因此，我们可以将一般意义上的“老年期”概括为年龄在 60 岁以上的人所处的生命周期，而 60 岁以上的则称为“老年人”，在这一特殊的年龄阶段中，老年人在生理和心理等方面出现了较大的变化。

第二节　老年期的生理特征

老年期的典型特征就是“老”，即老化、衰老的意思，而人的老化首先就是从生理方面开始的，这种生理特征的变化不仅体现在上述老年人的外观形态上，还反映在人体内部的细胞、组织和器官以及身体各功能系统的变化上。

一、老年期的形态变化

形态上的变化包括细胞的变化、组织和器官的变化以及整体外观的变化。

（一）细胞的变化

这一变化是人体衰老的基础，主要表现为细胞数的逐步减少。人体细胞大约有 60 兆，一般地说，每一秒钟就会死亡 50 万个，同时再生 50 万个。如此反复两年，人体的细胞差不多更换一新。随着年龄的增长，再生细胞数越来越少，死亡数越来越多。日本学者长期研究认为，细胞数目的下降是导致

衰老的主要原因。据研究测定，男性在 40 岁以后、女性在 20 岁以后细胞数就开始缓慢减少，70 岁以后更是急剧下降。除此以外，还会出现细胞分裂、细胞生长及组织恢复能力降低、细胞萎缩等现象。

（二）组织和器官的变化

由于内脏器官和组织的细胞数减少，脏器发生萎缩，重量减轻。据估计，70 岁老人的肺、肾、脑和肌肉的细胞数大致相当于 20 岁年轻人的 60% 左右，70 岁老人的脾脏和淋巴结的重量减为中年人的一半。器官在长期活动中的消耗和劳损也引起了功能减退。例如，心脏每时每刻都在不断搏动，日久天长，就会使心脏的弹性减弱，心肌发生萎缩，功能不断衰退。

（三）整体外观的变化

随着年龄的增长，体态和外形也逐渐出现变化，体现在以下几个方面。

1. 头发。老年人头发变白是一种明显特征，少数人在 30 岁前头发已经发白。随着年岁日增，白发的人数不断增多，在 60 岁以后，几乎 100% 的人头发变白。很多老年人还会出现脱发甚至秃顶等情况。

2. 皮肤。皮肤有了皱褶，变得粗糙，弹性减弱，出现老年疣、老年性色素斑及角膜上的老人环等。

3. 身高。人到老年时，身高逐渐变短。据日本统计资料，从 30 岁到 90 岁之间，男性身高平均降低 2. 25%，女性平均降低为 2. 5%。伴随这一变化，老年人会出现弯腰驼背等体征。

4. 体重。老年人体重的变化因人而异，有些人随年龄增大而逐渐减轻，变得消瘦，这是因为老年人细胞内的液体含量比年轻人大约减少 30%~40%；但也有老年人体重逐渐增加，这是因为脂肪代谢功能减退导致脂肪沉积增加，尤其是在更年期内分泌功能发生退化以后更为显著。

5. 其他。肌肉松弛、牙齿松动脱落、语言缓慢、耳聋眼花、手指哆嗦、运动障碍等，也是我们常见的老年人的外貌特征。

需要指出的是，上述这些变化的个体差异很大，它与一个人的健康状况、生活方式、营养条件、精神状态和意外事件等因素都有密切关系。例如，所谓“一夜白头”，就是指人在遭受重大精神创伤后，可以在短期内头发急剧变白，皮肤皱纹增多，顿时显出老态。当然，毛发的变白和脱落程度往往也和家族遗传有关。此外，长期患有慢性病的人也会发生未老先衰的现象，这些和年龄不相应的老化现象是一种病理现象，不是自然的生理现象。

二、老年期生理功能的减退

在生理功能方面，老年人也表现出明显的衰退趋势。首先，储备能力减少。这是全身组织器官与生理功能退化的结果，对于这些老年人来说，一旦环境发生变化或出现意外事故而处于紧张状态时，机体就难以应付，从而影响其正常的生理功能。例如，运动时供应所需能源的糖原贮存不足，机体不能及时提供能量，老年人因此难以承担重负荷或应付意外事件。

适应能力减弱。老年人机体多种生理功能的减退，往往导致内环境稳定性失调，而出现各种功能障碍。例如，短期内改变老年人的生活环境，可能会导致老人水土不服、肠胃不适、睡眠不佳等现象。

抵抗力下降。随着生理功能（特别是免疫功能）的衰退与紊乱，老年人的抵抗力明显下降，容易患上某些传染性疾病、代谢紊乱性疾病、恶性肿瘤等，例如流行性感冒、一些肠胃疾病等。

自理能力降低。随着机体的衰老，体力逐渐减退，老年人往往动作迟缓、反应迟钝，行动多有不便，容易出现意外事故，如老年人容易摔跤、跌伤，或被刀、剪割伤等。

在老化过程中，生理功能的降低也同样存在个体差异，衰退情况各不相同，而且同一个个体的各个器官功能的衰退情况也不尽相同。但总的说来，机体的生理功能随年龄增长而发生的变化是有规律的，各个组织、器官系统将会出现一系列慢性退行性的衰老变化，并呈现出各自的特点。下面按照人体的功能系统，简单介绍老年人的主要器官功能的老化情况。

（一）心血管系统

包括心脏和血管的功能变化。

心脏方面，随着老化进程加快，心肌逐渐萎缩，心脏变得肥厚硬化，弹性降低，这些变化使得心脏收缩能力减弱，不仅心跳频率减慢，心脏每次搏动输出的血量也会减少。心输出量随年龄增长而减少，到 80 岁时其功能减退约为 35%。心输出量降低，输送到各器官的血流量也就减少了，供血不足则会影响各器官功能的发挥。

动脉硬化是心血管系统老化的又一重要特征。随着年龄增长，动脉弹性降低，动脉硬化逐渐加重，从而使机体主要器官——心、脑、肾——的血管对该器官的供血不足，导致相应功能障碍。如果是冠状动脉硬化，供给心肌的血液不足时，就会引发冠心病，其主要表现是心绞痛、心律失常或心肌梗死等。动脉硬化还会引发高血压。因此，在老年人群中，心血管系统最常见的疾病就是冠心病和高血压病。

（二）呼吸系统

主要包括肺脏和参加呼吸运动的肌肉与骨骼的功能变化。

一方面，老年人的肺泡总数逐年减少，肺脏的柔软性和弹性减弱，膨胀和回缩能力降低。另一方面，老年人出现骨质疏松，脊柱后凸，肋骨前突，胸腔形成筒状变形，加上呼吸肌力量的衰弱，限制了肺脏的呼吸运动，造成肺通气不畅，肺活量下降，一般人到 70 岁时，肺活量可减少 25%。老年人的呼吸功能明显退化，肺的通气和换气功能减弱，造成一定程度的缺氧或二氧化碳滞留现象，因而容易发生肺气肿和呼吸道并发症，如老年慢性支气管炎等。

（三）消化系统

包括口腔和胃肠的功能变化。

牙齿：老年人齿龈萎缩，牙齿组织老化，容易松动脱落，造成咀嚼不完善，影响食物消化。

舌：舌肌发生萎缩、体积减小，舌的运动能力减弱，使食物咀嚼时难以搅拌均匀。

口腔：口腔内的唾液分泌减少，使牙齿对食物的咀嚼能力下降，碎食不全。

食管：由于食管退化，食物在食管内的蠕动幅度减低而使吞咽缓慢。

胃：消化酶分泌的减少，导致消化能力减弱，引起消化不良，老年人易患胃炎。据统计，60 岁以上老年人约 1/3 有胃酸偏低或无胃酸。

小肠和结肠：肠道萎缩使其对食物的消化吸收功能减退、蠕动无力，可导致便秘发生。

（四）运动系统

包括肌肉、骨骼和关节的功能变化。

肌肉：随着年龄增大，肌肉弹性降低，收缩力减弱，肌肉变得松弛，容易疲劳，因而老年人耐力减退，难以坚持长时间的运动。

骨骼：骨骼中的有机物减少，无机盐增加，致使骨骼弹性和韧性降低，因此骨质疏松在老人中也较多见，且易出现骨折。

关节：由于关节面上的软骨退化，还易出现骨质增生、关节炎等疾病。

（五）内分泌系统

包括脑垂体、甲状腺、肾上腺、性腺和胰岛等内分泌组织的功能变化。

老年人内分泌器官的重量随年龄增加而减少。一般到高龄时，脑垂体的重量可减轻20%，供血也相应减少。另外，内分泌腺体发生组织结构的改变，尤其是肾上腺、甲状腺、性腺、胰岛等激素分泌减少，可引起不同程度的内分泌系统紊乱。例如，胰岛素分泌的减少使老年人易患上糖尿病，性腺萎缩常导致老年人更年期综合征的出现。

（六）神经系统

包括大脑和神经的功能变化。

进入老年期后，人的大脑逐渐萎缩，脑重量减轻，脑细胞数相应减少20%~50%。老年人易患脑动脉硬化，其血流量可减少近1/5。另外，老年人神经传导功能下降，对刺激的反应时间延长，大多数感觉减退、迟钝甚至消失。这些改变标志着老年人的脑力劳动能力减弱，只能从事节律较慢的活动、负荷较轻的工作。由于神经中枢机能衰退，老年人变得容易疲劳、睡眠欠佳、睡眠时间减少。此外，由于脑功能失调而出现的智力衰退还易引发老年痴呆症。

（七）感觉系统

主要包括视觉、听觉、味觉、嗅觉、皮肤感觉等感官功能的变化。

视觉：老年人均会出现不同程度的视力障碍。比较常见的是远视（即老花眼），主要原因是视觉感官的调节功能减退。此外，还会出现视野狭窄、对光量度的辨别力下降以及老年性白内障等。

听觉：老年人对声音的感受性和敏感性持续下降，表现出生理性的听力减退乃至耳聋。

味觉：舌面上的味蕾数量逐渐减少，使得老年人味觉迟钝，常常感到饮食无味。研究表明，50 岁以前味蕾数约为 200 多个，70 岁时减少到 100 个以下。

嗅觉：老年人鼻内感觉细胞逐渐衰竭，导致嗅觉变得不灵敏，而且对从鼻孔吸入的冷空气的加热能力减弱，因此老年人容易对冷空气过敏或患上伤风感冒。

皮肤感觉：包括触觉、温度觉和痛觉。由于皮肤内的细胞退化，老年人的触觉和温度觉减退，容易造成烫伤或冻伤。另外，痛觉也会变得相对迟钝，以致难以及时躲避伤害性刺激的危害。

此外，老年人维持身体平衡的器官也出现功能减退，容易因失去平衡或姿势不协调而摔跤，造成意外事故。

总之，所有以上变化都标志着老年人感觉器官系统的老化，各种感觉能力和功能的衰退，使他们对外界各种刺激往往表现出感受性较弱、反应迟钝等状况。

第三节　老年人常见的生理疾病

生理衰老是人类生命过程中不可避免的自然现象，在这一过程中，随着人的整个机体的形态、结构与功能的逐渐衰退和老化，就难免有身体的某些部位或器官发生功能性的障碍，这些障碍如果得不到及时排除和减缓，各种疾病就会随之而来。

一、老年病的种类和特征

（一）老年病的种类

顾名思义，老年人易患的疾病叫作“老年病”。通常，老年病可以分为三类。

第一类是老年人特有的疾病，即只有老年人才生这类病。如老年痴呆症、脑动脉硬化、老年性耳聋等。

第二类是老年人常见的疾病，这类疾病也可在中年期就发生，少数是在年轻时延续过来的某些疾病。如冠心病、高血压病、糖尿病、骨关节病、恶性肿瘤、老年慢性支气管炎等。

第三类是老年人和青壮年都可以发生的疾病，但老年人的发病率与临床症状表现与青壮年有所区别。例如肺炎，儿童、青年、老年都可能患上，但老年人的肺炎往往具有症状不典型、病情较严重的特点；再如溃疡病，在中青年时常见，但老年人患的溃疡病多是青年时的延续，到了老年期容易发生并发症或发生癌变。

（二）老年病的特征

老年期患病与儿童、青年和成年期相比，具有自己的特性，这些特性可以归纳为以下几个方面。

症状的不典型性

由于老年人机体形态改变和功能衰退，反应性减弱，对于疼痛和疾病的反应会变得不敏感，故病症容易被忽略。加上很多老年人同时患有多种疾病，症状表现往往不典型，一种疾病的症状可能被另一种疾病掩盖。例如，本来应有高热反应的疾病在老年人身上却因反应减弱而表现为低热或不发热。再如，老年人患心肌梗死很少像中年人那样有剧烈的胸痛，而是几乎没有疼痛感觉或仅表现为轻微的胸闷感。可见，对于老年病，往往不易察觉，甚至患重病时也毫无感觉，因此容易延误治疗，以致措手不及。

患病的多样性

由于老年人机体各器官的退化，身体抵抗力较差，很容易在老化的基础上发生疾病，而且多种疾病同时存在很常见。一个老年病人不仅在全身，可能在同一个脏器内同时存在几种病变。据统计，老年人平均同时患上4～6种疾病，有些人甚至超过6种。例如，有的老人患的是一组相关的疾病，像肥胖、糖尿病、白内障、高血压、冠心病等，这几种病都与动脉硬化、代谢障碍、精神和心理等因素有关。再以心脏为例，可同时见到冠状动脉硬化、心肌肥厚、肺心病、心包炎等疾病。

容易引发合并症

所谓合并症是指当患某种疾病时，在该病的基础上并发出其他疾病，合并症较为严重时可能危及生命。由于老年人的免疫功能低，抵抗力差，对外界微生物及其他刺激物的防御能力也弱，所以患病时容易发生并发症，易出危险。例如，合并肺炎就是老年人最常见的，在外科手术后或骨折卧床不起的情况下经常出现，在一些老人临终前也会出现，后者因此被称为“临终性肺炎”。

二、老年人常见的生理疾病

（一）心血管系统常见病——高血压病和冠心病

在人体内部，心血管系统就像是一部效能极高的机器，保证人体各个部分能及时、全面地得到营养的供给，被看作是人体的“命脉网络”，但是心血管系统也是最容易发生障碍的一个系统。据统计，近年来影响老年人身体健康的各类疾病中，心血管系统疾病占有的比例越来越大，在很大程度上危及老年人的生命安全。比较常见的有高血压病和冠心病。

高血压病

高血压病是老年人常见的心血管疾病，其发病率随着年龄增长而增高，有普查资料显示，年龄每增长 10 岁，患病率就增长 10% 左右。一般认为，在老年时（指 55 岁以上）的收缩压大于等于 160 和（或）舒张压大于等于 95 毫米汞柱，可诊断为高血压。但要注意一点，正常人的血压也会因兴奋、紧张、悲伤、愤怒等情绪或因运动而产生波动，这种情形不能轻易地检测为高血压。

对于老年高血压病的预防和治疗，应从多方面入手。

首先，老年人要特别注意休息，不仅要合理安排工作和活动，不宜过于劳累，切忌熬夜，而且平时生活要有规律，保证充足的睡眠时间和良好的睡眠质量。

其次，合理的饮食和健身必不可少，平日应食用低盐低脂肪食品，戒除烟酒，多吃水果和蔬菜，同时要加强运动和锻炼。比如，气功和太极拳等都是适合于老年人的运动形式。

再次，老年人要注意保持健康的心理，保持精神愉快，尽量避免紧张、焦虑、烦恼等易导致血压上升的不良情绪。

最后，老年人还应及时就医，定期检查，患病后要坚持服用降压药物，必要时也可结合中医和针灸等疗法。

冠心病

冠心病的全称是冠状动脉粥样硬化性心脏病，它是指当冠状动脉发生粥样性硬化时阻塞血管，造成冠状动脉内血流不畅、血流量减少甚至完全中断，引起心肌局部缺血或缺氧而产生的疾病，故又叫作缺血性心脏病。该病的发病率也是随年龄增大而逐步上升，一般在40岁时开始发病，50岁以后明显，男性较女性患病多。在许多地区，冠心病已经成为多种心脏病患者住院的首位，是老年人常见的重要疾病之一。

冠心病的许多预防措施与高血压病相似。例如，要注意膳食结构，以低脂低盐饮食为主，严格控制热量和胆固醇的摄入，少吃甜食，多吃水果和蔬菜，尤其要戒除烟酒等不良习惯；同时要坚持运动和锻炼，加强肌肉、内脏器官和神经系统的活动能力，加大血液循环量，但运动不宜过于剧烈。保持良好和稳定的情绪也有助于预防冠心病，老年人应该心平气和，学会控制自己的情绪，尽量回避不愉快的人与事。

在治疗方面，老年人首先要积极治疗相关的疾病，如高血压病、糖尿病、肥胖症等，避免这些疾病诱发冠心病；其次要定期检查，做好自我保健，在家中备用或出门随身携带止痛药，同时自己和家人应掌握一些发病时的紧急救护方法。

（二）呼吸系统常见病——感冒和慢性支气管炎

进入老年期，人的呼吸功能日渐衰竭，各种呼吸系统疾病容易发生，特别是环境污染的日益严重，就更增添了老年人患病的可能性，呼吸道疾病已成为老年人的常见疾病之一，这里我们介绍的是感冒和慢性支气管炎。

感冒

急性上呼吸道感染是鼻、鼻咽或咽喉部的局部性急性炎症的总称，我们俗称为“感冒”，是老年人最常见的一种传染性疾病。

老年人感冒的预防应从平时做起，养成经常户外活动的习惯，进行适度的体育运动，并适当增加营养，进食富含维生素和蛋白质的食物，以增强体质，提高抗病能力；同时调理好生活起居，保证充足的睡眠，特别注意室内通风，留意天气的变化，及时添衣保暖。

一旦患病，可以卧床休息，进食宜清淡，多饮水，并根据病状如发热、头痛、咽痛等对症下药，如果是细菌感染可适当选用抗菌药物。

慢性支气管炎

慢性支气管炎，简称慢支，是指气管、支气管及其周围组织的慢性炎症，病情进程缓慢，常会诱发肺炎、心脏病等疾病，是一种严重危害老年人健康的常见病。

老年人预防慢性支气管炎有 4 个要领：注意饮食、戒绝吸烟、防寒保暖和锻炼身体。首先，在饮食方面，老年人应以清淡食物为主，不宜过甜、过咸或过于油腻，同时适量补充蛋白质和维生素含量较高的营养食品。

对于老年慢支患者来说应该坚决戒烟，戒烟后一般可使症状减轻或消失，使病情缓解甚至痊愈。

每当寒冷季节或天气突变，老年人着衣应以保暖为度，不必穿得太厚实，因为衣服过多不利于活动且容易出汗，反而会招致感冒。

老年人应该积极锻炼身体，提高抗病能力，可以选择气功、太极拳、保健操等形式的体育锻炼，也可以进行适当的耐寒锻炼和呼吸锻炼。

关于慢支的治疗，一方面要注意控制感染，多是服用或注射抗菌药物，另一方面是有针对性地进行祛痰镇咳、解痉平喘的治疗，也可采用中医辨证论治或拔罐疗法等。

（三）消化系统常见病——慢性胃炎和便秘

消化系统疾病是老年人的常见病。随着年龄的增大，老年人的消化系统出现一系列的老化反应，各器官组织功能衰退，口腔、食道运动功能发生障碍，胃肠功能也出现紊乱，因此消化系统容易出现食道病变、肠胃溃疡或炎症等，如慢性胃炎、消化性溃疡、便秘、痔疮、食道癌、胃癌等。以下重点介绍老年人常患的慢性胃炎和便秘这两种消化系统疾病。

慢性胃炎

慢性胃炎是由多种原因引起慢性胃黏膜的炎性病变，是一种常见病、多发病，而且年龄越大，发病率越高。据统计，50 岁以上的老人患有慢性胃炎的占 50%，其发病率位居各种胃病之首，是老年人的常见疾病之一。

便秘

便秘是指连续 48 小时不排大便或排便有困难的情形，是老年人最常见的胃肠道症状之一，且随着年龄的增加，便秘的程度有日渐严重的趋势。便秘不仅给老年人的日常生活带来了不方便和困扰，更重要的是会对老年人的全身性疾病产生不良影响，尤其是对心脑血管疾病，如心绞痛、心肌梗死、高血压等，而且便秘也会导致多种并发症，因而对此病不容忽视。

（四）运动系统常见病——老年性骨质疏松症

肌肉、骨骼和关节共同构成了人的运动系统，同时也形成了身体的支撑结构。人体的所有运动，都是在三者的协同作用下完成的。步入老年期后，身体内部的这些结构受内分泌和营养等因素的影响，会发生很大的变化，甚至因此出现疾病。例如，老年人骨骼中有机物的减少会造成骨质疏松症，而无机物的增加又会使骨头的脆性增大而易发生骨折。关节软骨出现退行性变化后，骨质增生也随之而来。此外，肌肉由于萎缩、弹性减低也将引发腰肌劳损等疾病。老年性骨质疏松症是指老年人因骨质疏松而产生的一系列症状和体征的疾病。随着年龄的增加，人体内的骨质减少，骨量降低，骨强度随之减弱，骨质疏松由此形成。据统计，60 岁以上男性有 10% 患有骨质疏松症，女性的发病率高于男性，70 岁以上者则有 21%，80 岁以上者比例高达 100%。

（五）内分泌系统常见病——糖尿病

人体的内分泌组织在体内各自分泌具有特殊生理作用的激素，这些激素在神经系统的统一支配下，参与调节人体的生长、发育、生殖等各脏器功能的发挥和新陈代谢过程，从而维持人体内环境的相对稳定性。人在老化过程中，各种激素分泌逐渐减少，内分泌系统出现功能紊乱而引起代谢障碍，疾病因此产生，其中糖尿病最为常见。

糖尿病是指由于胰岛素分泌的减少，引起人体内部糖、脂肪和蛋白质等的代谢紊乱，而导致血液中糖分（即血糖）增加和排泄糖尿的一种疾病。糖尿病是一种慢性终身性疾病，难以根治；同时也是一种全球性疾病，发病率逐年升高，老年人患者占总糖尿病人的 40%，且随年龄而增加。

（六）神经系统常见病——老年痴呆症

人进入老年期后，神经系统和其他器官一样，有一个自然退化的过程。

机体的免疫力和抵抗力下降，使不少疾病的主要症状表现在神经系统，这些疾病主要是各种类型的脑血管病。其中，老年痴呆症就是常常困扰老年人的慢性神经系统疾病，它是脑功能失调的表现，是以脑组织的退行性变化和智力衰退缺损为特征的，我们习惯上将其作为一种精神障碍来看待，所以对此病将放在第四章第三节“老年人常见心理疾病的辨识”来介绍。

积极的预防远胜于消极的治疗，老年人要保持健康的体魄，延缓生理老化的进程，应坚持以下防治原则。

日常生活要规律，讲究卫生。

老年人起居作息要有规律，合理安排时间，早睡早起，睡眠充足，劳逸结合。养成良好的生活习惯，讲究个人卫生，尤其要戒除烟酒等影响身体健康的不良嗜好，根据天气变化及时添减衣服。

饮食结构要合理，控制体重。

老年人要注意全面、合理、均衡地摄取营养，应进食富含蛋白质、维生素、纤维素和矿物质的食品，多吃蔬菜和水果；饮食宜清淡，注意低盐低糖低脂肪，少吃辛辣油腻等刺激性食物；饮食要有规律，定时定量，不暴饮暴食，防止营养过度而使体重增加。

关注身体的变化，定期体检。

生理衰老和疾病增加是老年人不可改变的客观事实，通过定期检查，有助于了解全身各器官系统的功能状况，及早发现和治疗各种疾病。同时，老年人应掌握一些卫生常识，对于一些常见疾病的早期症状有所了解，关注自己身体的变化，及时就医。

进行持久、适度的体育锻炼和体力活动。

生命在于运动，适当的体育运动和锻炼可以促进血液循环，加快新陈代谢，延缓衰老，预防疾病。太极拳、气功、散步、慢跑、保健操、跳舞等都是有益老年人健康的运动形式，以及适当的家务劳动。锻炼要讲究科学性，量力而行，持之以恒。

保持健康、良好的心理状态和精神面貌。

老年人平时要心情开朗、情绪稳定、遇事乐观、为人豁达，积极地适应晚年生活的各种角色转变，主动参加社会活动，培养兴趣爱好，扩大人际交往，合理用脑、加强学习，丰富和充实精神生活，做到老有所为、老有所乐、老有所学。

本章思考题：

1. 如何理解人的四种年龄——生命年龄、生理年龄、心理年龄、社会年龄之间的关系？

2. 简述老年期生理功能减退的主要表现。

3. 老年人常见的生理疾病有哪些？

本章“课程思政”点：

1. 在“老年生理特征”梳理中融入中华民族尊老爱老文化传统、思想观念、情感认同。

2. 对“生命周期”的解析中融入关于历史和文化的教育引导。

第四章　老年期的心理特征

在人的整个生命历程中，生理和心理的变化是两个重要、不可分割的环节，而且生理和心理这两个要素是相辅相成、相互作用的，生理因素会影响人的心理过程，心理情境也会反过来影响人的生理健康。下面我们将介绍老年期的基本心理变化的过程和特征，以及常见的老年人心理问题和障碍。

第一节　老年期的心理特征

人的心理是一个非常复杂的现象和过程，要研究老年人在进入老年期后出现的心理变化，首先应了解什么是人的心理。

一、人的心理

心理就是人脑对客观事物的反映，是人的心理过程和个性心理的总称。我们可以从现实生活中来初步认识人的心理。

（一）人的心理过程

在日常工作和生活过程中，我们每时每刻总在运用眼、鼻、耳、舌、身体等感觉器官感知周围的环境，并有选择地记忆着自己所经历的事情，同时不断地提取记忆资料去理解和剖析，必要时需要开动脑筋思考问题，推测想象，以求获得恰当的判断和结论。这里的感知觉、记忆、智力、思维等心理现象和活动，属于人对周围环境由浅入深、由现象到本质的认知过程。

同时，我们在认识客观事物时，对于不同的事物总是采取不同的态度和评价，喜欢还是厌恶、满意抑或不满，从而产生一定的内心体验——喜、怒、哀、乐等。诸如愉快、欣喜、满意、痛苦、气愤、悲伤、绝望等，这些属于人的情绪、情感过程。

人的这种认知、情绪和情感都有其发生、发展和完成的过程，因而称之为人的“心理过程”。

（二）个性心理

心理过程是人们共同具有的心理活动。但是，人们在处理事务时，由于先天素质和后天情境的不同，每个人的心理过程产生时又往往带有个人的特征和特性，从而形成了人的有差异性的个性心理。例如，有的人有数学才能，有的人有音乐天赋，有的人擅长写作，这属于能力上的差异。有的人活泼好动，有的人沉默寡言，有的人热情友善，有的人木讷冷淡，有的人遇事果断利索，有的人却优柔寡断，这些是气质和性格方面的区别。再如，有的人爱好体育，有的人则热衷于集邮，这是兴趣的差异；有的人为自己一生而自豪和骄傲，有的人却为自己一生感到悲哀和悔恨，这是自我意识的不同。我们把能力、性格、兴趣、需要、自我意识等归类于人的“个性心理”。

总之，心理就是人脑对客观事物的反映，它包括人的心理过程和个性心理两个方面。

二、老年期的心理特征

要研究老年人的心理变化状况，就要分别从老年人的心理过程和老年人的个性心理等角度来着手，研究老年人的感觉、知觉、记忆、智力、情绪、情感、性格、需要、兴趣、自我意识等方面的变化。

（一）老年人感知觉的变化

人的心理活动是外界刺激通过感觉器官作用于大脑的结果，没有感知觉接受外界的各种刺激，心理活动就成了无源之水。因此，感知觉是论述所有心理活动的出发点，老年期的心理变化也是从感知觉的渐变开始的。老年期感知觉变化的一般特征是：各感觉系统出现普遍的退行性变化，对外界刺激的反应的敏锐度下降，感知时间延长。在第二节中，我们已经详细介绍过老年人的感觉系统，包括视觉、听觉、味觉、嗅觉、皮肤感觉的生理变化，这里不再一一赘述，只举些例子来说明。

视觉

老年人的视力水平，在60岁以后急剧衰退，据统计，70岁健康老人的视力超过0.6的只有51.4%，其中近距离视力比远距离视力减退得更为明显，出现所谓的“老花眼”，老人们读书看报时常常要将书报拿得远远的，或者需佩戴老花镜（凸透镜）来纠正。

听觉

听力上，老年人的高音听力比低音听力衰退得更显著，这就是为什么老人更喜欢听中音和低音音乐的原因所在；而且，老人对声音的辨别能力也在减弱，特别是在不良听觉条件下或有噪声背景的情况下。因此，在日常生活中有时会发现，与家人一起坐在客厅里看电视，旁边有人闲谈时，老人对电视情节的理解能力往往会下降。

味觉

我们常听到老人抱怨现在的食品食之无味，事实上，食品的味道并没有变差，而是老人对甜、酸、苦、辣、咸5种味觉要素的敏感程度减退了，因此，老人往往错误地认为过去那些美味的食品现在都变得乏味了。老人对食物的抱怨还有一个可理解的原因就是嗅觉功能的衰退，老人对食物散发出来的香气的感受性变差了。

皮肤感觉

老年人的皮肤感觉也逐渐老化。比如触觉，老年人的眼角膜与鼻部的触觉降低得较为明显，所以，他们对流眼泪或流鼻涕常常毫无知觉，需要别人加以提醒。在温度觉方面，老人对低温的感觉变得迟钝，因此有些老人在室温降低时也往往不觉得冷。

（二）老年人记忆的变化

记忆是指人们将感知过、思考过、体验过、操作过的事物的印象保持在头脑中，以后又在一定的条件下以再认、再现的方式表现出来或者回忆起来的心理过程。心理学家的研究认定了记忆和年龄之间存在这样的一种关系：假定18~35岁的人的记忆成绩为100，那么，35~60岁的人的记忆成绩就为80~85，60~85岁的人则为65。可见，人的记忆随着年龄增加而有所下降。

老年人的记忆主要有以下几个特点。

从记忆过程来看

瞬时记忆（即保持1~2秒的记忆）随年老而减退，短时记忆（即保持1分钟以内的记忆）变化较小，老年人的记忆衰退主要是长时记忆（即所记内容在头脑中保持超过1分钟直至终生的记忆）。实证研究发现，老人对年轻时发生的事往往记忆犹新，对中年之事的回忆能力也较好，而仅对进入老年后发生的事遗忘较快，经常记忆事实混乱，情节支离破碎，甚至张冠李戴。

从记忆内容来看

老年人的意义识记（即在理解基础上的记忆）保持较好，而机械识记（即靠死记硬背的记忆）减退较快。例如，老人对于地名、人名、数字等属于机械识记的内容的记忆效果就不佳。

从再认活动来看

老年人的再认活动（即当所记对象再次出现时能够认出来的记忆）保持较好，而再现活动（即让所记对象在头脑中呈现出来的记忆）则明显减退。

由此可见，老年人的记忆衰退并不是全面的，而是部分衰退，主要是长时记忆、机械记忆和再现记忆衰退得较快。以美国前总统里根为例，他在晚年时患有严重的老年痴呆症，记忆力急剧下降。当里根的养子去探望他时，里根常想不起养子的名字，只当他知道他是谁时，才紧紧地拥抱他。里根对他的护士说，他觉得前来探望他的前国务卿舒尔茨好像是一个大名鼎鼎的人物，但又记不起他叫什么名字。里根的这一系列表现说明，老年人记忆力的减退主要是信息提取过程和再现能力的减弱，而识记的信息事实上仍然可以很好地保持或储存在大脑中。根据以上生理规律，如果能够经常提醒老人回忆往事，是有助于减缓记忆力的衰退速度的。

当然，记忆力的下降也给老人的生活带来许多的不方便。例如，有时候眼镜明明架在鼻梁上却到处找眼镜，出门经常忘带钥匙，烧开水不记得关火，饭煮熟了却忘了关煤气，记忆不好在无形中甚至增加老人的危险。

（三）老年人智力的变化

智力是大脑的功能，是由人们认识和改造客观事物的各种能力有机组合而成，主要包括注意、观察、想象、思维、实际操作和适应等能力，其中以思维能力为核心，它保证了人们有效地进行认识和实践活动。智力是一种稳定的心理特点，它是在人们具体的行为活动中显示出来的。

老年人的智力是否衰退，这是老年人十分关心的问题。科学研究发现，人出生时的大脑细胞有140亿个左右，随年龄增长，人的脑细胞不断死亡，进入老年期后，脑功能逐渐衰退，但由于生存着的其他脑细胞的代偿作用，大脑的活动功能仍能维持，保持正常的智力。

老年人的智力并非人们所以为的那样会全面退化，只是在某些方面有所衰减。有学者认为，智力是一种综合能力，可以分为“晶态智力”和“液态智力”两种。晶态智力主要是后天获得的，它与知识、文化、经验积累和领悟能力有关，例如知识、理解力等。由于老年人阅历广，经验多，这种智力易保持（甚至会增长），只在80岁以后才有明显减退；液态智力主要与大脑、神经系统、感觉和运动器官的生理结构和功能有关，例如记忆、注意、思维敏捷性和反应速度等，这种智力减退得较早，也较快，一般在50岁以后就开始下降，60岁以后减退明显。以上两种智力的变化并不是平行的，也就不能笼统地说智力随年龄增长而减退。

老年人的智力是部分衰退而非全面衰退，还体现在老人的动作性智力下降得较为显著，60岁就开始衰退，而语言性智力则保持得较好，80岁以后才有明显的下降。例如，在舞台上看到许多老的相声表演艺术家，他们的口头语言表达能力到年迈时仍然“宝刀未老、威力不减”，但动作表演能力就难免有些“力不从心”了。

俗话说：“家有一老，如有一宝。”事实上，我们不能否认，老年人一生阅历广博，经验较多，具有丰富的智慧。老年人的分析能力、判断能力和思维能力的精细程度，对复杂事物的高度洞察力，与中、青年人的智力水平相比并不逊色。许多事例证实，很多人在晚年依然保持着旺盛的创造力。著名经济学家马寅初在古稀之年创立了“新人口论”，美国发明大王爱迪生在81岁时获得了他的第1033项发明专利，世界著名画家毕加索90岁时还在绘画雕刻，孙思邈在百岁高龄完成了他的第二部医学巨著《千金翼方》，如此等等，不胜枚举。

有人对自然科学、社会科学等各个领域内的名人进行过年龄统计分析，结果显示，60岁以后出成果的人数比例从高至低依次为：哲学、医学、美术、文学、自然科学等。可见，凡与人生阅历和实践经验（即晶态智力）关系密切的领域较多出现大器晚成的学者和科学家。换句话说，老年人的智能有着很大的可塑性和提升的空间，活到老，学到老，是可以增进老人的智力水平的，通过持之不懈的学习、锻炼和积累，往往可以使老年人的智力水平发挥得更好、更充分。

（四）老年人情绪、情感的变化

情绪、情感是人对客观事物是否符合自己的需要而产生的态度和体验。人在认识世界和改造世界的过程中，与周围环境不断互动，与现实事物发生多种多样的关系，对现实事物也会产生一定的态度，这些态度总是以带有某些特殊色彩的体验的形式表现出来的，如喜、怒、哀、乐、惧、爱、恨等，情绪、情感指的就是这种内心的主观体验。

进入老年期后，随着老年人生理机能的老化和健康状况的衰退，离退休后脱离了原有的工作岗位，家中子女又逐渐独立并成家立业，老年人的生活环境和角色地位发生了较大改变，因此，老年人的情绪和情感也呈现出新的特点。

其一，老年人关切自身健康状况的情绪活动增强。随着年龄增长，健康状况日益下降，老年人变得更加关注自己的身体，对于疾病较为重视。尤其是老年女性，怀疑自己患病和有失眠现象的显著多于男性。

其二，老年人对于自己的情绪表现和情感流露更倾向于控制。老人在日常生活中常常会掩饰自己的真实情感，如遇喜事，他们不再欢呼雀跃；如遇悲事，也不易痛哭流涕。

其三，消极悲观的负性情绪逐渐开始占上风。例如，提及社会中的腐败和不道德现象，老人就常抱怨世风日下，今不如昔；谈到舒适享受，老人往往只感叹“只是近黄昏”。一项调查显示，在描述自己情感的用词中，老年人用以表达喜悦情绪的用词明显少于中青年人。

一般来说，老年人比较多地表现出下列消极的情绪和情感。

失落感：失落感即心理上若有所失、遭受冷漠的感觉。

孤独感：有专家曾对 13693 名城市老年人调查，发现 40% 的老人有孤独、压抑、有事无人诉说之感。

疑虑感：老年人会经常对自己产生怀疑，忧心忡忡，表现出过分的焦虑。

抑郁感：以上失落、孤独、自卑、疑虑的情绪情感对于老年人的心理都会产生负面的影响，而且老年人在现实生活中容易遭受挫折，不顺心、不如意之事时有发生，许多老人就会变得长吁短叹、烦躁不安、情绪低落或者郁郁寡欢，这些都是抑郁的表现。

恐惧感：老年人对疾病和死亡通常会产生恐惧感。

（五）老年人需要的变化

人的需要可以分为生物性的需要和社会性的需要两种，一般来说，进入老年期以后，人的生物性需要降低，表现在老年人对衣、食、住、行等方面的物质需求缩减，性欲也有所减弱，但在社会性需要或心理需要方面，却出现了一些新的特点，我们把老年人的心理需要归纳为以下几点。

老有所养——老有所养是老年人最基本的心理需求。

后继有人——在中国人的传统观念中，儿孙满堂被认为是老人幸福的标志之一，即所谓“多子多福”，相反，“无后为大”，无后为不孝之最。在当代老人中，仍有不少人希望家庭人丁兴旺、枝繁叶茂，而且，随着年龄的增大，越接近生命历程的尾声，这种愿望就越强烈。

老有所归——许多老人在退休后都渴望回到自己的家乡，安度晚年。这体现的就是老年人叶落归根的心理。

老而有爱——充分享受天伦之乐，拥有亲情的精神支持，是老人最大的幸福和欣慰。

老而受尊——老年人都有受他人尊重的心理需要，但与中青年人那种因能力、业绩、财富而受他人羡慕和认同的心理需要不同，老年人更需要的是别人能够听取他的意见、看重他的经验、肯定他的过去。实际上，这种尊重经常反映在日常生活的各种礼仪中。

（六）老年人兴趣的变化

由于老年人见多识广、经历复杂，加之高级神经活动反应的减慢，一般来说，老年人的兴趣范围随年龄增长而逐渐缩小，好奇心逐渐减弱，对各种事物的态度变得冷淡，对新鲜事物的探索欲望也逐渐下降，表现出心理上的“惰性”。

然而，兴趣是完全可以通过培养而产生的。老年人在离退休以后若能及时培养广泛的、适合自己的兴趣与爱好，如钓鱼、养花、下棋、旅游、跳舞等，既有利于身体健康，也可以陶冶情操，排解孤独，对老年生活产生积极意义。

（七）老年人性格的变化

一般而言，性格是一种表现在对现实的态度和相应的行为方式中的一种比较稳定而持久的心理特征。但是人到老年，性格也会发生较大的变化。例如，有些老人会变得固执、刻板、退缩、墨守成规，对人或事产生明显的偏见，也不听从任何劝说；有些老人会变得自私，出现以自我为中心的倾向，对周围亲友很淡漠，不再体贴关心别人，甚至要求别人服从他，按他的需要行事；还有些老人变得好猜忌、多疑，总怕儿女算计自己，对周围人也不信任。所以，我们经常说一些老人年纪越大，脾气越怪，这实际上就是因年老而出现的性格老化现象。

（八）老年人自我意识的变化

所谓自我意识，就是自己对自己的看法，它具体包括自我感觉、自我观察、自我观念、自我分析和自我评价等方面。老年人的自我意识，主要体现在他们如何看待自己和人生，如何正确对待即将走完的人生历程。

关于老年人的自我意识，我们研究较多的是老年意识。老年意识指的是一个人自己感到自己的确老了的一种意识状态。当老年人上楼梯时气喘吁吁，穿针引线时找不见针孔，照镜子时发现皱纹爬满脸，他的意识反应就是感叹“我老了！”而回顾自己的一生，悲喜交织，有些老人非常自豪，有些老人却万分悔恨。一方面，经过长时间的磨炼和洗礼，老年人对社会、对人生和对自己的认识逐渐丰富和深刻，对事物的看法往往入木三分，可以说，一个老人就是一部活的历史书；但是，另一方面，老年人的自我意识中也有明显的丧失感，不管过去拥有过多少财富或荣耀，生命的老化却毫不留情，年轻与风光不再。“夕阳无限好，只是近黄昏”表达的就是这种矛盾复杂的心绪。

以上分别从人的心理过程和个性心理两个角度阐述了老年期的心理特征的变化情况，与生理老化现象相伴随的心理衰老过程，具体表现在老年人的感觉、知觉、记忆、智力、情绪和情感、需要、兴趣、性格、自我意识等方面的变化。要了解老年人的心理衰老情况，我们还可以通过心理学家编制的一些老年人心理测试量表来测查老年人的心理变化和衰老程度（见附录一）。

第二节　影响老年人心理变化的因素

老年期是人生历程中的最后一个转折。这一时期，不仅机体衰老加快，疾病增多，面临着死亡的考验和挑战；而且，老年人的职业状况、家庭结构、婚姻形态、经济境遇等方面都在发生变化，这些变化对老年人的感觉、知觉、记忆、智力、情绪、情感、性格、兴趣等不同层次的心理都将产生影响。

一、生理因素

身体衰老是最先、最直接引发老年人心理变化的因素。虽然每个人衰老的速度不同，但衰老始终是不可避免地发生着的，而死亡则是衰老的终极结果。生理的衰老和死亡的临近对老年人的心理影响是转折性的和持久性的。

（一）感官的老化。

（二）疾病的增加。

（三）死亡的威胁。

二、社会因素

离退休是老年人晚年生活的开端，离退休标志着老年人职业生涯的结束，他们的生活范围退居到家庭之中，其实质是一种社会角色的转变，而家庭中的经济状况、人际关系的变迁、老年人的婚姻状况、社会环境等社会因素对于老年人的心理状态也会产生重要的影响。

（一）老年人社会角色的转变

老年期是人生的最后一个重要转折，其中最突出的是离退休导致老年人长期以来形成的主导活动和社会角色的转变，由此引发老年人的心理发生波动和变化。离退休引起的老年人社会角色的改变体现在以下两个方面。

从职业角色转变为闲暇角色。

从主体角色退化为配角。

（二）老年人的家庭状况

家庭结构的核心化。
家庭经济状况。
家庭内部人际关系。

（三）老年人的婚姻状况

婚姻对于每个人的生理和心理的影响都是非常大的，因为婚姻本身不仅是繁衍后代，满足人的性欲的需要，更重要的是可以满足人的心理需要。美满的婚姻、和谐的夫妻关系令人幸福、快乐，产生安全感和归属感，而不幸的婚姻则让人悲伤和痛苦。而外界对婚姻的评价也会影响人的心理状态。

离婚、丧偶和再婚是老年人遇到的主要的婚姻问题。

离婚

一般来说，对于要求离婚的一方离婚后往往感到轻松和如释重负，而被迫离婚的一方则有痛苦和被抛弃的感觉，但是双方老人都将面对孤独和再婚的困扰。

丧偶

这对老年人心理的影响是严重和剧烈的，有研究表明，老年丧偶者在配偶去世后头 6 个月的死亡率比平均死亡率高 40%。丧偶后，老年人的心理变化复杂，悲伤感和孤独感最为典型。许多老人以泪洗面，悲恸欲绝，还会出现不思茶饭、抑郁、疲乏，甚至因过度悲伤而患病；时间一长，就会倍感寂寞孤独，觉得被世界遗忘和抛弃。

再婚

部分离婚和丧偶的老人会有再婚的念头，而再婚后也会遇到很多问题，例如，如何适应对方的生活习惯、如何面对双方的子女等，这些对老年人的心理会产生困扰。

当然，除了婚姻本身之外，社会外界对老年人的婚姻，特别是对离婚和再婚的评价和看法也会很大程度上影响老年人的心理，无形中增加了老年人的心理负担。比如，对于老人再婚，社会本应该给予充分的支持和理解，但总有老人的子女或周围的人认为这是“不安分”而横加阻拦，甚至有些子女因为财产继承问题而竭力反对父母再婚。

（四）社会环境因素

除了老年人自身和家庭因素以外，社会环境对老年人的心理状态也会产生一定程度的影响。营造一个有利于老年人健康、愉快地生活的社会环境，是社会不可推卸的责任，也是衡量该社会文明和发达程度的重要标志。

社会环境因素主要在于两方面：

1. 社会风气；
2. 社会福利状况。

第三节　老年人常见的心理疾病的辨识

随着年龄的增长，老年人出现了体态体形变化和生理调节功能衰退，并直接或间接引起了心理的衰老和退化，如感知能力衰退、记忆力下降、思维迟缓、适应能力减弱等，由于生理和社会的多种原因，老人可能会出现孤独、恐惧、抑郁、痴呆等心理障碍或精神疾病。我们将结合个别案例来介绍老年人常见的心理疾病并分析它们的临床表现、发病原因和防治方法。

一、离退休综合征

[个案1] 颜先生，61岁，退休干部，大学文化程度。一年前从某中学校长的岗位上退下来。患者在副校长及校长职位上一干便是二十年，临近退休时便开始出现失眠，退休手续一办便产生了一种强烈的失落感，总是烦躁不安，特别喜欢找人发牢骚。今天对李老师说现任领导哪件事做得不对，明天又对张老师讲学校里哪件事应该怎样处理，有时甚至越说越激动，竟然粗言频出，牢骚一发便是一两个小时，弄得老师们不胜其烦，一见他就躲避。大家都在纳闷：颜校长退休前并非现在这样，那时他做事有魄力，处理事情公平合理，颇受众人尊敬。不仅如此，他在家里也一天到晚唠叨不停，只要是不顺眼的，他便要好好地数落一顿，且容不得家人辩驳，若跟他斗嘴，他更来劲。退休一年来，在身体方面，体重也减轻了，而且比以前易患感冒，本来就有的慢性支气管炎常常急性发作，因病情严重住院就有4次。

[简析] 个案中的颜老是中学校长，在自己的岗位上工作了几十年，既紧

张忙碌，又有一定的生活规律，并形成了固定的生活模式和心理定式。退休后，周围的生活环境发生了变化，原有的生活节奏被打乱，一时又无事可做，对于这些变化难以适应，于是就容易出现情绪上的消沉和偏离常态的行为，甚至因此而引发其他疾病，严重影响到自身健康。我们把这种现象称作老年人“离退休综合征”。

（一）离退休综合征的表现与特征

所谓离退休综合征是指老年人由于离退休后不能适应新的社会角色、生活环境和生活方式的变化而出现的焦虑、抑郁、悲哀、恐惧等消极情绪，或因此产生偏离常态的行为的一种适应性的心理障碍，这种心理障碍往往还会引发其他生理疾病、影响身体健康。

离退休所带来的心理障碍大致可归纳为以下 4 个特征：无力感、无用感、无助感、无望感。

当然，并非每一个离退休的老人都会出现以上情形，离退休综合征形成的因素是比较复杂的，它与每个人的个性特点、生活形态和人生观有着密切的关系。

（二）离退休综合征的防与治

离退休是人生的一个重要转折，是老年期开始的一个标志。要预防和治疗离退休综合征，老年人就应该努力适应离退休所带来的各种变化，即实现离退休社会角色的转换。通常有以下几种方法：

调整心态，顺应规律。

发挥余热，重归社会。

善于学习，渴求新知。

培养爱好，寄托精神。

扩大社交，排解寂寞。

生活自律，保健身体。

必要的药物和心理治疗。

二、老年痴呆症

［个案 2］曾先生，71 岁，退休工人。63 岁左右，家人开始发觉他比先

前容易忘事，生活中常出差错，如老伴叫他去买鱼，他到了菜市场却想不起该买什么，最后买了一只鸡。感冒吃药时，他刚吃完没几分钟又去拿药吃。理发时他付了一次钱又给一次钱。后来病情继续发展，他的记忆障碍更为明显，到自己家周围不远的地方都找不到回家的路。女儿回家，他也认不出是谁。他经常晚上不睡觉，在房间里走来走去，或敲敲打打，弄得四邻不安。他变得特别喜欢吃东西，食欲显得过分旺盛，不论何时何地，见东西就拿着吃，有时甚至与小孩抢着吃。他容易发脾气，无缘无故大喊大叫，动辄大声斥责和谩骂家人，还经常怀疑妻子有奸情。他行为怪诞，有一次拿着一瓶杀蚊水到一家商店里乱洒，说是店里着火，他来帮助救火。后来，他生活完全不能自理，一切靠家人照料。

患者在家排行老大，自小家境贫寒，饱受生活折磨，当过码头搬运工人，做过挑夫，拉过三轮车，当过国民党士兵，解放战争时被俘又整编为解放军战士。新中国成立后在铁路部门当工人，因其个人身份的原因（原国民党士兵），在历次政治运动中屡受严重影响。“文化大革命”结束后，子女也长大成人，相继成家后各自独立生活。退休后，身边只有老伴一人，很少有与人交谈的机会。他性格比较内向，不善于社交，兴趣和爱好不多，退休后又找不到什么事做，也无消遣的去处，常常是独自徘徊、纳闷和发呆。

[简析] 这是一个典型的“老年痴呆症”病例。患者的病情呈进行性发展，先是记忆力减退，后日趋严重，还出现了睡眠紊乱、食欲亢进、烦躁多疑，甚至行为怪异，是一组典型的以智力衰退为特征的精神障碍。我们也获知，老人一生坎坷，历尽磨难，到老时由于自身性格、家庭环境等原因，老人长期处于寂寞和孤独之中，没人能理解其内心世界，也无人能分担其忧愁和烦恼，内心矛盾难以得到缓解。最后，老人在生活上完全不能自理。

（一）老年痴呆症的出现

老年痴呆症是指老年人因生理、心理机能的衰老，在外界强烈刺激作用下所引起的缓慢发展的智力缺陷症。这是人体脑功能失调的表现，是以脑组织的退行性变化和智力衰退缺损为特征的一种高级神经活动功能障碍。痴呆是老年人常见的一种比较严重的精神障碍，患者整个心理活动包括记忆力、智力、情绪、人格、行为等都受到损害，病情呈进行性发展，社会功能逐渐丧失。

据报道，60 岁以上老人的痴呆患病率为 3% 左右，65 岁以上为 4%；75 岁以上急剧上升，每增龄 5 岁，痴呆的患病率增加 1 倍，到 80～85 岁时的患病率已达 20% 以上。估计目前全世界有老年痴呆病人 2900 万，而我国已达到 400 万。专家们认为此症已构成世界性的健康危机，应引起全社会的关注。

老年痴呆症主要有老年性脑变性痴呆和多发梗塞性痴呆两种，前者又以阿尔采莫氏病为多见，包括早老年性痴呆（指 65 岁以前发生的痴呆）和老年性痴呆（65 岁以后发生的痴呆），因此，老年痴呆症和老年性痴呆症是不同的，经常容易混淆。

（二）老年痴呆症的发病原因

老年期发生痴呆的病理相当复杂。

首先，随着年龄增长，脑本身出现退行性变化，如脑细胞和组织萎缩等，使脑功能出现失调。

其次，与脑血管相关的一些脑部疾病，如帕金森病、脑外伤后遗症等，以及酒精中毒、营养失调等其他因素，也可能导致老年人发生痴呆。

此外，本病有一定的家族倾向，提示可能有一定的遗传因素，而且一般女性比男性的发病率高。

老年痴呆症的临床表现

老年痴呆常常发生在 50 岁以后，起病隐潜，发展缓慢，呈进行性，最早期往往以逐渐加重的健忘开始，同时还可能伴有比较明显的情绪和人格的改变以及整个机体的衰老。与年龄相关的智能损害多在 65 岁以后加速。根据该病的发展过程，可分为三个阶段。

第一阶段称为遗忘期（初期）。主要表现为记忆力明显减退，但患者本人未必意识到。比如，上街买菜，走到半路发现没有带钱，折返回来进了家门，又忘了回来干什么，于是又出去，反反复复；性格也有所改变，有些患者一反病前的性格，变得主观、任性、多疑、敏感、自私、暴躁等；还会出现有如神经衰弱的症状，感到头晕目眩、容易疲倦、食欲不振、心慌失眠等；部分患者一般还伴有轻度的智能障碍。

第二阶段称为混乱期（中期）。这一时期的病人，除了第一阶段的症状加重外，很突出的表现是对时间、空间的辨认障碍明显加重，记忆力严重衰退。例如，出门认不得回家的路，分不清东南西北，刚吃完饭又要进餐，亲人乃至自己的姓名和年龄也想不起来。此外，患者在情绪、人格、智力等方面也出现了严重的障碍，精神日益衰退，行为紊乱，言语重复，食欲亢进，动作幼稚，甚至出现一些怪异和不知羞耻的行为。比如，把别人扔掉的垃圾视为珍宝并收藏，当众大小便或非礼异性等，生活自理能力越来越差，睡眠时间明显减少，睡眠节律发生紊乱或颠倒。

第三阶段称为极度痴呆期（晚期）。患者进入全面衰退状态，智能完全丧失，情绪反应迟钝或缺乏，运动障碍日趋明显，终日卧床，大小便失禁，丧失言语能力，身体日益消瘦，生活不能自理。

以上三个阶段依次表现出的症状，在案例中的曾先生身上都得到了充分的体现。

老年痴呆症的预防与治疗

1. 预防方法

在老年痴呆症的预防方面，老年人保持一个良好、积极的心理状态尤其重要。老年人须注意调畅情志，要乐观自信，豁达开朗，心胸开阔，保持活跃的思维状态，养成多看书、勤思考的好习惯，同时要保持广泛的社会联系，坚持社交活动，使脑细胞处于活跃状态，防止脑功能的退化，延缓智力的衰退。案例中的曾先生性格内向，不善交际，没有兴趣和爱好，无所事事，长期处于寂寞和孤独之中，这与他的发病关系密切。

老年人应起居有常，适当锻炼。生命在于运动，适当的锻炼可延缓衰老。老年人空闲时间较多，一定要合理安排时间，生活作息要有规律，这对维护身体健康很重要。前面介绍过，老年人的智力衰退并不是全面衰退，主要是与生理因素相关的液态智力的衰退，所以，老年人应该经常参加体育锻炼，不仅能增强体质，还能加速血液循环，增强脑的活动，延缓痴呆的发生。手、脚等部位的运动对大脑特别有益，如转动手腕、抛球接球、左右旋转脚腕、脚尖绷直回收等，经常性的咀嚼活动，也可以预防痴呆。

饮食调养对预防老年痴呆有一定作用。老年人在饮食方面应提倡清淡，多吃新鲜的水果、蔬菜以及富含维生素、蛋白质和胡萝卜素的食品，以满足大脑营养的需要，对防止脑细胞的衰老和老年痴呆症有特殊的作用。老年人应少吃油腻、辛辣、过咸的食物，戒除烟酒，忌暴饮暴食。

此外，老年人的家庭关系也是调节其晚年生活的重要因素。随着年龄的增长，老年人体力下降，疾病增加，需要家庭和亲人的关心和照顾，儿女要理解老年人的心理变化及需要，从物质和精神生活上给予保障，帮助老年人做好心理保健工作。同时，也要尊重老人，切莫冷落或轻视老人。案例中的曾先生的子女在成家后独立居住，对老人关心不够，这也是加快他智力衰退的因素之一。

2. 治疗手段

关于老年痴呆症的治疗，目前在医学领域尚无特效的疗法。因此，早发现、早治疗就显得更为重要，在老年人出现先兆性症状如记忆力明显下降时就应及时治疗，阻止病情进一步发展。药物治疗对于老年痴呆症是不可缺少的，可以常用一些 B 族维生素、脑复新等来提高大脑功能，减缓智能衰退，或适当选用一些精神药物来控制精神症状，改善患者的智能状况。

三、老年抑郁症

[**个案3**] 徐女士，59 岁，退休工人，初中文化程度。一生经历坎坷，总觉得身不由己，厄运缠身。初中毕业时，一场大病剥夺了她上高中的机会。26 岁结婚后，丈夫另觅新欢，离她而去。进入老年以后，丈夫突发脑出血，没有留下一句话就撒手人寰。丈夫去世的第二年，独生女儿又在上班的途中惨遭车祸。从此，徐变得情绪低落，忧郁沮丧，一生的挫折总是萦回不去，觉得自己似乎是家人的克星，感到前途渺茫，悲观厌世。不愿与朋友来往，别人的欢乐反而增添自己的痛苦。常常独坐一隅，暗自伤心落泪。长期的情绪低落，使徐的思维变得迟钝，记忆力也明显下降。

[**简析**] 案例中案主经历了一些挫折，如亲人去世等。在挫折前后，案主在情绪、思维、兴趣、人际交往等心理活动方面发生了截然不同的变化，并以情绪的低落为主要特征，这些病症都是所谓的“老年抑郁症”的表现。

（一）老年抑郁症的临床表现

抑郁症是指以持续的情绪低落为特征的一种情感性的心理障碍，是老年人常见的精神病患之一。抑郁症大都在 60 岁以后发病，有的人虽然会在青壮年时发病，但进入老年期后常加重或发作次数增多。

老年抑郁症的临床表现主要是：情绪压抑、沮丧、痛苦、悲观、厌世、自责，甚至出现自杀倾向或自杀行为，食欲下降，失眠早醒等。老年抑郁症在症状上有其特殊性，具体来说有以下 5 个方面：兴趣丧失，无愉快感；精力减退，精神不振，疲乏无力；言行减少，好独处，不愿与人交往；自我评价下降，自责自罪，有内疚感；反复出现想死的念头或有自杀倾向。据研究，患抑郁症的老人有10%以上会采取自杀行为；对前途悲观失望，有厌世心理；自觉病情严重，有疑病倾向，据调查，60%的老年抑郁症患者会出现疑病症状；睡眠欠佳，失眠早醒；食欲不振或体重明显减轻。此外，也会有记忆力明显下降、反应迟钝的症状，80%左右的老年患者会出现记忆力衰退。

老年人抑郁的后果是极其严重的，甚至有可能危及生命。由于抑郁是长期情绪低落的结果，因而很容易引发心肌梗死、高血压、冠心病和癌症等身体疾病。据美国对250名癌症患者的调查，其中有156人在发病前曾因强烈的精神刺激而发生过持续的情绪低落。同时，抑郁又是自杀的最常见原因之一。据研究，在抑郁的第一年，实施自杀的人数为1%，而抑郁反复发作者，其终身的自杀率为15%。所以对抑郁症不能等闲而视之。

（二）老年抑郁症的病因

老年抑郁症是一种情感性的精神疾病，其发病原因错综复杂，其中75%的病例都是由生理或社会、心理因素引起的。

1. 生理因素

老年人的各种身体疾病，如高血压病、冠心病、糖尿病及癌症等，都可能继发抑郁症。还有许多患慢性病的老人，由于长期服用某些药物，也易引起抑郁症。此外，抑郁症患者家庭成员的患病率远远高于一般人群，其子女的发病率也高，说明此病与遗传因素有一定关系。

2. 社会与心理因素

抑郁症的出现与老年期的各种丧失有较大的关系，这些丧失包括工作的丧失、收入的减少、亲友的离世、人际交往的缺乏等。

老年人退休后对于角色转变在心理上常常出现不适应，如职业生涯的结束、生活节奏放慢、经济收入减少等，巨大的落差会产生失落感，导致情绪低落。

交往圈子变窄，人际互动减少，缺乏情感支持，也是导致老年抑郁的常见病因，案例中的两位案主都存在这个问题。

亲友的离世，特别是配偶的去世往往对老年人形成较大的精神创伤，容易诱发抑郁症，案例中徐女士是在配偶逝世后出现抑郁症状的。有人曾对

4489 名 55 岁以上的丧妻者进行为期 9 年的调查，发现 5% 的人在丧妻后半年内相继去世，死亡率比未丧妻的同龄人高 40% 。此外，周围的老年朋友的逝世也会引起老年人对死亡的恐惧。在个案中，徐女士在经历了丧夫之痛后，又遭遇了“白发人送黑发人”的不幸。

老年抑郁症的发生与个人的人格因素也很有关系。一般来说，素来性格比较开朗、直爽、热情的人，患病率较低，而性格过于内向或平时过于好强的人易患抑郁症。这些老年人在身体出现不适或慢性病久治不愈时会变得心情沉闷，或害怕绝症，或恐惧死亡，或担心成为家人累赘，从而形成一种强大而持久的精神压力，引起抑郁。

（三）老年抑郁症的防治

1. 预防方法

由于老年抑郁症患者经常具有其他生理疾病，甚至是其直接的病因，所以首先要尽量把已有的身体疾病治疗好，对不可治愈的疾病也应设法减轻其痛苦。其次，要调整好离退休后的心理状态，克服自身的性格缺陷，保持一种积极向上的精神生活，培养兴趣和爱好，扩大人际交往，多参加一些社会活动。最后，改善家庭环境也是非常重要的，丧偶的老人如条件允许的可以考虑再婚，再婚对缓解老年人的抑郁心理有较大的帮助。当然，子女晚辈对老年人也应给予充分的关心和照顾。

2. 治疗手段

在治疗方面，通常采用心理治疗和药物治疗相结合的方法。一方面是心理治疗在本病治疗中的地位十分重要，通过倾听、理解、疏导、鼓励、保证等方式，使患者产生安全感，树立自信，帮助患者扩大活动能力、增强适应社会、应付环境的能力。另一方面是药物治疗，它对于抑郁症的有效率可达 70%~80%，常用的药物有三环及四环抗抑郁药，但要特别注意用药的剂量及其副作用。老年抑郁症越早治疗效果越好，一般不需住院，但对那些有身体疾病的患者，尤其有自杀倾向的人，应建议住院治疗。

四、老年疑病症

[个案 4] 陈女士，56 岁，退休教师，中专文化程度。陈的童年十分不幸，3 岁时母亲因病过世。父亲整天忙外难以顾家，继母经常打骂她，使其总

是提心吊胆。10 岁时，父亲因机器事故而丧生。继母改嫁后，陈由叔父抚养成人。初中时成绩很好，但迫于经济困难，报考了师范学校，后成为小学教师。长期以来，陈非常关注自己的身体健康，身体稍有不适，便去图书馆翻阅书刊对照检查一番，而且还爱对号入座。3 年前，胃痛不止。陈在杂志上看到有关胃癌的资料，觉得胃癌的症状自己条条都有。可是去医院检查，却只是一般的胃炎，但是开来的药始终没有效果，胃一直在隐隐作痛。陈怀疑医生没有对自己说实话，吃药只是在拖延时间而已。去年，她又发现自己心脏跳动加剧，不时有心绞痛，可是心电图却没有发现任何问题。医生劝她放宽心，她却怀疑是癌症转移了，竟和医生吵了起来，坚持认为自己有病，要求住院治疗。

［**简析**］案例中的陈女士对自己的健康状况过分关注，以致怀疑自己患有某种绝症，但她的猜测与实际情况并不相符，而且医生的解释和客观的医疗检查结果又不足以消除其固有的成见，这就是老年人常见的疑病症。尽管不同年龄层次的人都有可能疑病，但因老年人体质减弱，患病的可能性增加，因而更容易导致疑病。“老年疑病症”是老年人的常见心理疾病之一。

（一）老年疑病症的临床表现

老年疑病症就是以怀疑自己患病为主要特征的一种神经性的人格障碍。老年疑病症的临床表现有如下几大特点。

患者长时间地相信自己体内某个部分或某几个部分有病，求医时对病情的诉说不厌其详，甚至喋喋不休，从病因、首发症状、部位、就医经过，均一一介绍，生怕自己说漏一些信息，唯恐医生疏忽大意。

患者对自身变化特别敏感和警觉，哪怕是一些微不足道的细小变化，也显得特别关注，并且会不自觉地加以夸大和曲解，形成患有严重疾病的证据。

患者常常感到烦恼、忧虑甚至恐慌，其严重程度与实际情况极不相符，他们对自己的病症极为焦虑，别人劝得越多，疑病就越重。

即便客观的身体检查的结果证实患者没有病变，患者仍然不能相信，医生的再三解释和保证不能使其消除疑虑，甚至患者会认为医生有故意欺骗和隐瞒行为。

老年疑病症如果不能得到及时缓解和治疗，在心理上就有可能从怀疑自己有病发展为对疾病的恐惧，甚至是对死亡的恐惧，即所谓的“老年恐惧症”，这对老年人的身心健康将会产生更严重的后果。

（二）老年疑病症的病因

老年疑病症的发生与个人的人格特征、早期经历以及外界的不良刺激等因素有关。

首先，那些性格内向孤僻、敏感多疑、固执死板、谨小慎微的人容易产生疑病症，患者往往有较强的自恋倾向，过度关心自己的身体，对周围的事物和环境却不感兴趣。有心理学家认为，疑病其实是自恋的另一种形式。

其次，从根源来看，患疑病的老人往往接触过疾病的环境。例如家庭中有人患过病，或者亲密的家庭成员在患者成长的关键时期去世，或者在童年时家人对患者漠不关心等，这些早期的不幸经历对患者造成心理创伤，也有可能引发疑病。案例中的陈女士就曾在童年遭遇过母亲因病去世、继母打骂虐待，而后父亲也意外离世等打击。

此外，外界的一些不良刺激也会加剧老年人的疑病倾向。例如，耳闻目睹自己社交范围内的老朋友或老同事患病或死亡，有疑病倾向的老人便往往会联想到自己，因而变得忧心忡忡。在求医过程中，也会产生一些刺激，如医生的诊断失误或治疗失当，或者医务人员使用不恰当的言语、态度和行为都可能促使老年人疑病观念的产生。

（三）老年疑病症的防治

对于老年疑病症的防治，心理调节是最重要的。过度关注自己的身体是疑病者的共同特征，所以老年人首先要设法转移自己的注意力，可以使自己专注于某一项工作，或者热衷于某一种业余爱好，或者多交一些朋友，倾诉情感。

疑病的痛苦发生在老年，对往事的追忆却涉及幼年的经历，这些早期经历往往构成了疑病的根源。因此，老年人应该多回忆过往的愉快往事，回味当时的幸福体验，多设想今后美好的生活，不要让过去的痛苦和不幸笼罩和掩盖自己。纠正自身性格的缺陷，保持乐观、开朗、自信的心态有利于老年人克服疑病症。

在治疗过程中，治疗者应和患者建立相互信赖的关系，帮助患者寻找疾病根源，解除或减轻患者的精神负担，同时尽可能避免医疗过程中不利影响的发生。在心理治疗之外，可以辅助以药物治疗，常用的药物有抗抑郁药和抗焦虑药，但是用量不宜过大，时间不宜过长。

五、老年失眠症

［**个案5**］洪先生，68岁，大学退休副教授。性格内向，沉默寡言。年轻时在高校任职，因业务功底扎实，科研能力强，教学效果好，很快地从讲师晋升为副教授。后来工作热情下降，在科研上也搞不出什么新的有水平的成果，几次申报教授职称，都未获通过。因此，一到60岁便退了休，本以为退休后可以好好地修身养性，哪想到竟因感情破裂与妻子离婚。烦恼和痛苦使洪先生在晚上总是无法入眠，躺在床上，往事像放电影一样，一幕幕清晰地呈现在眼前，思前顾后，无法自制。晚上一两点钟仍毫无睡意，早上4点钟就醒了，每晚入眠时间不会超过3个小时，到了白天便头脑发涨，心悸气短，变得烦躁、易怒、健忘、全身乏力。

［**简析**］案例中的洪先生很明显是出现了睡眠障碍。他的一生非常曲折，经历了两次政治运动，前途也因此受到影响，教授职称屡次评不上，退休后又遭受了婚姻失败，在工作和生活中都有不如意之处。这些挫折使他的睡眠出现了问题，晚上睡不着，早上又早醒，睡眠时间严重不足，而且还引发了心理方面的消极变化。洪先生所患的是“老年失眠症”。

（一）老年失眠症的特点

1. 失眠症的类型

老年人的失眠主要包括三种类型。第一种为非病态失眠，例如，个体进入老年期后，睡眠随年龄增长而逐渐减少；或者旅行时由于时差而使睡眠时间减少；或者因更换睡眠环境而产生的境遇性失眠等，这些仅引起较少和短暂的主观不适。

第二种是病态假性失眠，指个体持续一周以上有睡眠时间明显减少的主观体验，而实际睡眠时间并无减少，因而又称为缺乏睡眠感。

第三种为病态真性失眠，包括入睡困难、易醒和早醒等表现。入睡困难指入睡所需的时间比平时多一个小时以上；易醒是指在睡眠过程中比平时觉醒次数多，且不能很快再入睡；早醒指比平时提前醒来一个小时以上。个案中的洪先生就属于第三种情形，这种失眠对老年人的身心影响最大，也就是通常意义上所指的老年失眠症。

2. 老年失眠症的临床表现

所谓老年失眠症是指老年人持续对睡眠的质与量的不满意状况及由此产生的不愉快体验。主要症状有：一方面，由于入睡困难且易醒、早醒，老年人的睡眠时间明显减少，每晚的睡眠时间不超过正常睡眠的一半，即不超过4个小时；另一方面，由于睡眠时间明显减少，个体会出现一些不愉快的体验，包括担心、害怕、焦虑、忧愁、头昏脑涨、记忆力衰退以及各种身体不适体验等。

（二）老年失眠症的病因

生理、心理因素及环境的变化等都会引起失眠。

1. 生理因素

老年人因患某些慢性病而出现疼痛、瘙痒、咳嗽、气喘、尿频、吐泻等症状会引致失眠；服用兴奋剂或长时间服用安眠药停药后也会影响睡眠质量。

2. 心理因素

老年人由于年岁增长，心理承受能力越来越弱，遇事不能调整好心态就会产生消极情绪，像前面介绍的老年抑郁症、疑病症等精神疾病都伴有不同程度的睡眠障碍。

3. 生活或客观环境的变化

例如睡前吸过多烟饮过多酒、喝过浓的茶或咖啡，睡前过饱、饥饿或口渴，外出旅游、时差反应，噪声、气温变化等，加上老年人生理功能日衰，对外界适应能力趋弱，因而容易出现失眠反应。

（三）老年失眠症的防治

第一，养成良好的生活习惯。老年人晚上睡觉前可以用温热水洗澡或洗脚，促进血液循环，消除疲劳，改善睡眠；晚餐不宜过饱，也不宜空腹；睡前不宜饮用浓茶、咖啡和酒等刺激性饮品。生活要有规律，早睡早起，养成午睡习惯。

第二，创造适合的睡眠环境。尽量做到室温适宜、室内无光、空气流畅、无异常气味，环境寂静，被褥干净、舒适。总之，睡眠环境应该安静、整洁、舒适和安全。同时，保持良好的睡眠姿势，宜右侧睡，不应仰卧或俯卧，不要蒙头掩面或张口而睡。

第三，保持健康的心理状态，睡前精神放松，情绪安宁，避免过于兴奋、激动或过于悲伤、抑郁。正如《睡诀》中所说："睡侧而屈，觉正而伸，早晚以时，先睡心，后睡眼。"保持宁静的心境是轻松入睡的诀窍。老年人一旦出现睡眠障碍，应该平静、客观地面对现实，正确认识睡眠状态，积极配合治疗，否则会容易形成恶性循环，变成顽固性失眠。

第四，适当用药物辅助治疗。老年失眠者可以服用安眠药辅助睡眠，原则是剂量宜小不宜大，时间宜短不宜长，宜多种药物交替使用。

本章思考题：

1. 进入老年期，人的心理过程会出现哪些变化？
2. 老年人应怎样正确看待老年期的心理障碍并进行心理保健？
3. 实践题：依据附录一和附录二，选择一所养老院，对院内的老年人进行心理年龄和心理衰老程度的测试，并撰写调查报告。

本章"课程思政"点：

"老年心理特征"融入马克思主义"五观"（国家观、民族观、历史观、文化观、宗教观）教育。

第五章　老年社会工作理论

本章主要介绍一些西方关于老年期的社会学基本理论，从中揭示个体老龄化的原因，解释个体老龄化的过程，学习运用历史唯物主义的基本观点来分析和评价西方老年社会工作理论。

第一节　脱离理论

社会脱离理论（Disengagement Theory）是由美国社会学家卡明（Cumming）和亨利（Henry）提出的。

一、社会脱离理论的主要内容

脱离理论的主要观点：它认为随着老年人口年龄的增长，个人与他人之间的人际关系数量在减少，性质也发生某种变化，充当消极角色增加，这不仅是正常的，而且是必要的。从总体上看，老年人参与社会活动是一种减量的活动，社会必须采取一定的措施，按规程将权限由老年转交给成年一代。

这种理论认为，老年人因年岁已高，精力不足，应从所承担的许多工作中解脱出来。解脱是社会结构的组成部分，走完所有生命里程的人，必定会经历解脱过程，否则就会影响社会规范。强制性退休法令和年龄、行业规范都迫使老年人与社会分离。这种理论忽视了现代老年人寿命延长、身体健康、晚年不老的现实，客观上否定了老年人的生命价值。

二、老年人面临社会脱离的原因

社会脱离理论是在老年社会工作中引起争论最多的理论。这一理论认为，人的能力会不可避免地随年龄的增长而下降，老年人因活动力的下降和生活中角色的丧失，希望摆脱要求他们具有生产能力和竞争能力的社会期待，愿意扮演比较次要的社会角色，自愿地脱离社会。在社会撤离理论看来，老年人减少他们的活动水平，减少与人交往，关注内心的生命体验，这会使老年人过上一种平静而令人满意的晚年生活。而且，老年人主动撤离社会，能使社会权力井然有序地实现交接，社会也不会因老年人的死亡而功能受损。因此，社会撤离理论认为，老年人从社会主流生活中的撤离，无论这一过程是因老年人自愿还是由社会起动，对社会和个人都会产生积极影响。

1. 劳动角色转换为供养角色，这容易使老年人产生经济危机感。

2. 决策角色转换为平民角色（在家庭中，由“家长”角色转换为被动接受照顾的角色），它容易使老年人产生“被抛弃感”和寂寞感。

3. 工具角色转换为感情角色。工具角色是指人们肩负着一定的社会公职，在社会政治、经济、文化各领域占据着主体地位，他们所扮演的角色是为了某种特殊的目的，如职业上的角色。情感角色是为满足身心情感的角色，比如在家庭中父母、子女间的角色。这种角色的转换使老年人常常碰到性别角色模糊问题以及伴随而产生的老年夫妻之间的冲突。

4. 父母角色转换为祖父母角色。除了角色转换外，老年人还将遭遇多重“突然失去”的威胁，如子女情感支持的突然失去（子女成家分居，老年人进入“空巢”家庭）、健全身体的突然失去（发生疾病并可能面临肢残或死亡）、配偶的突然失去（丧偶并带来心理健康上的问题）。所有这一切对老年人而言都是将要面临的新问题，需要通过继续社会化、加强学习、提高修养和不断自我调整来予以解决。

三、对社会脱离理论的质疑

尽管社会脱离理论不乏其合理之处，但其理论前提（假设所有老年人都愿意脱离社会）是不成立的，也是被社会工作反对的，理由如下。

1. 随着物质生活水平的提高和医疗条件的普遍改善，老年人预期寿命延长，他们在离开工作岗位后还可生活 20～30 年。因此，如何保持他们退休后的活动已成为各国老年社会工作者正在思考的问题。

2. 无法证明老年人退出有用的社会角色必定对社会有利。事实上，由于每个人在社会结构中所处地位的不同，每个人脱离社会的程度是不一样的。

一些人 80 岁仍担任国家要职，而一些人 55 岁就只能提前退休。在文、教、科、卫行业，许多 60 岁以上的老年人，在社会生活中发挥着不可替代的积极作用。

3. 社会脱离理论忽视了个性在一个人适应衰老过程中所起的作用。许多老年人一生中都愿意保持一种活动水平较高的生活方式，这与他们的生活满意度直接相关。世界范围内出现了越来越多的老年志愿工作者，对这一情形作了最好的诠释。实际的社会工作也已证明，那些与人交往频繁、积极参与社会生活的老年人比那些独处的老人身心更健康。

第二节　活动理论

活动理论（Activity Theory）是由美国社会学家哈维格斯特提出的。

一、社会活动理论的主要内容

活动理论的主要观点：它认为社会活动是社会生活的基础，对各个不同年龄组人口来说都如此，老年人同样有活动的愿望，只是活动的速度和节奏放慢而已。老年人的社会活动至关重要，它决定了老年人能否顺利度过人生的最后阶段。

活动理论与社会撤离理论的基本观点正好相反，认为活动水平高的老年人比活动水平低的老年人更容易感到生活满意和更能适应社会。活动理论主张老年人应该尽可能长久地保持中年人的生活方式以否定老年的存在，用新的角色取代因丧偶或退休而失去的角色，从而把自身与社会的距离缩小到最低限度。

活动理论提出的基本观点为大多数老年社会工作者所肯定。在老年社会工作者看来，社会不仅在态度上应鼓励老年人积极参与他们力所能及的一切社会活动，而且应努力为老年人参与社会提供条件。现实的情况是，许多老年人想有所作为而苦于没有机会；一些老年人因退出社会主流生活而导致老年抑郁症；有些老年人因枯坐家中无人交谈而提前了脑退化进程。

现代医学证明，勤于用脑的人比懒于用脑的人，脑力活动退化的速度要缓慢得多，较少说话的老人比常有陪伴的老人更容易患老年痴呆症。因此，让老年人保持较高的活动，积极参与社会生活，对防止老年人大脑退化具有毋庸置疑的作用。随着核心家庭和双职工家庭的增多，快速的生活节奏和竞争压力使子女很难抽出更多的时间陪伴老人，所以，鼓励老人自我调适、积极投身社会生活而不是独处一隅，就显得十分必要了。

当然，我们也不能仅以活动水平的高低来判断老年人对生活的满意程度，事实上，老年人的经济收入、生活方式、人际关系等方面都是构成老年人是否有一个幸福晚年的重要因素。我们也不能忽视如下事实：有些老年人活动不积极却也很快活，他们赋闲家中养花喂鸟以愉悦性情，读书写字抒发内心。也就是说，老年人因性格差异会有截然不同的晚年生活，我们不应用一种模式去要求所有的老年人。

二、社会活动理论的根据

1. 活动水平高的老年人比活动水平低的老年人更容易感到生活满意和更能够适应社会。

2. 老年人应该尽可能长久地保持中年人的生活方式以否定老年的存在，用新的角色来取代因丧偶或退休而失去的角色，从而把自身与社会的距离缩小到最低限度。

活动理论对老年社会工作的意义在于，无论从医学和生物学的角度还是从日常生活角度观察，“用进废退”基本是生物界的一个规律。因此，社会工作者不仅要在态度和价值取向上鼓励老年人积极参与他们力所能及的一切社会活动，而且更需要为老年人的社会参与提供更多的机会和条件。

三、对社会活动理论的质疑

1. 怎样界定老年人的活动？退休以后在家并不参加社区工作而只是在家种花养鸟或者习字绘画，这是不是活动？

2. 老年人的晚年生活的满意与否除了活动因素外，是否还和经济收入、生活方式、家庭关系、机体健康等多个因素有关？

3. 一味强调活动是否忽视了老年人个性因素的存在？

正因为如此，一些研究者提出了重视个性因素在衰老过程中起重要作用的连续性理论。

第三节　连续理论

连续理论（Continuity Theory）是由美国的社会学家纽加夫、罗伯特、阿奇里提出的。

一、连续理论的主要内容

连续理论的主要观点：它认为一个人在特定环境条件下生存和发展，形成一定的习惯、性格、个性，尽管人的个性是有改变的，但未成年和成年期长期形成的个人性格、爱好等一套生活方式和交往方式，具有持续性，并支持老年的生活和活动。

以上我们所介绍的两种理论——无论是社会脱离理论，还是活动理论，它们共同的不足之处都在于忽视了个性在衰老过程中的作用，或片面强调了撤离，或一味强调了活动。连续性理论正是看到了此种局限而提出了自己的基本观点。

二、连续理论的根据

不论是年轻还是年老，人们都有着不同的个性和生活方式，而个性在适应衰老时起着重要的作用。总是消极或退缩的人不可能在退休后成为积极分子；同样，一贯活跃、自信和参与社会的人在老年时不可能安静地待在家里。人主要的个性特点和价值观念随着年龄的增长变得更加突出。

如果一个人在老年时仍能保持中年时代的个性和生活方式，那么他（她）便会有一个幸福的晚年。因此，每个人不用去适应共同的规范，而是根据自己的个性来规定标准，这是老年人对生活感到满意的基础。对个体而言，连续又可分为内部连续（个性、爱好）和外部连续（年轻时爱踢足球，年老时踢不动了仍爱看足球）。

三、对连续理论的质疑

1. 虽然个性在人们适应衰老时起重要作用，但过分强调连续性又难免对老年人产生误导：当老人因健康状况不佳或财力受限而不能保持早年的生活方式时，一味对连续性的追求可能会减少老年人在晚年时的自尊，也可能妨碍老年人根据个人的愿望而改变其生活方式。

2. 这一理论的最大缺陷在于忽略了外部社会因素对人们个性改变的作用及对衰老过程的影响。事实上，对生活满意度高的老人常是那些没有拘泥于某种固定生活模式、能随社会环境的变化而不断改变其生活方式的人。

第四节　角色理论

角色理论是20世纪30年代以来，从社会学、心理学与人类学三大领域中发展起来的一种跨学科的综合行为科学理论倾向。

一、角色理论的主要内容

角色理论的主要观点：它认为是社会角色把人确定为一种社会存在，是自我概念形成的基础，老年人如何才能更好地适应衰老，被认为取决于他们晚年时如何较好地接受角色的改变。

这一理论通过角色这一中心概念，将影响人的行为的文化背景、社会隶属关系与个人自我等各个环节的因素联系成了一个有机的系统，使得我们能够从整个行为动力系统来考察个人行为与心理的状况和发展水平。在现实生活舞台上的人，就类似于戏剧中的角色。如果用戏剧来比拟老年人的生活，则老年人所处的客观的社区环境就像“场景”，由社会要求、规范和期望构成的社区环境则是“剧本”。社区生活的导演是社区的管理者，如街道、居委会等，“同伴演员”是其他社区成员。社区生活中的“观众”，则是由与老年人存在相互影响的真实的或想象的其他人构成。简单地说，角色理论就是用角色概念来研究人的社会行为的一种理论。

二、社会角色理论对老年社会工作的影响

（一）老年人必须完成社会角色的转换

社会角色理论认为人一生中在扮演各种各样的社会角色。每一种社会角色都与一定的年龄或生命阶段相关联。由于退休、离休等因素，老年人的社

会化过程可能会被阻断，从而陷入老年期的角色困惑，可能导致心理失衡和自我的失落。

如果老年人能够适应社会角色的变换，就能够随时为自己营造一个好心情，使自己能适应各种变化了的新环境。无论工作、家庭、身体、儿女问题，顺其自然，结果也不见得怎么糟。朝霞落下了，还有金秋；今天落下了，还有明天；一个希望落下了，还会有新的希望可以争取。一个人进入老年期，另有一番新境界。老年期，一身轻松，了无牵挂，完全可以重新开始曾经中断的社会化过程而与社会相融。

人老退休，生活空间更大了，随意和自由多了，怎么高兴就怎么过。宠辱不惊看庭前花开花落，去留无意观天上云卷云舒，别执着于已经失去的“角色”，坦然面对从社会角色回归家庭的现实，自在自得，不亦乐乎！老年人如果有清醒的自我定位和准确的人生感悟，就可以不断适应年老的变化和社会的变化。人都有辉煌和平淡的时期。上升与下降，在位与退位，这是正常现象，自然规律，一定要积极应对。如烟往事俱忘却，心底无私天地宽，相逢一笑泯恩仇，留得激情从头越。不比名，不比利，不与他人比高低。摆正了位置，端正了角色，就算掉点价，延年益寿，安度晚年，这才是实际而真格的。

从社会角色理论分析，老年人退休后角色的转变并不是单一的，老年人要适应很多角色的转变，包括因为家庭生命周期进入空巢期，子女成长离家立室而失去了担任父母的角色；配偶死亡或离异而失去了担任配偶的角色；从工作岗位退下来而失去担任工作者的角色。所以他们的需求呈现出多样化。

（二）社工介入老年社会工作必须了解社会角色理论

组织者

社工与老人之间要建立良好的关系，相互要有进一步的认识。工作中，社工常常以组织者、倡导者、协助者、参与者等多种角色和老人进行沟通，通过不同的手法、不同的活动内容来满足老人因角色转变而产生的需要。比如，在了解到某些老人对社会仍保持关注后，社工组织他们共同了解社会新闻，进行适当的讨论等，以此达到老人与社会联系的目的，这里社工充当了一个组织者。

倡导者

鼓励有自理能力的老人为自理能力较欠缺的老人提供帮助，以行动实现自我价值，让老人感到自己仍然是对社会有用的人，也可以发挥自己的能力去帮助别人，这样一个活动中，社工起的是倡导者的作用……更重要的是，通过这些活动，促进了老人之间的互动，维持了圈子的动态平衡。

活动理论认为老年人对生活满意的程度与他能否保持与社会接触和有活跃的社交生活有关，所以往往社工需要在与老人交流中、观察中，来促进老人的活动，因为他们仍然有参与社会的需要，仍然有实现自我价值的追求。在敬老院，社工可以开展新闻故事小组，通过活动，让老人在养老院这个有限的空间里了解社会上所发生的事，并谈谈自己的感想，促进老人之间的相互交流。

对于那些有个别需求的老人，社工常面对面和他们谈心，耐心聆听，给予回应，了解他们心里的想法，在工作人员、其他老人、社工的协助下解决问题。

老年社会工作的主要服务对象当然是老人，同时养老机构也是服务对象的一部分。从事老年社会工作的社工，了解社会角色理论能够掌握老年人的心理特征，更好地为老年人提供服务。

老年工作社工首先要学会付出爱心，还要掌握老年工作方法和技巧，要能和老人交流沟通，了解他们的心理等，这样才能做好服务。

在我国内地，上海已步入老龄化城市行列，上海的社会工作发展也走在中国的前沿，发展老年社会工作的条件已基本成熟，老年社会工作的发展方向是社会养老、社区养老的模式。

第五节　年龄分层理论

年龄分层理论是由美国社会学家赖利、福纳创立的。

一、年龄分层理论的主要内容

年龄分层理论的主要观点：认为社会按照年龄差异将人们区分为高低不同的等级序列，意味着年龄差异与各种资源分配的不平等状况之间的关系，还包含着可能获得社会赞许、可接受性、尊敬等方面的差异。

年龄分层理论认为老年期可分为三个年龄段：低龄段（60～69岁）、中龄段（70～79岁）和高龄段（80岁以上）。低龄老年人身体健康，占老年人口比例最大，有再参与社会活动的资本和条件，低龄段是老年人力资源开发的最佳时期；中龄段的老人多以追求健康为主要目标，但在以智力为主的高科技、教育工作中，老专家、老教授等高级人才以其基础扎实，累积资料丰富，仍可以继续致力于长期项目的科研，撰写论文、专著，从事讲学、翻译、咨询等工作，中龄段是老年智力资源开发的重要时期。然而人类生命有限，低、中龄段的老人虽说身体仍然健康，但就其生命的整个过程而言，他们终究已处于黄昏时分，这就决定了这部分人力资源若不被及时或适时地开发利用，其有效性将会随着时间的流逝而降低，甚至完全丧失。尤其是现阶段处于高龄期的老人，多是历史的见证，所拥有的丰富的经历、资料是历史研究的重要财富；所拥有的多年实践经验、研究成果更是维系社会事业连续性的不可代替的部分，因而高龄期是老年人力资源的抢救时期。

二、年龄分层理论有助于对老年群体的认识

（一）老年群体规模大，智力资源丰富

20世纪50年代末，舒尔茨指出“改善穷人福利的决定性生产要素不是空间、能源和耕地，其决定要素是人口质量的改善和知识的增进”，第一次提出了“人力资本投资”概念。此后，英国经济学家哈比森指出“人力资源……是国民财富的最终基础”。美国经济学家丹尼森在阐述其著名的经济增长理论过程中，曾根据美国1929—1969年资料算出，教育、医疗卫生及知识增进等因素对经济增长的贡献累计占余值增长率（扣除物质资本对经济增长的贡献之后的剩余增长率）的60%，其中教育和知识进展两项就占41.5%。西方国家“经济合作与发展组织”1996年发表的《以知识为基础的经济》报告将国家经济的重要资本重点放在知识更新、智力、无形资产的投入中。这一切证明了人力资本理论的正确性。

人力资本理论指出，人力资本是体现在人身上技能和生产知识更新的存量。按照这种理论，进入老龄化的中国社会将进入人力资本丰富，投入少、产出多的丰获期。据统计，至1994年底，全国共有离退休干部8817万人左

右，目前每年仍以40万~50万的人数在递增。其中38%的中高级专业技术人员在不同程度地参与各类社会活动，仍有大多数人的潜力未得到发挥。还应看到现有的年龄在50岁以上的一批高级专业技术人才将在今后几年内陆续退出工作岗位。

到21世纪初，退休的中高级专家形成一支富含人力资本的大军。老年是人生最成熟的时期，老年人在智能、经验、处事和阅历上均占有很大优势，多以稳健、干练、精确、细致见长。虽在反应力、记忆力和体力上弱于青年人，但其知识和技能储存却远胜于年轻人。现代医学研究结果表明，老年人在知识积累和抽象思维概括方面的智力会随年龄的增长而继续加强。此外，老年人生产经验丰富，管理才能高超，技术水准精湛，饱经沧桑的社会实践，又使其逻辑推理和形象思维能力不断增强，对问题的分析较为准确、全面、深刻而有远见，总结了许多成功的经验和失败的教训，而且也形成了较为正确的世界观、人生观、价值观，责任心、事业心等。这些优势不仅对于发挥自身价值、发展社会事业有着积极意义，而且对于培养教育年青一代，促进社会文明，也无疑是一笔巨大的财富和资本。

（二）大多数老年人健康状况尚好，具有再参与社会活动的能力

根据世界卫生组织对老年人的最新划分标准：60~74岁为年轻老人，75~89岁为真正老人，90岁以上为长寿老人。根据联合国以60~69岁为低龄老人的惯例，我国虽然人口老龄化发展速度很快，但就目前情况看，随着社会经济生活水平的提高，医疗卫生事业的发展，老人健康状况普遍看好：健康状况很好的占41.3%，健康状况中等的占41.4%，70岁以下身体健康、有劳动能力的低龄老人占70%以上，依赖性老人仅占1%。

（三）绝大多数老年人再就业愿望迫切

在1988年中国九大城市老年人状况抽样调查中，将老年人对自己社会价值的评价分为三类：现实认识、历史评价和前景预测。在现实认识中，有65.1%的老人希望继续参与社会发展，为国家、社会和家庭发挥余力；前景预测显示，有50%的人认为自己在知识更新方面较年轻人占优势，87.6%的人认为自己在经验方面强于年轻人，71.4%的人认为自己在观念方面仍有优势。数据表明，多数老年人充分肯定自身价值，有信心参与社会活动，这是

老年人参与社会、发挥作用的基点，是开发利用老年人力资源的前提。

本章思考题：

谈谈你对老年社会工作理论的理解。

本章“课程思政”点：

用国家观、历史观梳理“老年社会工作”理论，同时重视老年人在社会发展过程中的积极定位与重要作用。

第六章　老年社会工作的内容

老年社会工作涉及的内容比较复杂，根据各项工作的范围不同，可将其内容分为老年权益保障工作、老年社会保障工作、老年教育工作、老年文化工作、老年心理疏导工作、老年护理工作等。

第一节　老年权益保障工作

近几年来，我国有关老年人权益受到损害的事件时有发生，如有的子女遗弃老人，侵占老人的财产，社会上一些人侮辱和虐待老人，侵犯老年人的人身权利等。2002 年 2 月 26 日，联合国秘书长安南在联合国总部发表了题为《虐待老人现象大都逃避追究》的报告，指出虐待老人的问题在发达国家和发展中国家都非常普遍，呼吁各国采取全球性行动，切实保护老年人的合法权益。因此，怎样保障老年人的权益，使他们不受伤害成为老年社会工作的一项重要内容。

一、老年权益保障工作的含义

所谓老年人的权益就是指老年人根据宪法和法律应当享有的各种权益。我国宪法第 33 条第 3 款规定："任何公民享有宪法和法律规定的权利。"因此，老年人作为公民，公民依法享有的一切权益，老年人也同样享有，任何组织或者个人都不得限制、干涉或者剥夺老年人依法享有的权益。这里所指的权益包括权利和利益。此外，由于老年人因年龄的增长，逐渐衰老而丧失劳动和生活自理能力，成为社会中需要社会和其他公民扶助的弱者。因此，老年人作为特殊群体，根据其自身特点和需要，还享有宪法和法律规定的特殊权益，如有从国家和社会获得物质帮助的权利，有得到成年子女赡养扶助的权利，有享受社会发展成果的权利和参与社会发展的权利。

老年人作为社会困难群体，其合法权益容易受到损害。老年权益保障工作就是社会工作者依法维护老年人权益，防止老年人的权益受到损害，让老年人安度晚年。此项工作包括立法、执法和为老年人提供法律援助等多方面的内容。

二、老年人权益的基本内容

老年人的合法权益有下列基本内容：

（一）老年人的政治权利

政治权利是指公民享有参加国家管理、参政议政的权利和在政治上享有表达个人见解和意愿的自由。享有政治权利是宪法赋予包括老年人在内的所有公民的权利。政治权利主要包括：选举权和被选举权；言论、出版、集会、结社、游行、示威的自由；对于任何国家机关和国家工作人员，有提出批评和建议的权利；对于任何国家机关和国家工作人员的违法失职行为，有向有关国家机关提出申诉、控告或者检举的权利；由于国家机关和国家工作人员侵犯公民权利而受到损失的，有依照法律规定取得赔偿的权利。

（二）老年人的人身自由权

公民的人格尊严和人身自由权不受侵犯，是宪法规定的包括老年人在内的公民的基本权利之一。宪法第三十七条规定："中华人民共和国公民的人身自由不受侵犯。"第三十八条规定："中华人民共和国公民的人格尊严不受侵犯。"在我国刑法、刑事诉讼法、民法通则、老年法和其他有关法律中，对保护公民的这些基本权利，也分别有所规定。根据宪法和法律规定，包括老年人在内的公民的人身自由权主要有以下内容。

1. 公民的人身自由不受侵犯

包括：非经人民检察院批准或决定，或非由人民法院决定，并由公安机关执行，不受逮捕；不受非法剥夺或者限制自由；不受非法搜查身体。

2. 公民的住宅不受侵犯

包括：禁止非法搜查公民的住宅；禁止非法侵入公民的住宅。

3. 公民的通信自由和通信秘密受法律保护

除因国家安全或者追查刑事犯罪的需要，由公安机关或者检察机关依照法律规定的程序对通信进行检查外，任何组织或者个人不得以任何理由侵犯公民的通信自由和通信秘密。

4. 禁止虐待老年人

虐待老年人是指家庭成员对老年人施以精神上、肉体上的摧残折磨行为，如打骂、冻饿，有病不给治疗，强迫进行力不能及的劳动，以及用恫吓、威胁、禁闭等方式摧残老年人等，这是法律严格禁止的。有时，有些行为在程度上还构不成虐待，如在家庭或社会上不公正、不平等地对待老年人，在日常生活中，老年人与其他家庭成员不是一样待遇、不能一视同仁，在感情上对老年人故意冷淡，这些应视为对老年人的歧视。歧视使老年人心理受到伤害，不能愉快地生活。因此，《中华人民共和国老年人权益保障法》第四条第三款明确予以禁止。

5. 严格禁止侵犯公民的生命健康权

生命健康权包含生命权和健康权两个内容，它是公民依法享有使自己的生命安全、身体健康和机能完整不受非法侵害的权利，包括：法律保护每个公民的生命健康权不受任何人的非法侵害；公民在自己的生命健康受到非法侵害的紧急情况下，有权依法采取正当防卫和紧急避险的方法，以保护自己的生命健康不受非法侵害。

6. 公民的姓名权受法律保护

公民有权决定、使用和依照规定变更自己的姓名。公民享有姓名权包括两层意思：一方面是对公民按照个人意志使用自己的姓名受到法律的确认和保护；另一方面是禁止他人对公民姓名权的干涉、盗用、假冒等非法侵害。

7. 公民的肖像权不受侵犯

肖像，是指公民的个人形象通过造型艺术或其他形式在客观上的再现，反映了肖像者的真实形象和特征。肖像可以是一般的照片、图像，也可以是雕塑、录像等艺术或者其他方式再现的物质形态。肖像权，是指公民对自己的肖像所具有的专有权。公民的肖像权不受侵犯，是指不得以营利为目的，未经公民同意利用其肖像做广告、商标、装饰橱窗等。

8. 公民的名誉权受法律保护

名誉是社会上对公民的品德、声望、信誉等方面的评价。名誉直接关系到公民在社会上的地位和尊严。公民的名誉权不受侵犯，是指禁止用任何方法对公民进行侮辱、捏造事实诽谤和诬告陷害，包括禁止以书面、口头等形式宣扬、公开他人的隐私。

9. 公民的荣誉权受法律保护

包括：禁止非法剥夺公民获得的荣誉称号；禁止恶意诽谤、诋毁他人获得的荣誉称号。

10. 公民的婚姻自由权不受侵犯

婚姻自由权是指公民依法享有的按照自己的意愿自主地结婚或离婚而不受他人非法干涉的权利，这是宪法赋予公民的一项基本权利。因此，老年人有权按照法律规定，自主自愿地决定自己的婚姻问题，子女或者其他亲属不得干涉老年人结婚、离婚、再婚以及婚后的生活。

（三）老年人的宗教信仰自由权

老年人既有信仰宗教的自由，也有不信仰宗教的自由；既有信仰这种宗教的自由，也有信仰那种宗教的自由；既有过去不信仰宗教、现在信仰的自由，也有过去信仰宗教、现在不信仰的自由。任何国家机关、社会团体和个人不得强制老年人信仰宗教或者不信仰宗教，也不得歧视信仰宗教的老年人和不信仰宗教的老年人。

（四）老年人的社会经济权利

我国宪法赋予公民的社会经济权利，包括劳动权、劳动者的休息权、退休人员生活的保障权和物质帮助权。老年人作为公民，理所当然地享有社会经济权利，这也是老年人实现其他权利的重要保障。

劳动权

宪法规定，一切有劳动能力的公民，都有劳动的权利和义务。老年人虽然已经退出原来的工作岗位，但是劳动权利并没有丧失，老年人仍有继续参加劳动的权利，有继续参与社会发展的权利。国家应当为老年人参与社会主义物质文明和精神文明建设创造条件。

休息权

老年人在从事法律允许的各种社会劳动中，享有休息的权利。

退休人员生活的保障权

国家依照法律规定实行对企事业组织的职工和国家机关工作人员的退休制度。退休人员的生活受国家和社会的保障。国家建立养老保险制度，保障老年人的基本生活。老年人依法享有的养老金和其他待遇应当得到保障，有关组织必须按时足额支付养老金，不得无故拖欠，不得挪用。国家根据经济发展、人民生活水平提高和职工工资增长的情况增加养老金。

物质帮助权

老年人无劳动能力、无生活来源、无赡养人和扶养人或者赡养人和扶养人确无赡养或者扶养能力的，在城市的，由当地人民政府给予救济；在农村的，由农村集体经济组织负担保吃、保穿、保住、保医、保葬的五保供养。老年人患病，本人和赡养人确实无力支付医疗费用的，当地人民政府根据情况可以给予适当帮助，并可以提倡社会救助，提倡为老年人义诊。发扬邻里互助的传统，提倡邻里间关心、帮助有困难的老年人。老年人因其合法权益受侵害提起诉讼交纳诉讼费确有困难的，可以缓交、减交或者免交；需要获得律师帮助，但无力支付律师费用的，可以获得法律援助。健全和完善社会救助制度，对于生活水平达不到城镇居民最低生活保障线的老年人和老年人家庭由政府实行货币或实物救助。大力发展老年慈善福利事业。

（五）老年人有享受社会发展成果的权利

首先，老年人享受社会发展成果是对老年人过去劳动价值的补偿。老年人是过去的劳动者，他们以前创造出的财富，是社会经济继续发展的基础。没有昨天老年人的辛勤劳动，社会就没有今天的成就。因此，人在年老体衰时，公平地享受社会发展成果的权利，应该得到尊重和保护。

其次，老年人享受社会发展的成果是我国的社会主义国家本质所决定的。社会成员的共同富裕是我国社会主义本质优越性的集中表现。因此，作为社会成员的老年人，有权依法享受社会发展的成果。

最后，老年人的生活主要依靠退休金等收入，随着社会的发展、市场经济体制的建立和完善，老年人如果不能与其他在职人员一样共享社会发展的成果，就会造成社会成员之间经济收入差距的不合理和生活待遇的不合理，不利于落实老有所养。

（六）老年人的受赡养扶助权利

老年人享有受赡养扶助的权利，赡养人应当履行对老年人经济上供养、生活上照料和精神上慰藉的义务，照顾老年人的特殊需要。赡养人对患病的老年人应当提供医疗费用和护理。赡养人应当妥善安排老年人的住房，不得强迫老年人迁居条件低劣的房屋。赡养人有义务耕种老年人承包的田地，照管老年人的林木和牲畜等，收益归老年人所有。赡养人的配偶应当协助赡养人履行赡养义务。赡养人不得以放弃健康权或者其他理由，拒绝履行赡养义务。赡养人不履行赡养义务，老年人有要求赡养者付给赡养费的权利。同时，老年人与配偶有相互扶养的义务。由兄、姊扶养的弟、妹成年后，有负担能力的，对年老无赡养人的兄、姊有扶养的义务。

（七）老年人的财产权

老年人个人的财产所有权，是指老年人对其所有的财产享有占有、使用、收益和处分的权利。老年人个人的财产包括：合法收入、房屋、储蓄、有价证券、文物和图书资料、生活用品、林木、牲畜和其他合法财产、法律允许公民所有的生产资料。老年人有权依法处分个人的财产，子女或者其他亲属不得干涉，不得强行索取、侵占、毁坏老年人的财物。老年人有权拒绝有独立生活能力的成年子女提出的经济资助的要求。

（八）老年人的知识产权

知识产权是指公民和法人根据法律规定，对其在科学技术和文学艺术等领域内创造的知识产品（智力成果）所享有的专有权利。许多老年人虽然已从工作岗位上退下来，但仍在从事著述或科技开发，为社会继续作贡献，保护老年人的知识产权也是一项重要工作。知识产权包括的范围非常广泛，主要有著作权（版权）、专利权、商标专用权、发现权、发明权、其他科技成果权。

（九）老年人的继承权

继承，即公民死后所遗留的个人合法财产依法转移给有权取得遗产的人所有。继承权是指继承人依法所享有的继承被继承人遗产的权利。老年人有依法继承父母、配偶、子女或者其他亲属遗产的权利，有接受赠予的权利，任何人不得侵犯，不得侵吞、抢夺、转移、隐匿和破坏应由老年人继承的遗产。

（十）老年人的住房权

老年人的住房权包括房产权、房屋租赁权和使用权。老年人自有的或者承租的住房，子女或者其他亲属不得侵占、损毁，不得擅自改变产权关系或者租赁关系。赡养人应当妥善安排老年人的住房，不得强迫老年人迁居条件低劣的房屋。赡养人对老年人自有的住房有维修的义务。老年人与子女或者其他亲属共同出资购买、建造的住房，老年人依法享有相应的房产权和使用权。子女或其他亲属出资购买老年人原来承租或居住的住房，必须保证老年人继续居住的权利。老年人所在组织分配、调整或者出售住房，应当根据实际情况和有关标准照顾老年人的需要。

（十一）老年人的文化教育权利

老年人有继续受教育的权利。国家发展老年教育，鼓励社会办好各类老年学校。老年人有进行科学研究、文学艺术创作和其他文化活动的自由。国家对于从事教育、科学、技术、文学、艺术和其他文化事业的公民的有益于人民的创造性工作，给予鼓励和帮助。

保护老年人合法权益是全社会的共同责任。根据宪法和法律的规定，老年人享有广泛的政治、经济、文化教育、家庭等方面的权利，涉及社会的方方面面，而要使这些权益得到有效的保障，必须依靠全社会的共同努力。因此，保障老年人的合法权益是一项涉及全社会的工作，既涉及精神文明建设，也涉及物质文明建设，必须有各行各业共同参与和努力才能做好。从各级政府到基层组织，从主管部门到有关的群众团体以及各行各业，都要按照自己的职责和义务，认真开展老年人权益保障工作，构成一个上下相连、纵横贯通的老年人保护体系。

三、侵犯老年人合法权益的刑事责任

侵犯老年人的合法权益，触犯刑事法律，构成犯罪的，必须承担相应的刑事责任。

（一）侵犯老年人人身权利、民主权利的刑事责任

侵犯包括老年人在内的公民人身权利、民主权利罪的种类有：

1. 侵犯老年公民生命权利的犯罪，包括：故意杀人罪、过失杀人罪；

2. 侵犯老年公民健康权利的犯罪，包括：故意伤害罪、过失重伤罪；

3. 侵犯老年妇女的不可侵犯的权利的犯罪，包括：强奸罪等；

4. 侵犯老年公民人身自由的犯罪，包括：非法拘禁罪、非法管制罪、非法搜查罪、非法侵入他人住宅罪、侵犯通信自由罪等；

5. 侵犯老年公民人格、名誉的犯罪，包括：侮辱罪、诽谤罪；

6. 侵犯老年公民民主权利的犯罪，包括：破坏选举罪、非法剥夺宗教信仰自由罪等；

7. 假借国家机关权力侵犯老年公民权利的犯罪，包括：刑讯逼供罪、诬告陷害罪、报复陷害罪、伪证罪。

（二）侵犯老年人合法财产的刑事责任

老年人和其他公民一样，其所有的合法财产，包括合法收入、房屋、储蓄、生活用品、文物、图书资料、林木、牲畜和法律允许公民所有的生产资料、私人资本以及其他合法财产，受法律保护不受侵犯。

侵犯老年人合法财产的犯罪行为，是指以非法占有为目的，攫取老年人的财物，包括以暴力、胁迫或者其他方法强行劫取财物；乘人不备公然夺取财物；以秘密窃取的方法占有财物；采用虚构事实或者隐瞒真相等欺骗的方法，使老年人受骗交出财物自己占有等，或者是故意毁坏老年人的财物。侵犯老年人合法财产的行为人可以是家庭以外的人员，也可以是家庭成员。

侵犯老年人合法财产的犯罪行为，按以下情况承担刑事责任：

1. 非法占有公私财物的犯罪，包括：构成抢劫罪、抢夺罪、盗窃罪、诈骗罪、敲诈勒索罪等；

2. 故意毁坏公私财物的犯罪，即构成故意毁坏公私财物罪。

（三）虐待、遗弃老年人的刑事责任

与老年人共同生活的子女，或者是具有亲属关系或者扶养、赡养关系的家庭成员，经常以打骂、冻饿、限制自由、凌辱人格、强迫从事过度的劳动

等方法，对老年人从肉体上和精神上进行摧残迫害，而且情节恶劣，足以使老年人的身心健康受到严重损害的，构成虐待罪，应承担相应的刑事责任。

对年老、年幼、患病或者其他没有独立生活能力的人，负有扶养义务而拒绝扶养，情节恶劣的行为，构成遗弃罪。

（四）侵犯老年人婚姻自由权的刑事责任

我国刑法第一百七十九条规定："以暴力干涉他人婚姻自由的，处 2 年以下有期徒刑或者拘役。""犯前款罪，引起被害人死亡的，处 2 年以上 7 年以下有期徒刑。"暴力干涉婚姻自由罪是指用暴力的方法干涉他人婚姻自由的行为。所谓暴力，主要指捆绑、殴打、禁闭、强抢等对人身实施打击和强制的行为。实施暴力行为是构成此罪的必要条件。干涉老年人婚姻自由既包括强迫老年人结婚或不结婚，也包括强迫老年人离婚或不离婚。

（五）国家工作人员违法失职，致使老年人合法权益受到损害的刑事责任

国家工作人员严重不负责任，不履行或者不正确履行自己的工作职责，致使老年人的合法权益遭受重大损失的行为，可以构成玩忽职守罪。我国刑法第一百八十七条规定："国家工作人员由于玩忽职守，致使公共财产、国家和人民利益遭受重大损失的，处 5 年以下有期徒刑或者拘役。"玩忽职守的行为表现形式有两种：一是职务上的不作为，即国家工作人员不履行依其职责应履行的义务；二是没有正确履行职责，工作极端不负责任。

四、社区居委会、村委会在保护老年人合法权益中的职责

在老年人权益保障工作中，各级政府、执法机关和主管部门是保护老年人合法权益的主要力量。退管会、老龄委和工、青、妇也能发挥它们在各方面的优势，为保障老年人的合法权益作出贡献。

社区居民委员会、村民委员会等基层群众性自治组织是开展保障老年人合法权益工作的重要社会基础，具有其他单位所无法替代的特点和作用。其职责主要有：协助各级人民政府和有关部门组织群众学习有关的法律、法规，增强依法保障老年人合法权益的意识；从基层的角度，对权益保障工作提出改进的意见和建议；接待老年人来信来访，调解一般纠纷；向有关部门、组

织反映老年人的合理要求等。

五、老年人自我保护的权利和义务

《中华人民共和国老年人权益保障法》第七十二条规定："老年人合法权益受到侵害的，被侵害人或者其代理人有权要求有关部门处理，或者依法向人民法院提起诉讼。人民法院和有关部门，对侵犯老年人合法权益的申诉、控告和检举，应当依法及时受理，不得推诿、拖延。"无论是哪位老年人，只要他的合法权益一旦受到别人侵犯，他就有权依法向有关方面提出控告、申诉或者依法起诉。这种自我保护的权利是法律赋予的，是老年人维护自身合法权益的法律手段，老年人都要高度重视这一宝贵权利，并且充分行使这一权利。

老年人有自我保护的权利，同时也有自我保护的责任。自我保护，既是一种权利，也是一种义务，是权利与义务的统一。当老年人积极履行法律规定的义务，正确处理好与子女、亲属、邻里的关系，就能够赢得社会的同情和家庭的支持，有助于维护自身的合法权益。

老年人在进行自我保护的时候，应当遵循宪法和法律、法规的规定，即应当严格按照刑事诉讼法、民事诉讼法、行政诉讼法等法律、法规的规定进行。

六、老年人权益保障的基本途径

当老年人的合法权益受到侵害时，作为老年社会工作者应怎样协助受害的老年人寻求保护呢？一般来说，保护老年人合法权益的途径主要有以下四种。

（一）控告

控告是指向有关的国家机关（主要是公安、检察院、司法部门）或侵犯老年人合法权益的行为人的主管单位控诉或揭发侵犯老年人合法权益的事实，要求依法处理。控告是公民的正当权利，是受国家法律保护的。老年人在控告时，对所控事实，应有事实根据，不能凭主观想象，要尽量做到准确、客观。控告一般应用书面写成控告书状，但在紧迫的情况下，或者撰写有困难的，老年人也可以到有管辖权的主管单位或公安、检察、司法部门提出口头控告。

（二）申诉

申诉是指老年人对有关本身的权益问题，向国家机关、有关团体、组织申诉理由，提请处理。申诉又包括两种性质不同的方式：一种是诉讼上的申诉，当事人对已发生法律效力的判决、裁定，认为确有错误，从而向法院或检察院提出申诉，请求重新处理，此种申诉一般不受时间限制，书面申诉或口头申诉均可。另一种是非诉讼的申诉，当事人在其权益受到损害而得不到保护时，不经过诉讼程序，而直接向有关行政部门申诉，反映事实情况，请求处理。

（三）调解

调解是我国处理民事案件和轻微刑事案件的重要方式之一，是通过说服教育和劝导协商，使纠纷在当事人双方互相谅解的基础上，对各自权利义务问题达成一定协议，从而解决纠纷。调解包括诉讼中的调解和诉讼外调解，前者又称为法院调解。诉讼外调解，老年人可以请求居民委员会和村民委员会下设的人民调解委员会以及企、事业单位的人民调解委员会主持进行，也可以请当事人单位、涉老部门和团体，以及公安、房管等行政部门主持进行。

调解作为解决老年人权益争议的途径之一，具有很大优点。因为涉老权益争议往往发生在老年人及其亲属、邻里之间。而邻里、家庭是老年人的主要生活场所，如果老年人长期与子女、亲属、邻里之间关系紧张，不利于老年人安度晚年。通过调解，采取法制宣传教育和思想疏导的方法，提高当事人的法制观念和思想觉悟，平等协商，能够不伤和气，增进家庭、邻里和睦相处，使老年人有一个良好的生活环境。因此，调解是老年人权益争议的重要解决途径。

（四）诉讼

诉讼是指老年人在符合我国刑事诉讼法、民事诉讼法、行政诉讼法规定的受理条件时，依照法定程序，直接向人民法院提起诉讼。诉讼是解决侵害老年人权益争议的最终途径，对被侵权的老年人起着最终的保护作用。当老年人的合法权益受到侵害，又不能通过其他途径得到保护，需要向人民法院提起诉讼时，应当注意以下问题。

1. 老年人应当明确被告是谁，侵犯了哪种合法权益；

2. 老年人在起诉时，应当明确自己的诉讼请求，根据被侵害的事实情况，实事求是，合情合理；

3. 在诉讼中，应当注意收集和保存证据，以使自己在诉讼中更加有利；

4. 老年人得知自己的权益受到损害而决定提起诉讼时，应当注意不要超过诉讼时效；

5. 老年人如果不是很清楚如何保护自己的权益，可以就某些不明白的问题向法律工作人员进行咨询、求助，也可以聘请律师作为自己的诉讼代理人。

对于老年人个人来说，他所享有的诉讼权利，是指老年人作为刑事、民事案件的当事人或其他诉讼参与人时，在诉讼过程中依法享有的权利，主要有：

控告权

当老年人的人事权利、民主权利或其他权益受到侵犯时，老年人除有权向有关机关、组织反映和控告外，还有权向司法机关控告或起诉，请求司法保护。

用本民族语言文字进行诉讼的权利。

申请回避的权利。

老年人在诉讼过程中，如果认为办案人员与本案有利害关系或其他关系不能公平审判，有权要求其回避。

上诉权利。

老年人作为案件当事人，如果对地方各级人民法院作出的一审裁判不服，可以在法定期限内向上一级人民法院提起上诉，请求重新审理。

申诉权。

老年人对人民法院作出的已生效的裁判，认为确有错误，有权向人民法院或人民检察院提出重新审理的请求。

辩护权。

这是老年人作为刑事案件被告人时享有的一项诉讼权利。依照法律规定，被告人在全部诉讼过程中，有为自己辩护的权利，可以自己辩护，也可以请律师或自己的近亲属为自己作辩护，以保护自己的合法权益。

提请刑事附带民事诉讼权利。

老年人作为刑事案件的被害人，由于被告人的犯罪行为而遭受物质损失的，有权提起附带民事诉讼。

第二节　老年社会保障工作

社会保障制度是国家和政府通过立法和行政措施，对劳动者在生活发生困难时，依法实行的基本生活保证制度，是对贫困或社会弱者，也包括对全体公民实行普遍的保护性措施，是使全体劳动者和公民获得生活保障的一种社会机制。老年人社会保障则是指对退出劳动领域或无劳动能力的老年人实行的社会保护和社会救助措施。

一、建立老年社会保障制度的必要性

老年社会保障制度是一项重要的社会功能，是解决老年社会问题的核心。建立老年社会保障制度是现代社会发展的必然结果，对社会的稳定和持续性发展有重要作用。

（一）建立老年社会保障制度是社会发展的需要

社会化大生产使劳动力成为自由流动的商品。由于传统社会那种以家庭为单位的生产活动被转移到社会中去，大家庭逐渐分解成众多的小家庭，家庭养老失去了以往的经济基础。当劳动者在社会范围内与企业交换自己的劳动力和企业获得劳动力时，必须以一种制度化的方式建立起对劳动者的生活保证契约和机制。这既是劳动者出让自己劳动力的条件，又是企业获得劳动力的承诺。国家或政府作为社会的管理者，为了保证社会经济的发展和政治的稳定，必然要承担起建立和实施社会保障的任务。

（二）建立老年社会保障制度是全体劳动者的切身需要

老年是人生中劳动能力不断减弱的阶段，这一点与失业不同，因为失业是暂时性的现象，并不意味着劳动能力的减弱或丧失，而老年则意味着人生劳动能力的逐渐丧失，意味着永久性的“失业”。从这种意义上说，由年老所导致的无劳动能力是一种确定性的和不可避免的风险。与失业或伤残保险相比，养老保险是绝大多数劳动者都需要的。在人口老龄化或人类寿命不断延长的条件下，需要获得养老保险的劳动者更是与日俱增。从需要社会保障的

人数来看，老年社会保障的比重是最大的。

（三）建立老年社会保障制度体现社会的公平

在现代社会化大生产条件下，老年社会保障属于社会再分配范畴，是保证老年人享受社会发展成果的必要措施。社会产品的分配大致要经历两个过程。第一个过程是初次分配，以工资的形式补偿劳动者的劳动支出，即劳动者直接获取劳动报酬。第二个过程是社会再分配，是对不直接参与生产过程和收入不足以维持一定的生活水平的社会成员给予一定的救助。社会保障属于后一个过程。对老年人而言，不论是作为从前的劳动者，还是作为社会的成员，都具有获得社会再分配的权利。因为他们曾为社会作出过巨大的贡献，目前的社会发展成果有他们的一部分。建立和健全老年社会保障是对他们过去贡献的肯定，充分体现了社会的公平，也体现了社会的人道主义精神。

目前国际上，发达国家通过建立和发展社会保障制度，使老年人的社会保障制度不断完善。20 世纪 80 年代初期，世界上实行老年保障的国家达到 127 个，到 1987 年有 142 个国家建立起包括养老内容的老年社会保障制度，到 1995 年，则有 165 个国家建立起老年社会保障制度。我国由于历史和经济的原因，老年社会保障制度的建立相对滞后。加快发展老年社会保障制度，及时保障贫困老年人的基本生活，成为我国目前一项重要的社会任务。

二、我国老年社会保障的历史与发展

我国传统的农业社会已经出现了社会保障制度的萌芽。历史上，历代统治者都从制度上对家庭赡养给予明确规定，同时也实施了一些社会性的养老措施。例如，中国古代的《唐户令》规定："诸鳏寡、孤独、贫穷、老疾、不能自存者，令近亲收养，若无近亲，付乡里安恤。"这是比较低层次的社会养老措施。唐、宋、明、清等朝代为救济老年贫困百姓，由政府设立了"悲田院""福田院""承养院""养济院"等机构。民国时期，北洋政府和民国政府对老年社会保障也制定过一些制度和措施，做了一些工作。但是，由于当时战乱不断，社会动荡，所起的作用甚微。

我国老年保障制度初建于新中国成立之后。1951 年政务院颁布了《劳动保险条例》，规定企业职工的养老保险费由企业负担。1958 年国务院颁布了《国家机关工作人员退休处理暂行办法》，对国家机关、民主党派、人民团体和事业单位工作人员的退休制度给予明确规定，保证了广大退休人员的生活需要，对社会的稳定与发展起到了安全保障作用。

中国共产党十一届三中全会以后，我国进一步建立、改革与完善了老年社会保障制度。1978 年，我国颁布了《国务院关于安置老弱病残干部的暂行办法》和《国务院关于工人退休退职的暂行办法》。随着经济的发展和工资结构以及物价体系的变动，我国定期或不定期地对离退休人员实行养老金补贴制度。在改革开放不断深入和向社会主义市场经济转轨过程中，我国不断探索建立和完善社会化的养老保险机制，在企业中建立起社会统筹和个人账户相结合，国家、企业、个人三方负责的多层次社会保障制度。截至 1996 年上半年，我国筹集养老基金 970 亿元、9500 万各种所有制的职工参加了社会统筹与个人账户相结合的养老保险。适应市场经济的新的养老保险机制正在形成。

除了养老保险，我国对城乡生活困难的老年人实行了社会救济制度。在我国城镇和乡村，由政府对丧失劳动能力、无依无靠的老年人实行“五保”制度，即保吃、保穿、保住、保医、保葬，使困难老年人的基本生活得到保证。近年来我国实行了基本生活费保障制度，使城镇退休人员的基本生活得到保证。

在农村，除了“五保”老人受到国家和集体的供养之外，大多数农村老年人仍主要靠自养和家庭供养。同时，近些年来，在我国农村集体经济很发达的地区，也仿照城镇企业单位的退休制度，给具备条件的老年人发放退休金。例如，在广东省的珠江三角洲富裕地区，大部分老年农民都可领到一定的养老金。

从 1991 年开始，民政部门选择部分县市开展建立农村社会养老保险的试点。经过几年的实践探索，一套符合我国实际的农村社会养老保险制度正在形成。其基本做法是：建立农村社会养老保险事业管理机构，为农民设立养老保险个人账户，保险费以个人交纳为主，集体给予适当补贴，国家或政府给以一定政策上的优惠；个人交纳和集体补贴部分全部记在个人名下，以县级为基本核算平衡单位，逐级负责保险基金的运营和保值增值；参加保险者达到规定的年龄时，根据个人账户基金的积累总额确定领取标准，由保险机构定期计发。当然，目前我国这种农村养老保险制度还存在不少问题，但对于农村社会保障制度的发展来说，仍不失为一项有益的探索。

三、我国老年社会保障存在的主要问题

我国的老年社会保障制度虽然取得了很大的成就，但是面对人口老龄化、生产现代化、经济市场化的新形势，社会保障暴露出很多制度上不相适应的问题。这些问题基本上可以归纳为如下几方面。

（一）基金筹集上缺乏社会化的机制

社会保障的基础是资金，资金来源的单一国家化或企业化渠道业已证明走不通。因为，只是从国家、企业或集体筹集资金，极容易形成资金紧张的局面和加大税收以及生产成本，也不利于调动社会方方面面的积极性，容易陷入“大锅饭”和平均主义的“死胡同”。因此，需要建立社会化、多渠道的资金筹集方式。否则，社会保障体制的合理运行是难以实现的。比较西方国家老年社会保障的基金筹集，往往是未雨绸缪，社会成员从就业就开始交纳养老基金，形成政府、社会、个人三方合力的方法。我国也开始了这方面的探索，但是至今还有不少地区连公务员也没有纳入养老金三方分担的模式。

（二）管理体制上缺乏有效的功能

管理体制上的缺陷主要有以下几个方面：

1. 预备性功能不足。
2. 应变功能严重不足。
3. 社会公平性不足。

（三）组织体制上缺乏必要的协调

多年以来，我国社会保障工作出现了多头负责，分口管理，导致机构不协调，执行方式不配套，实施效果不统一的状况。国务院曾于 1991 年决定将老年社会保险工作归口管理，农村养老保险由民政部门管理实施，国营、集体企业和城市个体劳动者养老保险由劳动部门筹划实施，国家机关、事业单位工作人员的养老保险则统归人事部门管理。这种三方负责的管理方式仍然存在标准不统一、效果不一致、社会化不足等问题。另外，我国老年社会福利工作也缺乏统一的领导和管理，分散于各个单位。由于各个单位的经济条件和领导重视程度不同，老年福利实施的标准和效果差异很大，由此导致的

社会问题也很多。1998年国务院机构改革后，专门成立了劳动和社会保障部，使机构和制度上的规范化工作大大前进了一步，但是，仍然没有从根本上解决这方面的问题。因为，劳动与社会保障部目前主要解决的是职工保险问题，社会保障的其他方面，如社会救济、社会福利等方面还没有统一规划和管理。至于农民的社会保障，单靠民政部门是很难解决的。

四、建立和完善我国老年社会保障制度的对策

我国的老年社会保障制度主要包括养老保障和医疗保障两个方面。养老保障的内容和弊端前面已有叙述，随着改革开放的不断深入和向社会主义市场经济转轨，这些弊端越来越明显。20世纪90年代，我国开始探索建立和完善社会化的养老保险机制。今后，社会化的养老保险制度将成为我国养老保障的主要内容。

（一）建立和完善养老保险制度的基本对策

建立和完善养老保险制度必须从我国实际出发，以社会主义初级阶段的经济状况为基础，以建设中国特色社会主义市场经济体制和社会的长期稳定与可持续发展为基本原则。我国养老保险制度的改革既要加快发展步伐，又不能过急过快，应首先建立起基本的框架，在经济持续增长的基础上，使之不断臻于合理和完善。基本对策可从以下几方面考虑。

1. 适应社会发展需要，确立社会化的养老保险机制

社会保障是生产社会化的必然要求，没有社会化的保障措施就难以建立起劳动力的良性循环和市场经济机制，难以保证社会的稳定与协调发展。我国在深化改革、建立社会主义市场经济体制过程中，在加快经济发展、实行多种所有制经济形式同时并存的条件下，急需建立起社会化的养老保障制度。

所谓的社会化保障，一是指保障对象的社会化；二是指资金来源的社会化；三是指管理方式的社会化。具体到老年保障而言，其合理途径就是社会化的保险、福利和服务。社会保险是收入保障的社会化途径，社会服务则是社会保障实现的必要方式和补充，如对老年人和残疾人的各种生活照料和精神慰藉等。

根据发达国家的经验，老年人的收入保障必须走社会化的保险之路。通过社会保险，把每个人的养老风险最大限度地分担于全社会的组织和个人之

中，同时也可以增强社会与个人对养老的承受力。我国在计划经济体制下建立起来的养老保险制度的社会化程度较低，经费来源过于单一，覆盖面狭窄，也缺乏统一的标准，不能适应人口老龄化和社会现代化发展的需要。我国社会保障改革的基本目标之一就是实行社会统一的保障方案，针对社会不同阶层和不同的社会群体，根据公民的政治经济条件和需求状况，按照社会权利与义务对等的原则，在统一法规下制订出具体实施方案。在我国经济条件较发达的地区可制订出标准和层次较高的方案，在经济较落后的地区，实施标准和层次可略低一些。目前的社会保险应统归于政府的社会保险局管理，并尽快过渡到社会保障局的统一管理。

2. 建立与国情相适应的保险基金积累制

养老保险基金是养老保险制度的基础。只有建立起基金制度，才能开辟合理的、有保证的经费来源渠道，保证专款专用，并设法使之保值增值，以适应未来人口老龄化加剧的形势的需要。

实行基金积累制可以把大量的消费资金转化为积累资金，有利于经济的发展。就个人来说，实行基金积累以后，可以把当前的消费能力转化为未来的消费能力，有利于市场的稳定，调整供求关系。

目前，我国理论界已经对养老保险实行基金积累制或半基金积累制给予肯定，在实际工作中也已经开始实行这一制度。至1996年上半年，我国各种所有制职工参加经过改革后的养老保险制度的人数已达到9700万人，由社会保险机构收集起来的养老保险基金达到950亿元人民币。

养老保险基金积累制与现收现付制相比，其优势主要在于通过专款专用达到基金保值或增值。为了实现基金的增值，必须将基金向市场投放。但是由于我国目前投资市场发育不完善，劳动生产率不高，资金过量地投入很容易刺激新的通货膨胀和投资过热，反而会降低退休人员的实际购买力，形成负面效应和非良性循环。因此，养老金筹集量只能适度，起步阶段不可能一步到位，工作重点应放在如何使资金保值和增值上。

在实行基金积累制的同时，我们还应该注意到，原有的退休职工仍需要通过现收现付制来支付退休金，即老人老办法，这也就是说对在职职工实行基金积累制，即新人新制度的同时，国家仍要通过税前列支或企业通过增加成本等办法支付快速增加的退休者的养老金。老人老办法仍然要保持二三十年的时间。这段时间内，必然要实行养老金的“双轨制”，使管理工作变得十分繁杂。同时，未来二三十年时间是我国人口老龄化加重的时期，因此，对养老金的筹集工作，应从现在起做更为切实可行的准备。

3. 实行分层次的养老金制度

为了适当提高老年人的经济保障水平，补充养老金投保和增值能力的不足，适应社会多层次发展的需要，可实行多层次的养老金制度。在实行国家基本养老金制度的同时，可实行补充养老金制度。补充养老金的来源应该是企业利润和劳动者本人收入，也包括少部分由政府提供的津贴。由于补充养老金来源的主要部分是企业的利润，因此是否能够实行还要看企业的经济效益，同时也要依据个人收入的多少和个人对企业或社会贡献的大小来决定。所以，补充养老金的“弹性”很大，刚性不足。一般只由政府作出制度上的规定，具体实施可依单位和个人情况而定。

补充养老金的具体形式可分为企业补充、个人补充和国家津贴三种。企业补充是依据企业经营效益和职工对企业贡献的大小而定，资金主要由企业提供，也可与个人投保多少结合实施。个人补充则可在享受基本养老金的同时参加商业性的养老保险。国家津贴式的补充养老金的给付则依据老年人的经济地位和是否对国家有突出贡献而定。例如，对社会或国家有突出贡献的老人，如科学家、知名人士、劳动模范等，体现养老金的社会奖励性质。另一部分领取养老津贴者是生活上特殊困难的老年人和赡养老人确有困难的家庭，可实行国家养老津贴，体现养老金的社会救助性质。

4. 解决现有老年人的社会保障问题

以上所说的改革措施主要是对将来所做的制度上的准备，而现在已经退出劳动领域的老年人所面临的问题显得更为迫切，他们的社会保障问题更为严重。因为这 1 亿多老年人养老的经济基础是在原来计划经济体制下形成的，原来的保障模式中的退休保障是由国家和政府承担下来的。即使是由企业承担的，也因为实行计划性，实际上也由国家承担。因此个人没有做任何准备，国家和企业也没有从资金上做专项准备。即使在改革开放后做了一些个人养老储蓄的准备，其数量也很难真正满足实际需要。而正是这些为国家经济发展奠定了经济基础的人们，在老年时却面临着养老资金不足的困境。所以，对现在的老年人的社会保障问题应该作为当前政府社会保障工作中的一个重点。现在，我国某些地区却形成了各个部门都争办社会保险，都把眼睛盯在保险金上的局面，并没有把注意力真正放在关心老年人切身利益上。这种情况是不利于解决目前老年人的社会保障问题的。对此，国家和政府应该承担更多、更实际的责任。

5. 建立具有中国特色的农村社会养老保险制度

建立农村社会养老保险制度，完善新形势下农村社会保障体系，是我国农村经济发展和社会进步的需要。农村经济体制改革之后，经济得到发展，人民生活水平有了很大的提高。但是，农村的社会保障仍然很不健全，水平偏低，特别是缺乏养老社会保险，不适应农业现代化发展的需要。而且农村老年生活是否有保障，对于转变几千年来人们“养儿防老”的传统观念，促进计划生育基本国策的落实，也是一项重要的配套措施。

我国从1991年开始在部分有条件的地区开展了农村社会养老保险的试点工作，试行了以保障老年人基本生活为目的的个人缴费为主、集体补助为辅、国家给予政策扶持的养老保险制度。但是这种制度要在我国农村大范围推行，仍然是十分困难的，其主要原因是经济发展水平低和行政管理体制不健全。至1997年，我国农村参加养老保险的已经有6000万人，但筹集起来的养老金历年累计不足100亿元，人均只有150元。可见，这种保障的水平还是比较低的。

中共中央十四届三中全会通过的《中共中央关于建立社会主义市场经济体制若干问题的决定》指出：“社会保障水平要与我国社会生产力以及各方面的承受能力相适应。城乡居民的社会保障办法应有区别。”为了适应我国农村发展社会主义市场经济的需要，从我国农村实际出发，推进农村社会养老保险的具体措施应该是：

（1）由政府出面理顺农村社会养老保险管理体制。农村社会养老保险应该是政府组织实施的一项保障农民晚年基本生活的社会性、政策性的基本保险，是国家和政府社会政策行为。因此，应该在政府的领导下，统一政策，有计划、有步骤地组织实施，不能政出多门，多方争办，步调不一，管理混乱。

（2）从实际出发，由政府领导负责积极、稳步、适度发展。开展农村社会养老保险，必须从我国实际出发，因地制宜、分类指导。在大部分地区，应坚持低标准起步，由点到面，逐步发展；在富裕地区，应尽快发展扩大覆盖面，建立和完善法规制度。

（3）建立健全管理规章制度，加强队伍建设。养老保险基金是投保人的共同财富，是农民晚年的保命钱，必须保证其安全，做到保值增值，确保兑现。

（4）对于特殊对象，如独生子女父母、军烈属等应有一定的特殊优惠政策。另外，在发展农村社会养老保险的同时，对现在生活困难的农村老年人应该加强社会救济工作，提高社会救济水平，使这部分老年人也能享受到农村经济发展带来的成果。

综上所述，不论何种形式的养老保障，其目标均可以归结为两个层次：一是初级目标，即保障老年人的基本生活；二是发展目标，即保障老年人享受社会经济发展成果。这两个目标是相互联系、不可分割的。而这两个目标的实现最后还要取决于社会经济或社会生产力极大提高，否则，再好的社会保险方案也是很难真正实行的。

另外，在研究社会保障对策时，还应该注意到，在我国现有经济条件下不可能在短期内完全依靠社会保险来解决养老问题，因为社会化养老需要有比较雄厚的经济基础和一定时间的财富积累，同时还需要有比较完备的政府行政管理体制和社会化的组织措施。这些在我国都需要一个建立和完善的过程。因此，在比较短的时间内完全靠国家或社会来解决老年保障问题也是不现实的。在这种情况下，我们应该在发展社会保障的同时，继续发挥我国家庭养老的历史文化优势，对社会化养老起到有效的互补作用，使政府与个人的责任及个人的能力结合在一起，建设具有中国特色的社会保障制度。

（二）我国老年医疗保障制度的现状与对策

20 世纪 50 年代初期，我国施行的老年医疗保障制度主要是公费医疗和劳保医疗制度。

1998 年，国家对公费医疗和劳保医疗制度进行改革，国务院发布了《关于建立城镇职工基本医疗保险制度的决定》（国发〔1998〕44 号），开始在全国建立城镇职工基本医疗保险制度。

经持续的改革和发展，我国建成了覆盖全民的基本医疗保障制度。目前我国基本医疗保险包括职工基本医疗保险（以下简称“职工医保”）和城乡居民基本医疗保险（以下简称“居民医保”），职工医保覆盖就业人口，居民医保覆盖除职工医保应参保人员以外的其他所有城乡居民。

截至 2021 年底，我国基本医疗保险参保人数达 136424 万，参保覆盖面稳定在 95% 以上。其中参加职工基本医疗保险人数 35422 万（其中退休职工 9323 万人），参加城乡居民基本医疗保险人数 101002 万。

我国基本医保制度建设发展过程中，充分吸收了国内外医疗保障制度的实践经验，与我国经济社会发展水平相适应。

考虑到我国还将长期处于社会主义初级阶段的基本国情，在当前社会和经济发展条件下，医保筹资水平还不高，基金支撑能力还不足，医疗保障仍需坚持保基本原则，个人承担一定的医疗卫生支出责任仍有必要，而实行“免费医疗”则不利于我国医疗保障制度长期稳定可持续发展。

实践经验表明，我国以基本医疗保险为主体，医疗救助为托底，补充医疗保险等共同发展的医疗保障制度体系，是符合现阶段我国国情的医疗保障制度安排。

（编者注：以上数据和信息内容源自国家医疗保障局官方网站 http://www.nhsa.gov.cn/）

此外，城镇未正式就业的老年人和农村的老年人中的一部分“五保”户、生活困难户，还有住在福利院和敬老院中的老年人，医疗费也享受国家和集体的保障，属于福利和救济性的医疗保障。

我国在新中国成立后所建立的老年医疗保障制度，对稳定在职人员队伍，提高劳动生产率，提高老年人健康水平，保证老有所医和安度晚年，起到了重要的历史作用。但是这种医疗保障制度只能报销医疗费的 60% 或 70%，其余的个人负担。而老年人恰恰是最需要医疗费的人，他们看病越多，个人负担也就越大。另外，由于我国目前老年医疗保障制度的内容过于单一，只有离退休的老年人可享受医疗保险，其他的老年人则很难得到社会医疗的保障，其不合理性是很明显的。再者，目前的医疗保障改革主要是为在职人员而设计的，现在的老年人基本上没有享受到医疗保障改革的成果。所以，社会医疗保障制度中的福利、救济和社会服务的内容都是比较有限的。我国社会医疗保障制度的建设和完善，还面临着十分迫切和艰巨的任务。

发展与完善我国老年医疗保障制度的基本对策

医疗保障是社会保障的一个组成部分，老年医疗保障更是老年社会保障的一项重要内容。由于老年人生理上的特点决定了他们对医疗保障具有特殊需求，发展与完善我国老年医疗保障制度，应采取以下措施。

加大国家和政府立法和管理的力度。

老年医疗保障是一项涉及面广、责任大的工作。它不但涉及企事业单位的利益，而且涉及每个人的切身利益，还涉及医疗卫生部门的工作，是一项复杂的系统工程。老年医疗保险需要进行资金准备，而且医疗保险的目的是为了防范今后的医疗风险。这种防范和对老年人医疗保障的功能能否实现，这种制度能否靠得住，都需要国家和政府作后盾。另外，老年医疗保障对象的结构比较复杂，除了行政、企事业单位的人员之外，还有一大批其他体制下的劳动者，特别是占我国老年人口大多数的农村老年人的医疗保障问题更加特殊。这些老年人的医疗保障问题也必须由国家和政府考虑给予逐步解决。

国家的立法可以起到对老年人医疗保障的法律保证作用。很多发达国家在老年人医疗保健方面都有相应的立法规定，具有一定的可操作性。我国于1996年颁布的老年人权益保障法对老年医疗保障作了原则性的规定，但是还有大量的配套法规与措施需要出台。各级政府的职能是执行贯彻国家法规、管理行政事务。因此，对于老年医疗保障这种社会性很强的工作，主要应该由各级政府进行管理和实施。

老年医疗保障的途径应该是多层次的，避免单一的社会保险模式。

我国目前医疗保险的基本目标是，建立社会统筹医疗基金与个人医疗账户相结合的社会保险制度，并使之逐步覆盖城镇所有劳动者。这种医疗保险的功能与养老保险一样，也只是保证基本医疗需求，不可能把全部医疗和保健都包下来。某些疾病治疗和保健等费用还可以通过商业保险来解决，国家行政、事业单位和企业单位以外的劳动者的医疗保险途径更应该多样化。劳动者和老年人对自己的健康也要负有一定的责任，这样才有利于调动各方面的积极性，才有利于问题的解决。

加强对已离开劳动岗位而未享受医疗保险的老年人的医疗保障工作。

我国与发达国家相比有一个明显的特点，就是社会保险缺乏一个积累时期，我国在较短的时期内就出现了一个巨大的保障需求群体，特别是人口快速老龄化使这种需求更加迫切。在老年医疗保障问题上最迫切的，与其说是要解决职工未来的保障问题，不如说解决现在老年人的保障问题。农村老年人的医疗问题现在还不能纳入社会保险的范围。对此，应从我国实际出发，除了依靠家庭成员支付农村老人医疗费之外，还应该依靠农村合作医疗制度，发挥合作医疗的初级保障作用。这就需要靠集体经济，包括乡镇企业经济对农村医疗增加投入，逐渐建立合作医疗基金，克服资金困难的局面。对于城乡生活困难的老年人应该扩大医疗保障的救助功能，通过救济和社会福利等方式无偿资助，使老年人得到医疗保障。这就是说要调动各个方面的力量来参与社会保障，但国家和政府要起到一个组织、协调、规范和领导的作用。

建立与健全社区医疗保障体系。

目前我国老人看病难的主要问题除了经济条件以外，还有社区医疗保障体系缺乏，一旦生病之后，许多老年人不是因医院离家太远而耽误治疗，就是在一些大医院东奔西跑，不知如何就医。建立与健全社区医疗保障体系，其主要做法就是规模较大、技术力量雄厚的医院在社区设立医疗所，并与其他专科医院组成医疗网络，使老人小病在社区就近治疗，大病由医疗所转送到大医院或专科医院，解决老年人看病难的问题。

加快医疗保障体制的改革。

老年医疗保障体制的改革不仅涉及国家和个人的责任和资金投入，而且也需要优化医疗体制，包括对国家的管理、医疗资源的配置、医疗价格的制定，等等，都要适应新的市场机制和现代化发展的客观需要。在改革医疗保障体制的过程中，应该本着社会效率与社会公平相统一的原则，既考虑到提高社会生产率的要求，又要照顾到社会公平。与经济保障一样，老年人虽然退出了劳动领域，但是他们享有医疗保障的权利。这也是享受社会发展成果的一个重要方面。因此，对于老年医疗需求来说，医疗机构应该面对社会需求，从国家和民族的长远利益出发，制定更合理的机制，为老年人提供方便、优质的服务；医疗机构的配置应该适应人口老龄化和老年医疗的需要，增加老年病、慢性病的研究、防治与治疗措施，增加康复部门和专业人员的配置；加强基层医疗机构建设，健全社区医疗服务网络，更大范围地满足老年人的需要。

第三节　老年教育工作

教育是开启人们心扉的钥匙，是发展高科技的先导，是引导人类走向崇高理想社会的阶梯。教育不仅指对婴幼儿和青少年，或对某一专业工种、某一专门技能的人，而是应面向社会全体成员，所有年龄阶段的人，当然也包括老年人。

1965年，联合国教科文组织国际成人教育促进委员会在曼谷举行会议，指出："教育应当贯穿于人的毕生，从婴儿坠地一直延续到生命终止。"

1994年，联合国教科文组织在罗马举行了"首届世界终身学习会议"，提出了"终身学习是21世纪的生存概念"，强调"如果没有终身学习的意识和能力，就难以在21世纪生存"。

因此，做好老年教育工作，使老年人老有所学，并增加其老有所为的本领，也是老年社会工作的一项重要内容。

一、老年教育工作的含义和意义

（一）老年教育工作的含义

老年教育工作指通过对老人进行知识和技能传授，使老年人进入正常的老年生活秩序，跟上社会和时代的步伐，丰富老年生活知识，增加生活技能，提高老年人的身心素质，增强其自我服务和继续为社会服务的能力。老年教育是一种社会文化和生活教育，它体现了现代社会中人的价值和社会的文明与进步。

（二）老年教育工作的意义

老年教育工作的意义体现在以下几个方面：

1. 提高老年人参与社会活动的能力。
2. 增加老年人晚年生活的情趣。
3. 丰富老年人的精神生活。
4. 促进老年人的身心健康。
5. 体现社会的责任。

二、老年教育的内容、原则

（一）老年教育的内容

老年人的学习目的有两种，一是消遣性，二是学用结合。如果身体条件不好，或没有兴趣，可以通过学习寄托情趣，颐养天年；如果身体好，又有某个方面专长，有兴趣走出去，则在学习上可扩大知识领域，为重新参与社会做准备。

因此，老年教育应根据老年人不同的需求，安排广泛的内容。从大的范围来说，老年教育的内容可作如下分类：

1. 思想修养方面。
2. 卫生保健方面。
3. 增加知识方面。
4. 兴趣爱好方面。
5. 生活需要方面。
6. 专业技能方面。

（二）老年教育的原则

老年群体中，由于个人社会成分、职业、文化、经济水平、个人兴趣和要求不同，因此，老年教育的设置应根据需要和可能，因地制宜安排。

1. 多学科原则。
2. 多层次原则。
3. 多形式原则。

三、老年教育的方式和特点

（一）老年教育的方式

老年教育的方式主要有集中式教育和分布式教育两种。

1. 集中式教育

所谓集中式教育，就是将老年人集中起来进行知识传授。它以各地的老年大学、老年学校为代表，是目前进行老年教育的主要方式。全国老年学校教育基本宗旨是“增长知识，丰富生活，陶冶情操，促进健康，服务社会”。它以传承科学文化知识和社会主义文明为己任，着眼于提高人的素质，促进人的全面发展。

2. 分布式教育

所谓分布式教育，就是让老年人分散学习，比较典型的有函授教学、广播电视教学、网络教学、家庭教学等。例如，1995 年上海市老龄委、上海老年大学、上海电视大学共同创办了“空中老年人大学”，建立了 2000 多个收视点，开播了老年保健、老年心理学等课。集体和个人收看达 169000 多人次，扩大了老年教育的覆盖面。近几年还兴起了“老年网络大学”等先进的老年教育方式。这些分布式教育方式极大地方便了那些行动不便的老年人，以其灵活性为更多的老年人所欢迎。

（二）老年教育的特点

1983年9月，全国第一所老年大学在大教育家孔子的家乡山东省诞生。到2000年底，全国各类各种老年大学、老年学校共有17000多所，在校学员达130余万人。十几年来，老年大学已逐步形成了自身的办学特点。

1. 根据需要设置课程

在课程设置上，针对学员需求多样性的明显特点，适时地调整和安排好专业设置与课程内容。不仅开设了大家踊跃报名的书法、绘画、养生保健、烹饪等课，还设置了文学、历史、舞蹈、声乐、器乐、旅游、地理、家政等颇受大家欢迎的实用技能课程，近年又开设了电脑、证券、英语等与现代科技密切相关的课程。针对老同志们关心国家大事、关心政治的特点，老年大学结合国内国际发生的重大事件和重要纪念活动，经常组织时政报告、理论培训班，在老年学员与社会之间架起了沟通的桥梁，很受老同志们欢迎。

2. 针对特点因材施教

老年人上大学主要在于为找到一个有乐趣的环境，一个能发现专长、可以交谈的群体，从而达到发展个性、充实晚年生活、提高生活质量的目的。所以学校要尽力照顾老年人的心理特征、年龄特点和不同需求，做到因材施教、适其所需。为了避免在低层次上的重复，针对学员基础差异性突出的特点，大多数专业实施了多层次教学，就是根据学员的实际水平，开设了普通班、提高班、研究班等。这种不同层次的教学，也为不舍得离校的学员创造了继续深造的条件。

3. 自选专业形式多样

老年教育在教学手段上有别于普通学校。比如学员入学，只填一张报名表，据此注册学籍，发给学员证，而不用考试。学员根据自己的基础和喜爱，自主选择专业，自主选择教师，自主升班，学期中间还可以插班，自由度较大。

4. 开放性教学教法灵活

课堂上，教师教学主要讲基本规律、方法，重点培养学员的自学意识、自学能力和自学习惯。以启发、引导和表扬为主，尽量做到通俗易懂，深入浅出，举一反三，使学员能听得懂、学得会。每个班每周上一至两次课，一次半天，使学员感到学习生活很轻松，没有负担。

另外，根据老年学员自觉性强的特点，学校还可以采用课堂与课外教学相结合的方法，在学校和社会上组织各类活动，比如书画展、朗诵会、研讨会、声乐和舞蹈表演、烹饪评比、股市分析、电脑操作竞赛等。让学员在活动中走向社会，在自乐中乐人，自立中立人，自达中达人，从而把学习、康乐和有为结合起来。

总之，老年教育是终身教育的一个不可分割的组成部分。老年教育既要坚持正确的政治方向，又要贯彻老年教育的基本宗旨和教育方针，明确老年教育的目的；既要按教育规律办事，又要结合时代历史背景，结合老年人的特点去办学。在办学的过程中逐步规范化、社会化、科学化，逐步形成自己独具特色的校风和学风。

第四节　老年文化工作

一、老年文化工作的含义与原则

（一）老年文化工作的含义

老年文化工作是指根据老年人的生理和心理特点，组织和引导老年人开展各种各样的文化娱乐活动，丰富老年人生活，使其老有所乐。

（二）老年文化工作的原则

根据老年人身心特点，老年文化工作要遵守下列基本原则。

1. 以动中取静，修身养性为主，尽量避免剧烈的运动和激烈的竞技；

2. 以娱乐、消遣为目的，尽量减少成败输赢对老年人心理的压力和精神刺激；

3. 偏重传统的内容和形式，以挖掘和弘扬他们积累多年的宝贵经验、技能、专长等民族文化财富，不要求刻意求新、标新立异。

二、老年文化工作的具体内容和技巧

（一）怎样指导老年人看电视

看电视是一种文娱活动，老年人空闲时间多，大多爱看电视。通过电视可以了解世界、学习知识、丰富生活，这本来是一件好事，但如果看电视没有节制，反而会对人体健康带来不良影响。因此，老年人看电视要注意以下几点事项。

1. 时间不能过长

久坐对身体影响比较大，所以看电视时间不能太长，尤其是老年人。

2. 电视机放置要适度

电视机放置的高度要比人坐下时的视线略低一些，眼睛与电视机的距离不要太近，应是荧光屏对角线长度的4～6倍。

3. 电视的亮度要适宜

由于老年人的视觉较敏感，电视机过强或过弱的亮光都会对老年人的眼睛造成不良的影响，所以电视的亮度要适宜，白天对比度可强些，晚上可弱些。

4. 灯光不宜直照老年人的眼睛

晚上看电视，最好在老人的身后或一侧开一盏小灯，灯光不要直照荧光屏和人的眼睛，以减轻眼睛对明暗变化的不适应，使眼睛减少疲劳。如用一盏小红灯更好，因为红光下眼睛的杆状细胞中视紫红质不会减少。

5. 看电视应多饮茶

看电视时可多饮茶，因为茶叶中含有脂多糖物质，对造血功能有显著的保护作用，能抗辐射；茶叶中还含有各种维生素和胡萝卜素等营养物质，其中胡萝卜素在人体内会转变为维生素A，是维持眼生理功能的有用物质。多饮茶有利于视紫红质的合成，有利于恢复与防止视力衰退。

6. 饭后不宜马上看电视

有的老年人一吃完饭就看电视，或者边吃饭边看电视，这样不利于健康。因为刚吃完饭，胃肠要进行食物消化，血液也集中于肠胃中，大脑的供血量会减少。如果饭后马上看电视，既会加重大脑疲劳，又会影响肠胃消化。如果边吃饭边看电视，精力会集中于电视画面上，容易忘却咀嚼或咀嚼不细，还会影响食欲，使人体内的消化液分泌减少，妨碍消化。所以，老年人饭后应该休息一会儿再看电视为好。

7. 电视内容要适宜

老年人忌看激烈的竞赛和情节惊险的影视。急剧的情绪波动对患有心血管症的老年人是诱发因素。因为过度的紧张、兴奋会刺激人体内交感神经，使心跳加快，血管收缩，血压升高，以致引起高血压并伴有动脉粥样硬化，甚至脑血管破裂而中风；冠心病患者可能因心肌缺血而出现心绞痛，甚至心肌梗死。

（二）怎样指导老年人欣赏音乐

欣赏音乐是个人的审美活动，是和欣赏者的个人经历、思想修养、文化艺术水平密切相关的。音乐欣赏对欣赏者的音乐知识程度、文化艺术素养都有较高的要求，否则是不可能对欣赏的作品有全面的理解和完美的艺术享受的。

老年人欣赏音乐主要是为了主动休息，充实和丰富生活，增添生活情趣，得到美的享受，陶冶情操，使精神开朗豁达，充满欢乐，以使自己的晚年幸福。所以，欣赏音乐要从实际出发，不能要求太高，否则得不偿失。

1. 要学会对音乐的欣赏

老人要培养对音乐的兴趣，先选一些自己喜爱的歌曲，如轻松愉快、悦耳动听的民歌、小调、群众歌曲、轻音乐等，或是由浅入深地先选些声乐作品进行欣赏。要结合欣赏，学习音乐知识。自己的音乐知识掌握得越多，欣赏水平就越高。有了“音乐耳朵”，就能理解音乐，听出“门道”，得到完美的享受，从而更加爱好音乐。

2. 要有欣赏音乐的条件

要有起码的设备，音响设备当然好，收录机也可以，自己可以买录音带，想听就听。如这些都不具备，有台收音机（最好能听调频立体声）也行。

3. 养成欣赏音乐的好习惯

有了合宜的设备，还要养成坐下来静心听、经常听的好习惯。“闻乐而思”，细心品味，这才叫欣赏。特别是名曲，不反复多听几次，是听不出名堂来的。欣赏音乐要灵活点、随便点，想怎样听就怎样听，这样才能轻松愉快、心情开朗，达到延年益寿的目的。

4. 要注意培养高尚的审美情趣

美，源于生活而又被用来丰富生活、指导生活。在音乐的艺术领域，真、善、美与假、恶、丑是相比较而存在的。高尚的审美情趣和正确的审美观点是人们在长期的音乐学习、欣赏中才能确立起来。这就要求我们多看音乐评论，注意鉴别是非，区分美丑，多选旋律优美和节拍和谐、给人以美感美育的音乐作品欣赏、学习。

5. 要有所选择

由于老年人的生理特点，一些每分钟节拍超过人的心跳次数，会使人觉得心跳增快、心情紧张的音乐，或是过于缓慢的曲调，令人憋气、难受的音乐都不宜听。某些大型乐器合奏，时间太长的激烈音响，使人坐立不安的音乐也要忌听。老年人听这些音乐一旦受不了，除了听力变坏外，还会出现烦躁、记忆减退、头痛、失眠等症状。

（三）怎样指导老年人打牌

老年人空闲时间较多，爱围坐在一起，以打牌或打麻将作为娱乐来消遣时间。但是，老年人打牌要注意以下问题。

1. 要选择适当时间

老年人进行娱乐活动时要选择合适的时间段，以免影响正常的作息。

2. 时间不能过长

另外，老年人的皮肤质量较差，长时间坐着打牌或打麻将，由于血液流通不畅，臀部易引起瘙痒、隐痛不适，寄居在皮肤表面的细菌和霉菌也会乘虚而入，引起皮肤病。

（四）怎样指导老年人进行体育锻炼

体育锻炼有利于身体健康，特别是老年人，通过锻炼能使血液循环加快，肺活量增加，消化能力增强，促使健康与长寿。但是，老年人体育锻炼时应有所注意。

1. 体育锻炼要注意季节

自古以来，关于锻炼身体的座右铭是："夏练三伏，冬练三九。"就是说越是最热、最冷的季节，更需要进行体育锻炼。这是因为在严寒或高温的环境中进行体育锻炼，不仅能提高身体对自然环境变化的适应能力，防止发生中暑或感冒的有效方法，同时，还是一种很好的意志锻炼。

但是，夏季进行体育锻炼，时间不能安排在中午或中午前后。这时阳光直射，气温最高，活动会使人体大量出汗，散热过度和使体内盐分流失过多，反而易引起中暑。另外，夏天锻炼后，一般汗出得较多，会引起口渴，可以适量地喝带有盐分的饮料，但不能大量喝水。如果大量喝水，一则冲淡体内血液的浓度，二则会加重心脏的工作负担，不利身体健康。

冬季进行体育锻炼的好处，主要是能使体内产热与散热平衡。冬天经常在室外进行体育锻炼，由于常受寒冷的刺激，大脑皮层对体内各器官、系统的协调配合以适应寒冷的指挥能力就逐渐熟练自如，一遇寒冷就能及时调节。这样，就不会怕冷，不会伤风感冒。

同时，冬季体育锻炼应注意到，天气寒冷使肌肉的弹性、伸展性降低，往往肌肉关节不易活动开，不够灵活，在清晨时尤其严重。因此，在进行正式锻炼前必须充分地做准备活动，使全身开始发热，让肢体和大脑皮层提高工作能力，以适应锻炼的需要；在冬天锻炼时，衣服不要穿得太厚或紧身，宜穿着宽松的绒衣服，以免影响运动时身手灵便，阻碍周身的血管通畅，也不至于让汗湿了衣服，被寒风一吹容易着凉感冒；遇到气温过低且风特别大的恶劣天气，缺乏冬天锻炼习惯的人，可暂改在室内进行体育锻炼。

2. 体育锻炼要注意时间

一般来说，只要不是在靠近吃饭前后时间和临睡之前，其他任何时间都可以进行体育锻炼，对身体都有好处。但是，考虑到健身锻炼的最佳效果，可根据人体内生物钟的原理，选择一天中最佳的锻炼时间。

早晨5时。这时候，人们经过了浅睡和深睡的阶段，肾脏停止分泌工作，如果起床进行体育锻炼，很快就会精神饱满，有利于一天的生活和工作。但是这时候运动量不宜过大，应保持在小到中等强度。

上午10时。此时此刻人体精力十分充沛，神经系统高度兴奋，已达到总动员状态，是一天中最佳的运动时机。如果这时候进行健身锻炼，较易收到良好效果。

下午16~17时。此时人体经过一天的工作和生活后，肢体和精神上都亟须得到适当的运动进行调整，特别是此刻体内的糖原（能量物质）已基本消耗了，若这时候进行健身锻炼，其能量物质将主要依靠氧化体内的脂肪满足运动消耗的需求。这对于需要减肥者来说是最合适的锻炼时间。

晚饭前半小时到1个小时。这一段时间里进行散步（或快走）和做保健体操，有利于治疗糖尿病。隋唐时，太医博士巢元方所写的《诸病源候论》

中就指出："饭前半个时辰，作导引（保健体操），再行千步，而后食之，为治消渴病（即糖尿病）之良方也。"

3. 体育锻炼要注意环境

体育锻炼需要有良好的环境。良好的环境才能收到事半功倍的效果。体育锻炼一般应选择在景色宜人、环境幽静、空气新鲜的园林中草坪或新村里的绿化地带，有同龄人的群体场合，伴随着轻松、悦人的乐曲进行练拳、做保健体操或者跳交谊舞和老年迪斯科等。如果进行慢跑或快走锻炼，最好以3～5人为伴，在宁静平坦的道路上，手持半导体收放机，随着播放的音乐或时事新闻节目，边跑（走）边听，间或聊聊天。在这种环境中进行健身锻炼，让身心两方面都会收到良好的效果。

4. 老年人体育锻炼"三要"

大多数年老体弱的人参加体育锻炼总会认为"健身万能"、多多益善，或急于求成，稍不如意就信心不足等片面性。因此，参加体育锻炼必须树立"三要"的科学态度。

（1）要因人制宜，量力而行。即必须根据各人自己的身体情况、年龄大小、运动水平（即原来的体育锻炼基础），选择适合自己的锻炼项目，还要注意量力而行。老年人一般以参加那种速率均匀、动作缓慢、呼吸自然、费力不大的体育项目为宜。例如，打太极拳、做八段锦、练功十八法、保健体操以及慢跑等。

（2）要持之以恒，细水长流。体育锻炼不能急于求成，必须一点一点地增加运动量，做到逐步提高。因为体育锻炼的效果是点点滴滴、日积月累，由量变到质变的一个过程，它必须经过相当时间才能见效。

（3）要注意安全，讲究卫生。第一，运动锻炼之前要做好准备活动，使四肢和内脏器官先活动一下，使之能适应即将投入锻炼的要求。防止因突然起劲而拉伤肌肉、韧带和损坏关节。第二，体育锻炼时必须注意周围的环境安全，以免身体受到损害。第三，要讲究卫生习惯：夏天锻炼要防止出汗过多，以致发生中暑，冬天在室外锻炼要注意身体保暖，开始可穿暖些，然后在运动中逐渐脱卸，锻炼完毕，应立即把身上的汗水擦干，及时穿上干燥衣服以防止伤风感冒；锻炼后一般胃口较好，但切勿暴饮暴食，以免招致疾病。

5. 老年人体育锻炼"四忌"

由于老年阶段的人，新陈代谢功能比中青年阶段减弱许多，机体日趋衰退，行动也逐渐滞缓。患有某些慢性病的老年人就更为明显。因此，在进行体育锻炼时应注意“四忌”。

（1）忌进行力量性锻炼。老年人由于运动器官的肌肉已开始萎缩，韧带的弹性减弱，骨质开始松脆，关节活动范围减小。若进行较重的力量性锻炼，往往容易造成骨骼变形，轻则损伤关节的肌肉和韧带，重则骨折成疾。

（2）忌进行闭气锻炼。老年人由于呼吸肌的力量减弱，肺的纤维结缔组织增多，肺泡的弹性相应降低。若锻炼时用力闭气，就容易损坏呼吸肌和导致肺泡破裂，引起肺支气管咯血现象。因此，进行任何体育锻炼时都必须配合以有节奏的自然呼吸。尤其要注意，在游泳活动时切忌做潜水等闭气的动作。

（3）忌进行快速度锻炼。老年人的心肌收缩力量减弱，血管壁的弹性降低，管腔变窄，血流阻力增大，本来心脏的负担已经很重，若再从事快速度的运动，将使心脏更加不堪承受。同时，由于呼吸系统的功能减弱，肺活量和肺通气量都相应减少，会造成对心脏和脑部的供氧不足，加之快速度运动时耗氧骤然加大，极易产生缺氧晕倒现象。如果原来患有高血压和心脏病，此时更易促使脉搏率和血压骤然猛升以致造成死亡事故。

（4）忌进行比赛、争胜。因为在比赛或争胜的过程中，会促使当事者神经中枢剧烈兴奋，引起血压和心率激增，以至于发生严重的后果。老年人就是在平时也须注意切勿好胜逞能。

三、常见的老年文化娱乐爱好简介

（一）养花

养花可以美化环境、净化空气，在赏花的过程中使你心旷神怡，得到美的享受。在种花的过程中要付出一定的劳动，对运动量较少的老年人也是极好的锻炼。养花要养得好，应注意如下问题。

1. 注意利用空间

在小院内养花，要立足于扬长避短。可利用墙壁空间的长处避开面积小、光照少、通风差、湿度大等对养花不利的短处。可以改地栽为盆栽，架设台阶，以提高位置。台阶最底层离地约 20 厘米以上，前后层相差高度约 20～30 厘米。

2. 注意品种的选择

栽培品种的选择，以较为耐阴、抗逆力较强的品种为上。如蜡梅、瑞香、栀子花、金橘、珠兰、米兰、含笑、山茶、杜鹃等。

3. 注意管理方法

在管理方法上，首先要控制浇水，一般掌握不干不浇的原则：在雨季要注意少浇水，宁干毋湿。同时还要注意松土除草，以创造较为良好的通风条件。如木本花卉枝叶过密，应进行疏枝摘叶，以保证充分的光照。最后还要注意防病虫害，一旦发生病虫害须及时用手工或药物杀灭，并剪除病株，不然病虫害会很快蔓延。

4. 阳台上养花的注意事项

目前，由于楼房越来越多，如何有效地利用阳台养花，是很多老年人关注的问题。由于高楼阳台大多在南部，具有日照长、风大、空气干燥等特点，故应尽量选择喜晒耐寒的品种种植。如多肉植物、仙人掌类花卉和月季花等为首选；还可以选择木本花中的盆松、盆竹、茉莉、海棠等，水仙花、倒挂金钟、仙客来等也适合在阳台上种植。

阳台上养花，可以用花盆，且最好用长条木花盆，将花盆按阳台的尺寸装好，还可整体栽种一些草本花，以增加热烈的气氛，改善南面的燥热环境。

（二）养鸟

养鸟必须具备一些基本的用具和常识。

1. 要有适合的鸟笼和器具

家庭饲养观赏鸟，首先需准备笼养设备。只有先置备好合适的鸟笼和其他附属器具，才能将鸟养得健康活泼，鸣唱自如，适合观赏。笼有方形、长方形和圆形等。在我国，最讲究的是圆形的竹笼。它没有死角，富有弹性，鸟不易撞伤，攀爬舒适。其大小因鸟的身体和活动特点而异：一般体形较大的观赏鸟，应选用宽大的疏丝笼喂养，使鸟有足够活动的余地；体形较小但尾羽较长的寿带鸟、红嘴蓝鹊等鸟也应选用高大一点的鸟笼喂养，以免损坏尾羽，影响观赏。还有些鸟体形虽小，但有高飞鸣唱的习惯，如百灵、云雀等，也应选用高大鸟笼喂养。而一般体形娇小的观赏鸟则选用体积较小的密丝笼饲养。另外，鹦鹉类鸟，鸟嘴坚硬有力，且爱剥啄笼具，只能用金属笼喂养。

除鸟笼外，还需要其他各种附属器具，如水食缸、食插、栖棍、笼罩等。

2. 要懂得调配饲料

笼养鸟的饲料的配制是否合适，是能否养好观赏鸟的关键之一。饲料的蛋白质、碳水化合物、维生素、脂肪和矿物质等各种营养成分既不可缺少，又要合理调配，并应根据不同鸟类的食性和不同生长期的需要，饲以不同的饲料。

（1）食植物性鸟类的饲料配制。食植物性鸟类的嘴均短而硬实，能剥开坚硬种子外壳，啄食籽仁。其饲料以谷粒和油料作物种子为主，配制方法亦较简单，一般根据鸟类在不同生长期的需要，将几种颗粒饲料按适当比例混合即可。稻谷、玉米、葵花籽、花生等可喂大型鹦鹉、蜡嘴雀等；粟谷、粟米、稗等可喂白燕、金翅、云雀、百灵、红金钟、虎皮鹦鹉等。

（2）食虫性鸟类的饲料配制。食虫性鸟类以食昆虫为主，其嘴细长而较软。家庭笼养时必须改变其食性，常以豆粉拌和少量肉粉和熟蛋黄粉，混合拌匀后再稍加水调湿。这种食料适用于饲喂红点颏、蓝点颏、鹊鸲、黄鹂、白鹡鸰、戴胜、绣眼等。

（3）食杂性鸟类的饲料配制。食杂性鸟类的食性很杂，既啄食植物种子，也捕食昆虫。家庭笼养以碎米炒蛋或粟米蒸蛋为主，并辅以豆粉拌蛋黄和昆虫等。适用于饲喂画眉、八哥、松鸦、红嘴蓝鹊、喜鹊、红嘴相思和银耳相思等。

（4）笼鸟的特殊饲料。包括保健饲料、色素饲料等。

保健饲料主要包括：①矿物类。蛋壳、骨粉、沙砾、墨鱼骨、微量的盐。矿物类饲料可以使鸟增加钙质，帮助骨骼发育健壮，还有助于消化。②青菜类。白菜、青菜、萝卜叶等，可以增进食欲。菠菜含有草酸，不适宜喂笼鸟。③野草类。马齿苋、苦菜等。④根茎类。胡萝卜等，可以加工成片、丝状喂食。⑤水果类。苹果、梨、葡萄、香蕉、黄瓜、橘子、红黑枣、西红柿、西瓜或西瓜皮。

色素饲料主要是红胡萝卜。在芙蓉鸟（金丝雀）等笼鸟换羽季节，用红胡萝卜喂食，可使鸟羽变红，十分鲜艳夺目，增加观赏性。

3. 鸟类的选择

鸟的种类繁多，应选择什么样的鸟进行饲养，这是初养笼鸟的人最关心的问题。

如果喜欢五色斑斓的羽裳，可选择相思鸟、寿带鸟、蓝翡翠、黄鹂、红嘴蓝鹊、戴菊、戴胜。

如果喜欢婉转动听的妙音，可选择画眉、百灵、红点颏、蓝点颏、鹊鸲、半顶红、柳莺、山雀等。

如果喜欢聪明伶俐、会学人语的，可选择八哥、鹦鹉等。

如果喜欢善解人意、技艺高超的，可选择黄雀、金翅、朱顶雀、蜡嘴雀等。

品种确定之后，选购时还必须仔细鉴别它的优劣。挑选时应注意以下几项。

（1）挑选幼鸟。因为幼鸟成活率高且容易进行训练。

（2）挑选体格健康者。羽毛丰满、有光泽，脚爪完整，无伤残，体形匀称健壮，性情活跃，好鸣好动，食欲旺盛，排出的粪便呈条状，体羽整洁，尾部和肛门处无鸟粪沾染。

（3）选择善于鸣唱者。观赏鸟只有雄鸟才能鸣唱，故饲养鸣禽必须挑选雄性鸟。鸟类善鸣者其鸣声清脆洪亮，而且婉转悠扬，音节多变。

第五节　老年心理调适工作

老年人除了生理上的衰退之外，也有一个心理上的衰退问题。工作的失去、亲友的去世、时代的变化、下一代的不理解、疾病缠身等，都会引起老年人的感怀神伤，严重的还会演变成困扰老年人晚年生活的心理疾病。因此，老年社会工作者要掌握一些老年人的心理疏导技巧，预防和消除老年人的心理疾病。

一、了解老人心理的技巧

要想做好老年人的心理疏导工作，首先要了解老人的心理，以便对症下药。怎样了解老年人的心理呢？可以从以下几个方面入手。

（一）要注意倾听老年人的心声

听听老人的心声，如老人退休前后的适应或居住、经济生活、人际关系等情形，以及老人对其生活的满意度等。从这些方面可以了解老年人的心理状况。另外，倾听本身就是一个帮助老年人进行心理疏导的过程。有时候，老年人通过一番絮絮叨叨的述说之后，心情就变得格外愉快了。

（二）要注意观察老人的神态

要注意观察老人的不安神态，了解是什么原因导致老人不安的。一般可以从下列因素找到原因：老人的文化背景，老人的价值判断与态度，社会对老人的看法与偏见，老人对社会的反应以及老人适应社会环境的情形。

（三）了解老人的交往

通过了解老人的亲友交往状况来了解老人的心理。比如，了解老人结交朋友的状况，老人对友谊，尤其是异性友伴的需求；了解与人相处或学习、做事情况，以及老人是否会关怀别人、是否喜欢与人接触、是否喜欢运动散步、生活是否充满了生气，等等。

另外，还要了解老人的独特性，尊重老人的尊严。了解老人是否喜欢自己决定、自己选择，是否喜欢批评人家或喜欢撰写过去事迹，是否有自尊心，是否参与有意义的活动，是否善于处理私人物品，是否保持其独特性。

二、与老人谈心的技巧

（一）做好谈心的准备工作

在与老人谈心之前，工作者要做好准备，尤其是谈话的主题和大致步骤，以及谈话过程中会遇到哪些突然变故，自己应采取哪些应对措施，自己都应该有所预料和准备。

（二）选择好谈心的时间和场所

与老年人谈心，时间和地点要选择恰当，不宜占用老人的休息时间或从事其喜好的娱乐活动时间。在地点的选择上，要以清静幽雅之地为宜，同时要注意是否有影响谈心的第三者在场。如有影响谈心的第三者在场，就要换一场地或请其离开。第三者若对谈心有正面影响的，则要注意控制谈心的主题和主要任务，不要让第三者喧宾夺主。

（三）对老年人的称呼要恰当

对老年人要使用尊称，若该老年人以前有职务的，可以老职务相称，但要注意选择其曾担任的最高老职务相称。

（四）确保谈心的内容的一致性和连贯性

在谈心过程中，要注意把握主题，防止跑题。当老年人说话出现跑题现象时，要注意利用提示语或手势将其拉回主题，确保谈心内容的一致性和连贯性。

（五）谈心过程中注意保持倾听的姿态，不要喧宾夺主

谈心的过程实质也是老年人的一种心理宣泄，因此，工作者要注意当好听众，听老人诉说。在此过程中，可利用提示语、手势或身边的物体来控制老人的思路，防止老人跑题。

（六）注意控制好谈心的时间，持续时间不宜过长

老年人的身体比较虚弱，因此，谈心的时间不宜过长，以免影响老年人的身体健康。

三、如何协助老人应付生活压力

在老人的晚年生活中，会遇到许多来自生活的压力，诸如来自疾病、子女、亲友和社会交往的压力等，若不能妥善处理，便会酿成心病，危及老人的身心健康。怎样协助老人应付生活压力呢？我国台湾学者李增禄提出了下列一些技巧可供我们借鉴。

（一）鼓励老人参加各种有益的活动

参加有益的社会活动，不仅有利于消除老人晚年生活的寂寞，增添晚年生活的情趣，还有助于老人忘却生活中的烦恼，消除生活压力。

（二）协助老人正确对待生活压力

许多老人的生活压力往往来自对家庭、生活环境、健康或经济等方面的忧虑。如有的老人为子女或孙辈的未来担心，有的老人为自己的身体情况担心，还有的老人盲目与人攀比生活条件而导致自己心理失衡和不愉快等。这些都需要工作人员协助老年人以正确的态度看待社会现象，消除杞人忧天式

的焦虑。

（三）协助老人的亲友理解老人

工作人员可以与老人的亲友交流，告诉他们一些有关老年人的生理学和心理学的知识，让他们能够更好地了解和理解老人的行为和心理，从而改善与老人的相处关系。

（四）协助子女与老人沟通

老人由于深居简出，社会信息不灵，非常希望有人经常与他聊天、闲谈。当子女回到家里时，常常会像小孩似的找出许多话来讲。而子女由于有自己的生活安排，常有意无意地回避与老人的交谈，这是老人最难以忍受的。所以，社会工作人员要协助老人子女做到以下两点。

要经常与老人叙旧

老人不愿丢失人生的价值，昔日的生活、事业是他们值得珍藏的东西。过去意味着自己勇敢、幸运、智慧，是老人勇敢生活下去的一种“动力”。所以家人要多与父母回顾他们曾经的往事，以及当年父母培育自己成人的一些趣事。

不要嫌老人话多

喋喋不休、好讲话、反复关照是老人思维方式的一个特点，也是行为迟钝的一种反应。正像老人的行动已不像以前干脆利落一样，讲话也容易唠唠叨叨，子女对老年父母的言行要多理解，有耐心。

（五）与老人建立良好的专业关系

工作人员要用自己的热情和爱心真诚地为老人提供无微不至的服务，取得老人对自己的信任，同时也让老人多一个知心朋友，有效地协助老人消除其生活压力。

（六）与老人探讨以往应付生活压力的方法

老人应付生活压力的方法如果不恰当的话，不但不能消除生活压力，反而会雪上加霜。因此，工作人员要经常与老人探讨以往应付生活压力的方法，纠正老人一些不正确的做法，协助老人找出应付生活压力的更好途径。

（七）适当赞美与鼓励老人

观察老人所重视及珍惜的人、物、事，适当加以赞美与鼓励。每个老人都会有一些他自己所重视或珍惜的人、物或值得他自豪的事情。假若对他这些人、物或事给予恰当的赞美或鼓励，往往会让老人有一种由衷的自豪感和满足感，从而增强老人对生活的信心，使老人更加热爱生活。

四、老年人心理异常的疏导和治疗技巧

（一）衰老感

人作为一个生物体，有着不可抗拒的自然规律，因而衰老不可避免。老人会产生一种觉得自己老了的感觉，即衰老感。衰老感是主观上觉得“自己已经上了年纪，成为老人了”的心理状态，即认为自己“不中用”了。

衰老感的主要表现

衰老感一经产生，就意味着一个人精神已经老化，失去了生活的意愿和积极性。它的表现主要有：

1. 情绪消沉。情绪消沉导致衰老加速、意志衰退，进而加速生理上的衰老和心理功能的降低，或导致新的疾病。

2. 感到年迈体衰。“畏老老转迫，忧病病弥缚。”老人走上了下坡路就会感到力不从心、无力回天。

3. 失落感严重。经常陷入一种尴尬状态，老是觉得“这个世界不再需要我，人们把我遗忘了”。

4. 敷衍度日。起床、早餐、午餐、晚餐，认为无所谓，可有可无，好像自己仅是一具没有灵魂只有生命的躯壳。

5. 不思进取。早年的习惯，如看报、看电视等，不再保持，认为“反正都没用了，还看它干吗”。

对衰老感的疏导和治疗

对于产生衰老感的老年人应以家庭单位为主、社会交往为辅来对其进行疏导和治疗。

亲属是老年人的主要依靠对象，他们要对老年人采取理解、支持的态度，应积极配合心理医生的治疗方案对患者进行调治。而社会交往是一个有着衰

老感心理问题的老人的必要治疗条件，只有融入生活氛围中，他们才会感到轻松、愉快，而不至于产生“老了”“不中用了”的感觉。

（二）离退休综合征

“长江后浪推前浪”，一代新人换旧人，这是人类历史发展的客观规律。当老年人到了适当年龄，就要离开工作多年的职业岗位让年轻有为者上，这是十分正常的。但离退休的老同志却由于适应不了所处环境和生活习性的突然改变，往往会出现情绪消沉和偏离常态的行为，甚至还由此而引发其他疾病，严重影响健康。这就是离退休综合征，它是离退休老人在离退休后的一番不适应的体验。

离退休综合征的表现

患有离退休综合征者，主要表现为坐卧不安、行为重复、犹豫不决，不知干什么好，甚至出现强迫性定向行为；注意力不能集中，做事经常出错；性情变化明显，易急躁和发脾气，对任何事情都不满意，总是怀旧；易猜疑和产生偏见；情绪忧郁，失眠、多梦、心悸、阵发性全身燥热；等等。

一般说来，事业心强、好胜而善争辩、严谨而偏激、固执已见的人，发病率较高；无心理准备而突然退下来的人发病率高且症状偏重；平时活动范围大而爱好广泛的人很少患病。女性较男性适应快，较少出现离退休综合征。

离退休综合征的成因

这种病症的主要原因是离退休后的抑郁伤感，它包括：

1. 失落感。社交圈的缩小、人际关系的改变、无所事事的清闲、一些愿望的落空和遗憾等，都会干扰情绪而影响心理平衡，而产生失落感。

2. 怀旧。退休后的空闲易沉湎于往事的回忆，及追忆过去的美好时光，但终因似箭光阴的流逝而产生“无可奈何花落去”的遗憾。久而久之，则心情抑郁，性格孤僻。

3. 恋友。退休后远离同事、朋友；熟人相继作古，老来失伴，常常会感到凄凉悲切，忧郁孤独。

许多人没有退休盼退休，一旦退休后却又羡慕以前忙忙碌碌的日子。一些人执拗地抵抗自然规律，不肯放弃原来的社会角色，结果常遭挫折。或者对退休后的生活没有精神准备，没有作出适当的安排，退休以后顿感精神空虚、无所事事，生活得很无聊。一些人可以出现情绪的焦虑、抑郁、紧张、愤懑、恐惧，也可以出现自卑、强迫、多疑、挑剔等心理状态，还可并发心悸心慌、肌肉跳动、颤抖不安、失眠多梦、夜尿、便秘等症状，甚至引发心理和生理性疾病。

对离退休综合征的治疗

如何科学地安排离退休后的生活，避免离退休综合征的产生呢？下面几点建议可供参考。

1. 必要的思想准备。对离退休事先应有充分的心理准备，理解和顺应自然规律，乐天知命，超脱豁达，建立新的生活方式，适应新的社会角色。

2. 生命不息，活动不止。离退休后卸去繁重的工作担子，可把精力用到力所能及的活动中，继续为社会作出贡献，使自己保持“有所为”，感到还“有所用”，这样就不会为失去原来的角色而感到空虚、忧伤。

3. 注意保健，防止疾病。体弱多病，犹如雪上加霜，会给晚年生活投下阴影。因此，要注意身体的保养，经常参加力所能及的锻炼。定期进行健康检查，有病早治，无病早防。

4. 生活丰富，家庭和睦。家庭成员对于离退休人员要多关心，经常与他们交谈，不使他们感到寂寞。离退休人员也要适当利用时机走亲访友，保持社交活动。多参加适当的文化娱乐活动，使生活丰富而充实。

5. 对离退休生活一般都有个适应过程。在此期间如发生过分焦虑、抑郁，可适当服用舒乐安定、佳静安定等精神松弛剂。连续失眠者，可短期服用药物诱导睡眠，以建立新的平衡。

（三）老年期恐病症

一部分老年人本来身体很健康，可一看到同龄好友生病或病逝后，也觉得自己身上这痛那痛，顽固地认为自己也患了某种疾病。虽经检查未发现异常，自己仍不能消除疑虑，由此产生恐惧、悲哀等消极情绪，给工作及家庭生活带来不必要的影响，这就是“老年期恐病症”。

老年期恐病症的表现

1. 自感身体严重不适。觉得有头痛、头涨、眼花、记忆力减退等身体上的毛病。

2. 神经症状。神经极度衰弱，有时还莫名其妙地耳鸣、失眠，产生麻痹感、疲劳感等。

3. 消极等死。认为自己行将就木，不愿意再做什么事，得过且过地“等死”。

4. 消沉颓丧。茶饭不思，精神萎靡，在别人看来好像真的有病了。

老年期恐病症的成因

1. 认识不足。面对身体素质的每况愈下，有些老年人总要求自己的身体像年轻时一样强壮，对那些生物性衰老、健康状况的“自然滑坡”认识不够，或对一些慢性病未引起足够重视，病情明显了才意识到，由此产生恐病心理。

2. 敏感多疑。老年人往往多思善虑，经常把自己身上的不适与医学科普文章上的种种疾病“对号入座”，并自以为是，表现出高度的敏感、紧张和恐惧。

3. 环境的刺激。老年人经常去医院探望病人或参加追悼会，看到别人的疾患与逝去，总觉得别人的今天就是自己的明天，常怀疑自己患病，惶惶不可终日。此外，老年人患慢性病者较多，家庭中的环境、气氛不和谐，及周围人群对自己病情的反应，哪怕一句话、一个动作、一个表情，都会引起病人惶惶不安。

从精神分析角度来看，老年恐病症或疑病症倾向是一种自恋情结，从年轻时爱指向他人到老年时转而指向自身，转向对自身的过分关切和爱怜。据研究，老年妇女的疑病观念明显多于老年男性。

老年期恐病症的治疗

恐病症患者的主要症状是身体某些部位出现疼痛或感觉异常。患者对症状感受鲜明，描述生动。当经过必要检查证明其没病时，只要患者将注意力从自认为的患病部位转移，症状就会自然减轻或消失。但由于恐病症患者的敏感多疑与固执，他们一般不会轻易放弃自己的固有观念。由于思想负担过重，忧愁焦虑会给身心健康造成极大危害，甚至会真的引发疾病。

恐病症患者应及时接受心理治疗。配合医生做有关的各项检查，证明自己身体健康后，应耐心地接受医生解释性的心理治疗。当医生对患者个性上的缺陷提出忠告时，患者应积极纠正。也可在医生指导下服用抗焦虑药物，以便放松情绪，消除忧愁与焦虑。患者还应积极参加文体娱乐与集体活动，把注意力转移到感兴趣的事情上去。此外，在心理医生指导下做松弛训练，或练气功等，也可收到一定疗效。

（四）“空巢”孤独感

孩子既是父母的沉重负担，又是父母的骄傲和精神上的寄托与安慰。一家老少和睦相处，共享天伦之乐。然而一旦孩子成家立业，离开父母，父母如释重负的同时会发现自己突然寂寞了。面对这一变故，许多父母，尤其是母亲，不能正确对待，产生许多心理不适的问题。其中最常见的就是“空巢”孤独感。

人类千百年来一直过着群居生活，是不喜欢孤独的，尤其是老年人，对于孤独可能达到恐惧或害怕的程度。有专家曾对 1 万多名城市老人调查，发现百分之四十的老人有孤独、压抑、有事无人诉说之感。子女离开家庭踏上社会，老年人告别社会重返家庭后，尤显得“孤苦伶仃”。他们一旦感受到“空巢”的孤独，心理或情感的支持系统往往趋于脆弱。若老年加上患病，更容易对自身的价值表示怀疑，甚至产生抑郁、绝望的情绪，认为自己上了年纪就只能一步步迈向坟墓，重者还快速加入了老年性痴呆的行列。

“空巢”孤独感的表现

有“空巢”孤独感的患者往往表现出爱回忆往事，觉得受到冷落，不喜欢参加活动，闭门发呆，不同亲友来往。总觉得别人对自己很冷淡，觉得人情冷漠，认为子女离开自己就没有了情感依附。

“空巢”孤独感的成因

1. 认识上的错误。不能正确认识子女“离巢”是家庭发展的必然趋势。子女长大后要独立，要开拓自己的事业，但为人父母，却不习惯于这种事实。

2. 感情上的错觉。极端地认为子女不在身边了，感情也不存在了。

3. 固执地怀旧。觉得没有了往昔的热闹，清静得如同一湖死水，因而郁闷、孤独。

4. 情绪上的排外。没有发觉身边的老伴是自己唯一的终身伴侣，因孤独而对一切人和事产生排外情绪。其实，很多人并不孤独，因为老伴会永远和自己待在一起。

对“空巢”孤独感的辅导

1. 正确认识家庭发展的规律。在当今社会，子女“离巢”是家庭发展的必然趋势，父母把孩子养大，孩子成家立业，从父母身边独立出来，去开拓自己的生活空间，去哺育自己的后代，这是家庭发展的规律，父母是无法改变的。

2. 正确对待孩子的“离巢”。孩子“离巢”是孩子成熟的标志。孩子长大了，父母要改变自己对孩子的眼光。在许多父母眼里，孩子总是孩子，对他们总不放心，总觉得孩子离开了自己便不能正常生活。其实，在孩子的生活空间里，有一套他们自己对生活的看法，有一套自己处理事务的方法，父母不要把孩子与自己在看法和做法上的分歧当成孩子的幼稚、无知和无能的反应。对孩子“离巢”的关心是必要的，但担忧则大可不必。

如果孩子长大了，事事处处都离不开父母，结婚无住房，长期与父母住在一起；经济拮据，每月要求父母补贴；孙辈无力抚养，非要寄养在老人家里不可，这只能反映出子女的无知、无能和幼稚，反而是家庭不幸的表现。所以，老年人应该为子女的离巢而感到高兴，不必消极地哀叹。同时，离巢并不等于断绝关系。子女离家建立新的生活空间后，还应该继续加强与子女的联系，尽量增强两代人，乃至三代人之间的相互了解和理解，给他们更多的体贴和帮助，注意消除误会，吸引他们经常回家团聚。

3. 夫妻才是真正终身的伴侣。一般而言，孩子出生后，夫妻感情都会逐渐转向孩子，孩子成为家庭的中心，夫妻间的关心和体贴相对地减少了。孩子离巢后，老年夫妇应该及时地将情感转向老伴，夫妇俩多参加一些有意义的活动，加强夫妻情感的交流，进一步改善夫妻的关系，以此去填补因子女离巢而留下来的“真空”。如果遭遇丧偶，应该在适当的情况下考虑再婚，重建家庭，营造欢乐的家庭气氛，使自己的情感有寄托。

4. 加强与社会的交往。当自己感受到孤独时，可以考虑加强与社会的交往。多交朋友，努力与各种人和睦相处。一方面，要帮助他人，从中赢得别人的尊重和真诚的友谊。另一方面，又要求助于人，通过别人的帮助，使自己的心态从紧张趋向松弛。如果自命清高，遇到困难不肯求助于人，或者对别人的困难不屑一顾，结果必然加剧自己的孤独感。

5. 开拓新的业余生活。从看书、习字、绘画、练琴、打拳、击剑、种花、饲养动物和撰写作品等活动中获得乐趣，将自己从孤独的小圈子里脱离出来。

第六节　老年护理工作

老年人由于生理上的衰退，行动有诸多不便，需要他人给予护理，才能正常地生活，加上有的老年人还疾病缠身，更加依赖他人的护理。在对老年人进行护理时，老年社会工作者必须要掌握一些基本的护理常识和老年护理知识。

一、护理工作基本常识

（一）怎样看室温计

室温计可测定室内、室外的气温，常用的有水银室温计和酒精室温计两种。水银室温计较准确，测定温度的范围很广；酒精室温计虽然不太准确，但价格较便宜，一般测定室温也可用。

室温计多为一表上用两种度数，即摄氏（C）及华氏（F）来表示。摄氏0度为冰点，100度为沸点，中间分100等份；华氏冰点是32度，沸点是212度，中间分180等份。

室温计应悬挂在一定地点，不应拿在手中，以免人体温度影响其准确性。室温计应避免直接日晒或受火炉、暖气热源辐射等因素干扰，不要放在穿堂风口处或窗户附近。测定空气温度，应适当选点多次进行。读取室温计时，应将室温计在测定点放置10分钟后进行，眼睛应与毛细管内液柱顶端在一个平面上，应先读小数再读整数。

（二）怎样观察体温、脉搏、呼吸

体温、脉搏、呼吸的变化，能及时反映出健康情况，每位住院病人的首页就有体温、脉搏、呼吸记录表。对体温、脉搏、呼吸进行测定，也是家庭医疗护理的最基本的手段。

测量体温

体温表有口表、腋下表、肛表之分。一般采用口表及腋下表。腋下测体温简便、安全又卫生舒适，老年人较常用。肛表测温仅在昏迷、谵妄、不能合作的特殊情况下应用。

测量体温目前仍沿用水银体温表，价廉、实用、方便。近来已有电子测温表，是应用传感器将体温直接地以数字反映出来，其原理和意义基本是一样的，可根据说明书应用。测体温前，应将水银体温表上端用拇指、食指握紧，以手腕急速向下、向外甩动，将水银柱甩到35℃以下，再用酒精棉球将体温表消毒擦净备用。测量完毕阅读体温表读数时，将水银柱升高的顶端与视线保持同一水平才能正确地读数，居高临下或自下向上读数会出现误差。也可横握体温表作缓慢转动，观察水银柱顶端所指的温度刻数。

口腔测温时，应在进食、喝水或吸烟后半小时，将体温表放在舌下，让老人紧闭口唇，3 分钟后取出，读出水银柱所指示的温度刻数。老年人闭合口唇不紧可由护理人员轻柔地帮助将口唇闭紧。应向老年人强调说明，牙齿不能咬表，以免折断体温表造成水银逸出或断端损伤口腔黏膜。如果确实不能很好配合者，改用其他方法测温。

腋下测温时，让老人解开胸前衣扣，如腋下有汗，用干净毛巾擦干腋下后，再将体温表置于腋窝深处并夹紧，10 分钟后取出体温表读数。

肛门测温时，应先在体温表的水银端涂上少许凡士林等油类润滑剂，再慢慢将体温表的水银端插入肛门 3 ~ 5 厘米，并轻轻手持体温表上端，3 分钟后取出读数。测试过程以手轻轻扶好肛表，注意老人突然改变体位，防止发生意外。取出肛表后，先用手纸擦净，再以酒精棉球擦拭读数，用后甩下水银柱，放置于瓶底内垫薄纱布，再加入 20% 的肥皂水浸泡。表瓶和肥皂水至少每两周更换消毒一次。使用前清水冲洗干净后，浸泡于 70% 的酒精中 30 分钟备用。肛表应固定一位老年人专用。

正常人体温：口测法为 36. 2 ~ 37. 2℃，肛测法较口测法高 0. 3 ~ 0. 5℃，而腋下法通常较口测法低 0. 5℃。

数脉搏

通常选动脉表浅的腕部桡动脉（手腕拇指侧）；耳前上方的颞动脉；颈部外侧的颈动脉；足背第一、第二跖骨间的足背动脉。

以食指、中指、无名指并起按放在桡动脉上，用指尖细心体察脉搏搏动，数 1 分钟。在数脉搏前应让被测者安静，避免兴奋或过度活动，以免使脉搏加快，影响正确的脉搏数。在安静状态下，脉搏均匀和缓，有节律地搏动，每分钟约为 70 ~ 80 次。老年人脉搏稍慢，但不应低于每分钟 60 次。白日较快，夜间熟睡时趋向变慢。

观察呼吸

呼吸频率的快慢，幅度的深浅，节律的均匀或不规则，都对病情的判断有着重要意义。但呼吸容易受情绪、外界干扰等因素的影响。因此细心观察呼吸状态，通常在安静状态下，注意不与被测者说话，使其保持自然放松。

观察者一面看自己手表记住呼吸次数，一面观察胸廓均匀起伏的次数。一呼一吸为一次，平静状态下每分钟16~20次。同时注意呼吸快慢是否一致，深浅是否均匀，有无呼吸困难等情况。

血压计有水银柱血压计、弹簧血压计和电子血压计三种。日常诊疗和家庭护理中都采用水银柱血压计。让老人或被测者取坐位或卧位，露出一侧上臂，伸直肘部，手掌向上舒展自然平放。上臂不要被袖口或衣服勒紧。血压表水银柱的“0”点与腋中线相当于心房位置同一水平，排出血压表袖带内的气体，在老人肘窝上3厘米处将袖带缠绕于上臂，塞好或固定好袖带末端。将听诊器放在肘窝部摸到肱动脉搏动点上。关紧气门并捏气球向袖带内充气，水银柱（或弹簧血压计的指针）上升到24.0千帕（180毫米汞柱）左右，然后轻轻放开气门，让水银柱（或指针）缓慢下降，突然听到清脆响亮的“咚”“咚”声，这时（第一声）水银柱所在高度（或指针所指刻度）即为收缩压；接着水银柱（或指针）继续慢慢下降，当第一声音调突然改变或消失，此时水银柱（或指针）所指的刻度即为舒张压。

正常人收缩压为12.0~18.7千帕（90~140毫米汞柱），舒张压为8.0~12.0千帕（60~90毫米汞柱）。

二、日常的老年护理常识

（一）怎样进行空气清洁消毒

要经常开窗通风，使空气流通，把病菌排出室外。每次通风不应少于30分钟。

熏蒸法：房间每平方米用食醋5~10毫升，加水1~2倍或福尔马林40毫升加水60毫升，紧闭门窗加热蒸发完为止。

（二）怎样进行物品清洁消毒

用肥皂及去污粉刷洗，清水冲净。

日晒法：日光含有紫外线，照射3至6小时可达到消毒目的。

煮沸法：煮沸能使细菌的蛋白质很快地凝固变性，经过15至20分钟，能杀死一般病菌，消毒的时间要在水沸后开始计算，物品要全部浸没在水中。有条件的可用家用高压锅消毒，从控制阀开始冒出蒸气时算起，消毒20分钟能杀灭所有的病原微生物，适用于不怕湿热、耐高温的物品。

浸泡法：将物品浸泡于2%的来苏、70%的酒精或0.1%的新洁尔灭溶液中30分钟。

老人的呕吐物、排泄物可撒一倍的石灰搅拌，2小时后再倒入厕所；肺结核老人的痰，可吐在纸盒或包在纸内烧掉。

擦拭法：用1%~3%的漂白粉上清液（即漂白粉沉淀后上面的清水）擦拭，使细菌体内的酶失去活性而死亡。

另外要做到接触老人后、饭前便后用肥皂洗手；老人的碗筷、口杯、用具等要专用，分开洗刷，消毒后单放等。

三、卧床老人护理常识

（一）怎样为卧床老人整理床铺

关好门窗，移开床旁桌、椅。如病情许可，放平床头，便于彻底清扫。

协助老人翻身至对侧，松开近侧床单，用床刷从床头至床尾扫净床单上的渣屑，应注意将枕下及老人身下各层彻底扫净，然后将床单拉平铺好，协助老人翻身卧于扫净之一侧。转至对侧以上法逐层清扫，并拉平床单铺好。

整理被盖，将棉被拉平，为老人盖好。

取下枕头揉松，放于老人头下。

（二）怎样为卧床老人更换床单

酌情关好门窗，移开床旁桌、椅。

放平老人，帮助老人侧卧在床之一边，背向护理人，枕头与老人一起移向对侧。

将脏污床单卷起，塞入老人身下，扫净垫褥上的渣屑。

将清洁床单铺在床的一边（正面在内），叠缝中线与床中线对齐，将上半幅卷起塞在老人身下，靠近侧的半幅自床头、床尾、中间、先后履平拉紧塞入床垫下，帮助老人侧卧于清洁床单上，面向护理人，转至对侧，将脏污床单自床头至床尾边卷边拉出，然后将清洁床单拉平，同上法铺好，帮助老人取仰卧位。

盖好棉被，拉平，使老人舒适平卧。

一手挟住老人的头颈部，另一手速将枕头取出，更换枕套，给老人枕好。

（三）怎样扶助卧床老人向床头移动

放平靠背架，取下枕头放于椅上，使老人仰卧，屈起双膝。

护理人一臂伸入老人肩下，一臂托住老人的臀部，在抬起老人的同时，嘱老人用双手握住床头栏杆，并指导老人用双足抵住床面挺身上移。放回枕头，再支起靠背架，使老人卧位舒适。

（四）怎样扶助卧床老人翻身

仰卧老人要向一侧翻身时，先使老人两手放于腹部，两腿屈膝，护理人一前臂伸入老人腰部，另一臂伸入其股下，用臂的力量，将老人迅速抬起，移近床沿，同时转向对侧。

抬起老人头肩部，并转向对侧，在老人的背部放置软枕，以维持体位，胸前放一软枕，支持前臂，使老人舒适。

将老人上腿弯向前方，下腿微屈，两膝之间，垫以软枕，防止两腿之间相互受压及摩擦。

（五）卧床老人的口腔护理

正常人口腔内有多种微生物寄生。口腔的温度、湿度和食物的残渣，都适宜微生物生长繁殖，在正常情况下，身体具有一定的抵抗力，由于唾液中溶菌酶的杀菌作用，刷牙、漱口、饮水及进食等机械作用，对细菌起到一定的清除作用，故很少发病。老年人机体抵抗力减弱，唾液腺分泌减少，溶菌酶杀菌作用降低，为口腔内细菌的大量增殖造成了有利条件。此时细菌增多，分解糖类、发酵、产酸作用增强，若不注意口腔卫生，不仅容易发生口臭及口腔炎，影响食欲及消化功能，甚至可因口腔感染导致腮腺炎等并发症，所以对口腔护理很重要。

器具：镊子一把、棉花球、压舌板一块（或用竹筷代替）、漱口药液（常用生理盐水，1∶5000呋喃西林或3%硼酸溶液）。

方法：让老人侧卧，面向护理者，用压舌板轻轻撑开颊部，以镊子夹取漱口液棉球，由内向外，沿牙齿纵向擦净牙齿内外两侧，咬合面，舌、口腔黏膜，硬腭等处，洗毕，帮助老人漱口，擦干面部。若口腔黏膜有溃疡，可撒锡类散或青黛散。如有假牙，应帮助老人取下，用冷水刷洗，让老人漱口后戴上。

（六）怎样协助老年人排痰

老年病人长期卧床，因体质衰弱、咳嗽无力、痰液黏稠，很容易引起呼吸道感染和肺炎。有时黏痰壅塞咳不出来，可出现青紫及呼吸困难，甚至影响生命。因此保持呼吸道通畅，可减少呼吸道并发症。

适当多饮水；饮食以清淡为主；避免着凉，预防感冒。

经常改变身体位置，定时拍背。特别是早晚病人阵咳前，鼓励病人做深呼吸，以便将痰咳出。

蒸气吸入：将开水倒入茶杯或装有菊花、青果、胖大海等中药的茶缸中，口对杯中吸入热蒸气，每次 15 ~ 30 分钟，每日 2 ~ 4 次，可湿润咽喉，稀释痰液，有利排痰。

简易吸痰器：适于痰液壅盛时，用一根较粗的消毒导尿管接在 100 毫升的注射器上，将导尿管一端插入患者口腔深部，吸出痰液；另置一碗清水，随时冲洗导尿管，以防止黏痰堵塞。

患者突然黏痰堵塞、影响呼吸时，要分秒必争，立即用手绢或纱布包住食指，伸向病人咽部，掏出痰液；或口对口吸出痰液。

（七）怎样为卧床老人擦澡

器物：清洁衣裤、大毛巾、热水、水桶、毛巾、肥皂、脸盆。

方法：关好门窗，移开桌椅，盛热水四分之三盆，松开盖被，将大毛巾半垫半盖在老人擦洗部位，先用湿毛巾擦，然后用蘸肥皂的毛巾擦洗，再用湿毛巾反复擦净，最后用大毛巾擦干。擦洗部位的先后顺序如下：

松开领口，给老人洗眼、鼻、脸、耳、颈部等处，注意洗净耳后。

脱去老人上衣（先洗健康一侧，后洗患侧），擦洗两臂。注意洗净腋窝部。帮助老人侧卧，面向护理者，将脸盆放于床侧的大毛巾上，为老人洗净双手。

解开老人裤带，擦洗胸腹部，注意乳房下及脐部，帮助老人翻身，擦洗背及臀部。

脱去长裤，擦洗两腿、两侧腹股沟、会阴。将盆移于足下，床上垫大毛巾，洗净双足，穿好裤子。

整理床铺，按需要更换床单，清理所用物品。

四、常见的老年疾病护理常识和技巧

（一）褥疮

体表局部组织因长期卧床受压，引起神经营养紊乱及血液循环障碍，局部软组织持续缺血，营养不良，发生坏死及溃烂称为褥疮。但只要认真、仔细地做好长期卧床老人的护理，褥疮是完全可以避免的。如果护理不当，一旦发生褥疮，不但增加病人痛苦，加重病情，甚至可继发感染，引起败血症，危及老人的生命。褥疮最易发生在骨骼凸出部位的皮肤，如骶尾部、髋部、枕部、肩胛部、肘部、足跟等处。

预防

避免老人局部长期受压，应经常更换老人体位，使骨骼突出部位轮流承受身体重量。鼓励和帮助卧床老人经常翻身，一般每隔 2 ~ 3 小时翻身一次，最长不超过 4 小时。翻身时应避免拖、拉、推等动作，以防止擦伤皮肤。骨突处应垫海绵垫、软枕或气圈等。但水肿和肥胖的老人，不宜用气圈。

避免局部刺激，床铺应保持平整、清洁、干燥，无碎屑。对大小便失禁、出汗、伤口分泌物多的老人，尤应注意保持皮肤的清洁和干燥。

促进局部血液循环，经常用热水给老人擦澡、擦背或局部按摩。对老人局部受压部位，应定期用 50% 的酒精按摩。按摩时手掌紧贴皮肤，肌肉在骨上活动。最后再沿着背部的中央向上按摩数次。根据具体情况，在老人身体一些部位涂敷滑石粉，使皮肤保持干燥、光滑，以减少摩擦。

褥疮的分期

第一期：瘀血水肿期。老人局部皮肤受压后，出现暂时性的血液循环障碍。表现为红、肿、热、触痛。短时间内不易消失。

第二期：炎症浸润期。局部红肿部分向外扩大、变硬，皮肤转为紫红色，疼痛加剧。常有水泡形成，水泡破裂后，呈一潮湿、红润、清洁的创面。

第三期：溃疡形成期。轻者浅层组织感染，脓液流出，溃疡形成。重者，坏死组织发黑，感染向周围及深部组织扩展。

褥疮的处理

老人早期皮肤出现红肿时，应积极加强护理，防止局部继续受压，增加翻身和按摩次数。

老人身上出现水泡时，未破的小水泡用厚层滑石粉包扎，减少摩擦，防止破裂，让其自行吸收，大水泡可用酒精消毒后，用注射器抽出泡内液体，然后涂以0.02%的呋喃西林溶液。若水泡已破，可涂2%红汞或用新鲜鸡蛋内膜平整紧贴于创面。如鸡蛋内膜下有气泡，应以消毒棉球轻轻挤压，使之排出，再以消毒纱布盖上，1～2天更换一次，直到创面愈合为止。鸡蛋内膜可以防止水分及热量散失，避免细菌感染，有利于上皮生长。

若创面感染时，可用生理盐水或0.02%的呋喃西林溶液清洗创面，用消毒油纱布及敷料包扎，每天更换。有坏死组织应该清除。长期不愈创面，可在创面上敷一层白砂糖，然后用整块胶布封闭创面，每隔3～7天更换敷料一次。借助糖的高渗作用，杀灭细菌，并可使创面消肿，改善局部循环，促进创面愈合。

在治疗和护理中，褥疮还可以家用理疗。在家中可用60瓦灯泡的台灯照射，这也是一种红外线。照射距离约30厘米，每日1～2次，每次10～15分钟。照射时应随时观察局部情况，以防止烫伤。

（二）骨折

老年人骨质疏松，易发生骨折。发生骨折后，要及时进行固定，以免骨折加重，损伤更多的周围组织。骨折固定如没有现成的夹板，可就地取材，用木棒、竹板、手杖、伞以及树枝等。

常见中老年骨折固定方法如下。

1. 大腿骨折：将伤腿拉直，夹板长度上至腋窝，下过脚跟。两块夹板放于大腿内、外侧，用绷带或三角巾缠绕固定。

2. 小腿骨折：将伤肢拉直，夹板长度上至膝关节，下过脚跟。两块夹板放于小腿内、外侧，用绷带或三角巾缠绕固定。

3. 前臂骨折：上肢呈屈肘状，夹板长度上至肘关节，下过手心。两块夹板放于前臂内、外侧，用绷带缠绕固定，然后用三角巾悬吊伤肢。

4. 上臂骨折：上肢呈屈肘状，夹板长度上稍高于肩，下过肘关节。如有两块夹板，则一块夹板放在臂内侧，另一块放在臂外侧；如一块夹板固定，则夹板放在臂外侧，用绷带来回缠绕固定，用三角巾悬吊伤肢。

5. 脊柱骨折：严禁乱加搬动，应在保持脊柱安定的状况下，轻巧平稳地移至硬板担架上，用三角巾固定，转至医院。如扶持伤员走动，或躺在软担架上，脊柱骨折会加重并引起神经损伤，发生截瘫。

（三）糖尿病

老年糖尿病患者，一般病情较轻且稳定，可在门诊治疗。但做好日常护理十分重要。

1. 要注意饮食

饮食对糖尿病患者是一项治疗措施。每日应按医生规定的量进食，才能起到治疗作用。因此，家属应当帮助老人调剂好饮食，尤其要严格控制主食、糖和水果等。病人如感到主食不够，可以用蔬菜来补充。最好每周称一次体重，因为医生要根据体重和病情来决定患者的饮食数量。

2. 要注意化验尿糖

一般来说，糖尿病患者本人应学会做尿糖化验（定性试验）。但老年患者自己做化验有困难，家属应能帮老人化验尿糖。病情稳定者，可隔日测一次空腹或饭后两小时的尿糖，并根据尿糖结果调节主食用量和水果的摄入量。应学会分四段（早餐后，午餐后，晚餐后至睡前，第二天早餐前）留 24 小时尿，送医院做尿糖定量。

3. 要戒除烟酒

对有烟酒嗜好的糖尿病患者，要耐心地劝其戒除烟酒。因为吸烟、饮酒都会影响碳水化合物的代谢及胰岛的功能，并降低全身的抵抗力，可导致糖尿病加重。

4. 要坚持锻炼

坚持运动锻炼，对糖尿病患者也是一种极为重要的辅助治疗措施。对能活动的老年糖尿病患者，要劝导、督促和帮助他多参加些体力活动。活动项目及活动量要因人而异，量力而行。对卧床的老年病人，可帮助他做些被动运动，如按摩、活动关节等，或老人自己做些肢体活动。当然，运动对增强体质，预防其他疾病，也有非常重要的作用。

5. 要注意预防疾病

糖尿病患者一般对感染的抵抗力都较低，老年患者尤其如此。因此，首先，要注意预防呼吸道疾病，如感冒、流感、支气管炎、肺炎、肺结核等。其次，要注意皮肤卫生。糖尿病患者最容易患毛囊炎（小疖子）、疖肿、痈等。在发生皮肤感染时，要及早治疗，因为疖、痈可以引起败血症。最后，要注意老人的口腔卫生，糖尿病患者容易发生口腔炎、牙龈炎、牙周疾病，常发生牙齿松动、脱落、龋齿等，因此，注意预防牙病十分重要。

6. 要注意用药

对用药物（口服药或胰岛素）治疗的老年糖尿病患者，要关心其病情的控制情况和用药量。因为需用药物治疗者，其病情都不是很轻的。在用药过程中要防止用量不够，同时也要防止用药过量。药量不足，轻者对纠正血糖过高不力，会促使糖代谢紊乱，加速并发症的发展，重者可引起酮症酸中毒，昏迷。用药过量可引起低血糖反应，对老年人，尤其是对心血管病患者有危险。

对重症糖尿病或病情不稳定的患者，如出现恶心、呕吐，食欲不振，口渴，疲乏、无力、精神萎靡，嗜睡以及呼吸有烂苹果气味，要赶快送医院诊治。

值得强调的是，护理老年糖尿病患者，要注意使其精神愉快。因为糖尿病患者的病情与精神因素的关系很大，精神上受刺激、忧愁、焦虑、惊恐等，都能加重其病情，要尽量避免。

（四）高血压

当有高血压早期表现时，例如血压测量超过正常值，就要积极治疗，万不可粗心大意。如果生活中注意并坚持在医生的指导下治疗，就能使病情稳定，否则血压可逐步升高。长期高血压如无妥当治疗，可导致心、脑、肾功能的障碍。到了晚期，不仅病情加重，还会发生并发症而危及生命。

高血压患者为了解自己的病情，以及是否有心、脑、肾的功能障碍，应该去医院做全面检查，以便有针对性地进行治疗与加强自我护理。

饮食中要适当限制食盐摄入量，每日保持 6 ~ 8 克。勿使身体过胖，若有超重的趋势，应限制饮食，并增加体力锻炼，但要注意避免剧烈运动。

戒除烟酒可以防止血压继续升高和影响心、脑、肾的功能。

每天坚持锻炼（如打太极拳或做保健操），经常保持情绪愉快，保证足够的睡眠和有规律的生活。

若出现语言不畅，手足麻木，甚至偏瘫等脑血管病变，或剧烈头痛、呕吐等高血压危险时，一定要先服降压药后再及时去医院诊治。

要知道所服降压药的主要成分和用量，以利于调整到适宜的血压水准。切忌服用不了解的药物。

要定时服药，定期检查。

（五）心血管系统疾病的护理

休息：

休息是恢复心脏功能的重要条件，包括精神及身体两方面的休息。休息可减少组织对氧的需要，减轻心脏负担，从而减轻症状。休息时间长短和方式，要根据具体病情而定。凡心功能基础正常的病人，活动后无心力衰竭现象，无须完全卧床休息，适当减轻活动量，有足够睡眠，避免重体力劳动即可；当出现心力衰竭症状，或有较重的心绞痛及心肌梗死、心律紊乱时，应绝对卧床休息。长期卧床休息者应注意肢体的活动，适当变换体位，做深呼吸，以避免发生静脉栓塞、坠积性肺炎等合并症。病床最好能安置靠背架。衣服、被褥宜轻软暖和，并保持清洁舒适。

饮食：

对高血压、动脉硬化性心血管病人，应限制热量和食胆固醇过高的食物，以便减轻体重，减轻心脏负担；心肌梗死病人应给易消化饮食，每日 3～5 次，应由家属亲自喂食。

对症护理：

1. 呼吸困难。轻症时常在劳动后出现，经休息即有好转；重症者即使卧床也有呼吸困难；严重者往往不能平卧，必须坐起来，叫作“端坐呼吸”；有的于夜间睡眠中，突然胸闷、气短而憋醒，并有哮喘，必须坐起来才觉舒服，这叫“心性哮喘”。以上症状多见于左心衰竭，此时应给病人舒适的半坐位或坐位，两大腿下安放软垫，病人面前最好放一床桌，高低适宜，以便病人舒适地伏在床桌上。当有急性肺水肿喘息吐粉红色泡沫痰时，最好坐在舒适的靠背椅上，两腿下垂，以减轻右心负担。吸入氧气，减轻缺氧现象。给镇静药。急送医院抢救。

2. 浮肿。浮肿主要由于充血性心力衰竭而使水和钠潴留于人体所致。对浮肿病人应给予低盐饮食；限制水量，每天在 1500 毫升以内。卧床病人，注意皮肤护理，避免擦伤或褥疮的发生。

3. 心前区疼痛。这是冠心病的重要症状之一。此时应让患者绝对静卧，严禁下床，要亲切地安慰病人，消除恐惧心理，以免诱发心绞痛。饮食应少量多餐，避免过饱。大小便时，切勿用力；便秘可给予灌肠，或用开塞露通便。有些心脏病人因过度劳累，或兴奋而引起突然发病晕倒，这时宜让病人平卧，解松领部纽扣，切勿随便搬运。送医院时搬动病人要轻，并随时注意脉搏血压的变化。

（六）呼吸系统疾病的护理

居住环境的要求：

保持室内适宜的温度和湿度。室温一般保持在 18 ~ 20℃为宜，当温度急剧变化时，随时给病人增减衣服。为使室内保持恒定的湿度，天热时常洒水，冬季火炉上放置热水盆，散发蒸气。扫地前先洒水，避免灰尘飞扬，刺激呼吸道黏膜，加剧咳嗽。

一般护理：病人应注意休息，休息能保护大脑皮层，并减少肺脏的呼吸次数与病人能量的消耗，对发热病人，尤为重要。

口腔清洁：

口腔清洁对患有呼吸器官病的患者颇为重要，既能祛除口臭，又能防止黏膜糜烂，并能预防霉菌感染等合并症。如在溃疡或口唇疱疹处，可用 1% 龙胆紫涂抹；涂抹后一小时，不宜进食或喝水。口唇干燥可涂液体石蜡油。

对症护理：

1. 咳嗽。咳嗽是一种保护性反射动作，它能帮助呼吸道分泌物排出体外。咳嗽剧烈时应取半卧位，注意观察其性质和音色，有助于疾病的诊断。

2. 咳痰。应给病人准备好痰具和卫生纸，放于病人易取之处。注意痰的性质、颜色和痰量。咳痰多的人应取侧半卧位或经常变换体位，使痰易于咳出。大口咳痰或咳嗽无力，应注意防止呼吸道堵塞而突然窒息。

3. 咳血。咳血是呼吸道疾病常见的重要症状之一。发现出血时，应与口腔、鼻腔、咽喉等出血相区别，更要与呕血相区别。咳血颜色鲜红，带有泡沫，不混有食物，常伴有咳嗽。咳血病人应卧床休息，可给病人小量镇静剂，要安慰病人不要恐惧。大量咳血则应绝对卧床，头侧向一边，给镇静剂（禁用吗啡）和止血剂，如止血敏、云南白药等。胸部放置冰袋，严密观察体温、脉搏、呼吸及血压情况，需专人守候床旁，防止呼吸道窒息，并立即与医院取得联系。在送往医院的路途中，尽量减少颠簸，并注意保温。

4. 呼吸困难。患者应取半卧位或坐位，家里准备氧气袋，如发现呼吸困难、缺氧、发绀，随时给予吸氧。

（七）泌尿系统疾病的护理

老年人比较常见的泌尿系统疾病是前列腺疾病，如前列腺肥大等。前列腺肥大，又称前列腺增生症，是一种病程较长的慢性泌尿系统梗阻疾患。在排尿困难时，首先应使病人情绪稳定，用手掌轻轻按摩下腹部；如梗阻较重，不能自行排尿，则需去医院给予导尿。此症常因饮酒、受凉、劳累等原因而使前列腺突然充血水肿，发生尿潴留；故老年人应随气候变化而增减衣服，避免感冒，适当休息，戒烟和禁止过度饮酒。

（八）消化系统疾病的护理

1. 饮食护理：饮食对消化系统疾病的治疗和防止并发症，有特别重要意义，故应重视。患者应采取少食多餐的原则。以易消化无刺激的流质、半流质为宜；避免食用酸、辣、冷、硬及油煎类食物。

2. 一般症状护理：

（1）恶心呕吐。呕吐时协助病人坐起；卧床不起的取侧卧位，头侧向一边，以免呕吐物呛入呼吸道而窒息，或引起吸入性肺炎。呕吐后用清水漱口，并将被呕吐物污染之衣物、被单等换掉。注意呕吐物的量、颜色、气味、性质及呕吐次数。

（2）腹痛、腹胀。首先要了解腹痛的部位、性质，腹痛间隔时间，是否伴有呕吐、腹泻，腹部是否起包块，有否发热。随时注意体温、脉搏、呼吸的变化。急性腹痛未明确诊断前应禁食，禁用麻醉性止痛药，应立即送往医院。腹胀可在腹部做热敷，或松节油外敷。

（3）腹泻。注意大便颜色、性质及次数，并留大便标本，送医院化验，以协助诊断。

（4）呕血和便血。即上消化道出血，这是溃疡病或胃癌常见的并发症之一。呕血常为暗红色，混有食物，伴恶心、呕吐。黑便多系柏油样大便。是溃疡附近黏膜下血管破溃引起。轻度出血时要休息，并去医院检查病因；大量出血时，感到头晕、心慌，大便或走路时常易晕倒，病人可有面色苍白、出冷汗、四肢发凉、口渴、脉快，体温、血压下降等休克症状。这时应让病人绝对卧床休息，禁食，给病人以精神安慰，消除恐惧。同时注意（最好能做记录）呕血、便血的量、颜色、性质和出血时间，并保留标本，随病人一起送医院化验。

（5）休克。有休克症状时应迅速采取以下措施：抬高床脚，去掉枕头。采取头低卧位。密切观察病情，立即与医院取得联系。注意给病人保温，同时上腹部放置冰袋，或饮冰水，有利于止血。

（九）高热的家庭护理

发热大多由感染引起，但发热病因众多，应及时去医院检查，对症治疗，切勿随便乱服药物。未明确诊断前，可作以下临时处理。

1. 卧床休息，进易消化食物，每 4 小时测一次体温、脉搏，最好能做记录。

2. 高热时（39℃以上）可作物理降温，用冷水毛巾敷头部；或 50% 酒精擦浴，主要擦颈部、肘弯、腋窝、胸部、腹部、腹股沟、腋窝、手足心等处，以协助降温。

3. 必要时可服阿司匹林或布洛芬。但要注意老年人是否对药物敏感，易引起大量出汗，甚至虚脱，故要根据不同体质情况减少用药剂量。

4. 多饮水，保证足够的液体入量。

5. 高热烦躁不安时，可给小剂量镇静剂，如安定、异丙嗪等。

6. 出汗过多时要擦干皮肤，更换衣服。

7. 密切观察面色、精神及对外界的反应等，如有异常，如脉搏细微难测，面色苍白、大汗淋漓等，应立即送医院抢救。

五、常用的老年急救护理常识

（一）止血

止血前需检查清楚出血情况，根据出血种类而采取不同的止血方法。

1. 毛细血管出血：呈小点状的红色血液，从伤口表面渗出，看不见明显的血管出血。这种出血常能自动停止。通常用碘酒和酒精消毒伤口周围皮肤后，以消毒纱布和棉垫盖在伤口上缠以绷带，即可止血。

2. 静脉出血：暗红色的血液，迅速而持续不断地从伤口流出。止血的方法和毛细血管出血大致相同，但须稍加用力缠敷绷带；不是太大静脉出血时，用上述方法一般可达到止血目的。

3. 动脉出血：来势凶猛，颜色鲜红，随心脏搏动而呈喷射状涌出。大动脉出血可以在数分钟内导致患者死亡，需急送医院抢救。动脉出血的止血方法有：

（1）止血带急救止血法：四肢较大的动脉出血时，用止血带止血。最好用较粗而有弹性的橡皮管进行止血。如没有橡皮管也可用宽布带以应急需。用止血带时，首先在创口以上的部位用毛巾或绷带缠绕在皮肤上，然后将橡皮管拉长，紧紧缠绕在缠有毛巾或绷带的肢体上，然后打结。止血带不应缠得太松或过紧，以血液不再流出为度。上肢受伤时缚在上臂，下肢受伤时缠在大腿，才会达到止血目的。缚止血带的时间，原则上不超过一小时，如需较长时间缚止血带，则应每隔半小时松解止血带半分钟左右。在松解止血带的同时，应压住伤口，以免大量出血。

（2）指压止血法：用拇指压住出血的血管上方（近心端），使血管被压闭住，中断血流。在不能使用止血带的部位，在紧急情况下，可暂用指压止血法。

（3）压迫伤口止血法：如果伤势严重，而身边又无止血器材，可用随手取得的任何东西，如清洁的手帕、撕下的衣物或直接用手压住伤口止血，以争取时间送医院处理。

（二）中暑

中暑发生的原因是人体内热量不断产生，散热困难；或由于外界高温使人体内的热量越积越多，身体无法调节。

中暑老人常常感到全身乏力、头痛、头晕、口渴、出汗，体温升高；中暑老人脉搏快、细，面色潮红，有的晕倒在地，昏迷；严重者发生抽搐、心衰或呼吸衰竭而死亡。

中暑的急救方法是：

1. 迅速把老人移至阴凉处，平卧休息，解开衣扣。

2. 在头部、腋窝、腹股沟处用冰袋冷敷，或将全身用冷水擦洗，以加快散热。

3. 给予含盐的清凉饮料。

4. 针刺人中、曲池、百会穴位。
5. 口服仁丹或十滴水。
6. 可用扇子或电扇吹风，帮助散热。
7. 中暑严重者，需及时送往医院。

（三）呼吸心搏骤停

因某些原因，患者呼吸突然丧失，抽搐或昏迷；颈动脉、股动脉无搏动，胸廓无运动；以及瞳孔散大，对光线刺激无反应。这就是医生所称的死亡三大特征。

1. 呼吸骤停的急救方法：

（1）迅速解开衣服，清除口内物，有舌后坠时用钳将舌拉出。

（2）患者需仰卧位，头尽量后仰。

（3）立即进行口对口人工呼吸。方法是：患者仰卧，护理人一手托起患者下颌，使其头部后仰，以解除舌下坠所致的呼吸道梗阻，保持呼吸道通畅；另一手捏紧患者鼻孔，以免吹气时气体从鼻逸出。然后护理人深吸一口气，对准患者口用力吹入，直至胸部略有膨起。之后，护理人头稍侧转，并立即放松捏鼻孔的手，任患者自行呼吸，如此反复进行。成人每分钟吸气 12 ~ 16 次，吹气时间宜短，约占一次呼吸时间的三分之一。吹气若无反应，则需检查呼吸道是否通畅，吹气是否得当。如果患者牙关紧闭，护理人可改用口对鼻吹气。其方法与口对口人工呼吸基本相同。

2. 心搏骤停

对心跳骤停在一分钟左右者，可拳击其胸骨中段一次，并马上进行不间断的胸外心脏按压。胸外心脏按压术方法是：

（1）患者应仰卧在硬板上，如系软床应加垫木板。

（2）护理人用一手掌根部放于患者胸骨下三分之二处，另一手重叠压在上面，两臂伸直，依靠护理人身体重力向患者脊柱方向作垂直而有节律的挤压。挤压用力须适度，略带冲击性；使胸骨下陷 4 厘米后，随即放松，使胸骨复原，以利心脏舒张。按压次数成人每分钟 60 ~ 80 次，直至心跳。按压时必须用手掌根部加压于胸骨下半段，对准脊柱挤压；不应将手掌平放，不应压心前区；按压与放松时间应大致相等。心脏按压时应同时施行有效的人工呼吸。

（四）食物中毒

食物中毒是由于食入了被细菌侵蚀了的或变质的食物而发生的。

表现：

中毒者一般多在食后 6 ~ 24 小时内发病，突然出现恶心、呕吐、腹痛、腹泻，呕吐、腹泻严重者可造成脱水。

急救：

（1）早期可洗胃，呕吐严重者不必进行。

（2）能饮水者，鼓励其喝含盐饮料。

（3）适当禁食。

（4）如食入变质罐头，类似肉毒杆菌中毒者应及时送往医院抢救。

（五）煤气中毒

煤气中毒即一氧化碳中毒。一氧化碳吸入体内后，与血液中红血球的血红蛋白结合，排挤氧气，造成身体缺氧。

表现：

开始时头痛、头晕、乏力、恶心、呕吐，之后出现晕倒、昏睡、昏迷、大小便失禁、呼吸困难等现象，严重者会因缺氧呼吸循环衰竭而死亡。

急救：

（1）立即开门窗通风，吸入新鲜空气。

（2）将老人移置温暖、通风好的房间内。

（3）解开衣服、裤带，注意保温。

（4）能饮水者，可喝热糖茶水。

（5）必要时针刺人中穴。

（6）呼吸困难或停止时，立即做人工呼吸，同时进行胸外心脏按压术。

（7）严重者应及时送医院抢救。

六、临终护理

临终关怀是由社会各层次人员为临终者（生命预期寿命在 6 个月以内的人）及家属所提供的生理、心理和社会的全面支持与照护。它不以延长临终者生存时间为主，而以提高病人临终阶段的生命质量为宗旨。它属于一个新兴的交叉学科。而临终护理属于其中的重要分支，它的目的是改善临终前患者的自我感觉，减轻各种痛苦，提高临终前的生命质量，在优化临终者走向死亡过程上下功夫。自从1967年英国桑德斯博士创建圣克里斯多弗临终关怀院以来，临终关怀发展迅速，深受人们欢迎。原因是：它始终贯穿了热爱生命、尊重科学、顺应人情、善解人意、精心护理、崇尚圆满的宗旨，尽量满足和体现人在生命的最后阶段渴望得到理解和尊重的需要，真正维护人的尊严。因此，它的兴起是人类卫生保健事业发展的一个重要内容。

（一）临终护理的内容

临终护理需从生理、心理、社会学各个角度解决病人的需求。其基本内容有：

控制疼痛

疼痛不仅影响病人睡眠、饮食、活动和情绪，还可使病人及家属感到失望。因此必须消除病人对疼痛的恐惧心理，与之进行有效的交流，同时配合药物与非药物的各种方法，如娱乐、针灸、松弛术、意象、生物反馈等，使疼痛得到缓解与控制，使之安详地走完人生最后一站。

解决生理需要

保证营养，补充临终者基本需要；控制大、小便的排泄，改善临终者的生活质量；注意做好皮肤护理，要以优良的服务满足病人最后的需求。

心理关怀

临终病人一般有5个主要行为改变，即否认、生气、挣扎、压抑、接受。临终阶段没有一个严格的顺序，而且每个病人的心理分期与特征各不相同。护理人员要了解与理解病人的心理需要，增加生活内容与人生乐趣，从而转移对死亡的恐惧。以良好的语言、表情和行为去影响和改变病人的感受，使之正视现实，平稳情绪。主动取得家属配合，帮助解决实际问题等，充分体现医护人员对生命与人的尊重。

安抚家属

临终护理实质上是一种全方位社会卫生服务，家属的安抚必不可少。要给予家属心理支持，并与之建立相互合作关系；指导家属参与临终关怀护理；死亡对病人是痛苦的结束，而对家属则是悲哀的高峰，护理者要理解和同情，提供家属可尽量发泄内心痛苦的机会并尽早疏导悲痛过程，使之重建生活的信心。

临终护理的模式

临终关怀的组织形式在国外主要有独立病院、社区（以家庭为主）、综合医院设立的临终关怀专科，或专用病床四种。而我国临终关怀事业起步较晚，1988 年天津医学院与美国联合建立“临终关怀研究中心”，填补了我国大陆在这个研究领域的一项空白。同年上海南汇护理院也宣告成立。目前全国有临终关怀机构 50 多所。上海市已建立 16 所老年护理院（含临终关怀医院），核定床位 800 余张。这一切普遍受到社会、病人及其家属的欢迎，显示了临终关怀在我国已初具规模。

（二）临终护理的素质要求

正如出生的过程一样，死亡时亦要有熟练技术的护理人员护理。在国外，从事临终关怀的护理人员都要经过严格训练。在我国也不例外，除应具备高度熟练的护理操作技能、广博的学识外，还应树立正确的死亡观和有高度的职业道德，即富有同情心、责任感、尊重病人、尊重生命的价值，同时应具备勇于奉献的精神。另外，在终末护理中，护理人员的负性心理会给临终者带来不良影响。要注意克服过分紧张、谈笑风生、淡漠逃避、缺乏理解、不良暗示等，护士应加强自身修养和心理品质的培养，在病人面前要冷静、沉着、认真，注意语气、语调及举止，为病人及家属提供良好的心理支持。

本章思考题：

1. 怎样使用温度计？
2. 怎样帮助老年人预防褥疮？
3. 怎样了解老年人的心理？
4. 怎样帮助老年人应付生活压力？
5. 案例分析：

家住某社区的小刘，对老爸老妈挺孝顺，想的做的都很周到细致，左邻右舍都夸他是“大孝子”。然而，外人不知道，小刘每一次回家看看，花钱、干活都不怕，就怕老人家“唠叨”起来没完没了。因为厌烦“唠叨”，就令老爸老妈心中不快，让本来和谐的家庭气氛一下子“恶化”。小刘也弄不明白老爸老妈为什么话这么多，自己对他们这么孝顺，他们为什么还不满足？

问题：

（1）小刘与其父母关系恶化的原因是什么？

（2）假如你是从事老年社会工作的社工，你会怎样帮助小刘协调好与他父母的关系？

6. 案例分析：

夏老太无职业，有7个子女，1972年，丈夫和长子相继病逝，夏老太便长年累月到处打零工养家糊口。20多年前，她一块砖一片瓦地往家里捡，积少成多，在杨园街月汉里盖起三间瓦房。1989年，她的小儿子涂汉生买新房缺钱，就把这三间平房卖了，还向其他的兄弟姐妹保证：自己以后负担娘的生和死。大家同意了，分别在协议上签字画押。从此，夏老太就住在涂汉生家。

1998年，夏老太帮人照看车棚，又捡垃圾卖，加上丈夫原单位每月给她95元抚恤金，几年下来攒了3600元。夏老太一直没让小儿子知道这事。在小女儿涂石华家暂住时，她把钱交给了涂石华保管。小儿子涂汉生得知后大发雷霆，她只得颤抖着将钱尽数向他上缴。

夏老太以前身体好，能帮着做点家务，近几年年纪大了，身体不行了，遭遇就一天比一天惨。吃不饱穿不暖，经常在外讨吃，也经常受到小媳妇的辱骂。有一天，小儿子涂汉生在街道一家餐馆里与人喝酒，正在兴头上，一个乞讨的破碗伸了过来，扭头一看，是他母亲。涂汉生气得要死，夺过母亲的碗摔得粉碎。

居委会的领导多次出面干预，小儿子却振振有词：都是老娘生的，我已养了她20年，为什么其他子女连一个子都不给？

街道曾想为夏老太申请最低社会保障，但她有子有女，不够条件。街道又把她几个子女召集到一起，商量老人家的养老问题，没有达成协议。街道实在想不出法子，向杨园街法庭递了状纸，起诉夏老太的几个儿女。可开庭前，夏老太撤了诉。她以为上了法庭就得有人坐牢，说："法庭处理媳妇，我儿子受苦。儿子坐牢，我孙子受苦。不告了。"

问题：

（1）夏老太的小儿子和小媳妇违犯了《中华人民共和国老年人权益保障法》的哪些条款？

（2）假如你是从事老年社会工作的社工，打算怎样帮助夏老太太，维护她的合法权益？

7. 案例分析：

张胜利，男，现年65岁。家住某市人民路文化巷，老伴早年去世，儿子成家后做点小本买卖，生活也算过得去。天有不测风云，一场大火将儿子的小商店烧个精光，在店里守夜的儿子也被烧得皮肉模糊。经过医生的尽力抢救，总算把命保住，但家中积蓄也花光了。更糟糕的是其儿媳妇看到家庭失去经济来源，竟然丢下6岁的孩子，跟着他人远走他乡。张胜利不得不靠捡垃圾维持一家的生计。

问题：

（1）假如你是从事老年社会工作的社工，觉得应该怎样帮助张胜利老人？

（2）请你代张胜利老人向居委会写一份申请最低社会保障的申请书。

（3）请你以文化巷居委会的名义写一份倡议书，号召居民帮助张胜利老人。

本章“课程思政”点：

1.“老年社会工作”的具体内容如何融入中国优秀传统孝文化教育。

2. 在“老年社会工作内容”解析过程中怎样培育中国特色社会主义的社会价值自信和家庭价值自信教育。

第七章　老年社会工作的方法与技巧

老年社会工作的方法有老年个案工作、老年团体工作和社区老年工作三大基本方法。老年社会工作者除了要掌握这三大基本方法之外，针对一些特殊的老年人问题，还需要特殊的工作技巧。

第一节　老年个案工作

老年个案工作是一种为个别老年人提供服务的方法。针对不同的老年个案，有不同的原则和技巧，因此，这种方法非常灵活，是老年社会工作中最常用的一种方法。

一、老年个案工作的定义

老年个案工作是指老年社会工作者运用社会工作的方法和技巧，针对每个老人的不同特征，为其提供个别化服务，促进其身心健康，使其能过上正常老年生活的工作过程。老年个案工作的含义，我们可以从以下三个方面来理解。

首先，它是老年社会工作的一种方法，同时它又是一种工作过程，在工作的过程中强调工作者与老人的互动。工作的成功与否，就在于工作者是否能在该过程中与老人形成一种良好的互动关系，这就要求工作者要具备一定的协调能力和社交技能。

其次，老年个案工作强调的是为老人提供个别化服务，也就是指工作者与单个的老人直接面对面地接触，或间接地为单个老人服务，从而达到改变其不良生活现状的目的。这就要求社会工作者要能够灵活应变，针对各个老人的不同特征，运用不同的方法和技巧为其提供服务。

最后，老年个案工作的目的是促进老人身心健康，使其能过上一种正常的老年生活。人步入老年期之后，或多或少都会遇到这样或那样的问题，使老年人的晚年生活烦恼不已。老年个案工作者要针对每个老年人的问题对症下药，恰如其分地为他们提供各种个案服务，替他们分忧解难，使每个老年人从困境中摆脱出来，过上正常的老年生活。

二、老年个案工作的基本原则

正如在世界上找不到两片相同的树叶一样，在世界上也找不到两个相同的人。老年个案工作是为个别老年人提供服务的，因此老年个案工作要遵循它自身独特的原则和要求。这些原则大致如下。

（一）尊敬与信任的原则

如果我们在观念上对老人持排斥和歧视的态度，视他们为社会和家庭的负担，觉得他们老朽、昏庸、无能，只能消极地适应生活，那么，就从根本上无法从事老年个案工作。只有从观念上接纳并尊敬老人，并相信他们有能力改变自己的生活而不是冥顽不化，才会有信心通过帮助去改变老人的生存环境，提高他们的生活质量，使他们有一个幸福的晚年。

（二）相互信赖的原则

能否与老年案主建立起相互信赖的关系，这是老年个案工作能否得以进行下去的保证。只有那些与老人案主接触时，持不批判态度并给予案主积极支持的工作人员，才可望与案主建立信赖关系。工作人员要真心地去关心案主，了解他们的真实感受，并对他们的感受作出积极的反应。老年案主从这种回应中得到安慰，使他们感到自己不再孤单，这样方能营造一个让案主自由倾诉的环境氛围。当然，也只有那些有意愿改变自身处境的老人才可能在心理上不抵触工作人员的帮助。因此，对那些无此种愿望的老人，我们不能强行建立某种关系。

（三）耐心倾听的原则

老年人有多种性格类型。有些老人性格内向，寡言少语，对不熟悉的人有较强的防备心理，加之对年轻的工作人员不信任，他们常表现出懒得开口，对问题不以作答的态度。另一类老年人则可能表现出喋喋不休、自顾自地不停说话，压根不去关心对问题的回答。这两种情形，都要求工作人员要有耐心，认真倾听案主的问题，不随意打断案主的说话。如果工作人员表现出任何不耐烦和反感的情绪，都会阻碍良好关系的建立。对于沉默寡言的老人，在开始交谈时可先不要涉及案主存在的问题，而是聊一些与他有关的日常小事，让案主感到你对他真诚的关心，这样才能使辅导得以继续下去。而对于反复唠叨、说话啰唆的老人，我们可以在适当的时候告诉他“这事你已经提及过了，我已知道”。但语气要委婉，否则会使老年案主感到自己讨人厌。对于这类案主，有时他是依靠说一些无关紧要的话来掩饰自己的真实问题所在，工作人员要善于从他的叙述中抓住重要的事实，把会谈引导到辅导的目标上去，避免把会谈变为无目的的交谈。

（四）促进自信的原则

除了耐心以外，工作人员还需多鼓励案主，对于他们取得的任何一点改变都应及时地给予称赞，以促进他们自信心的建立。但切忌不符合实际的奉承和过分的夸奖，让老人感到你在敷衍他，是不真诚的。

（五）自我选择的原则

提出解决问题的意见后，要让老年案主自我选择、自我决定。尽管在实际的辅导过程中，许多老人都会说“请你帮我拿个主意吧，我真不知该怎么办了”，但每个老人对于自己能够作出决定还是十分高兴的，能让他们感到自信和力量。因此，我们不仅要相信老年案主有能力作出决定，而且应积极鼓励老年案主参与计划的制订与策略的选择。让案主参与决定的过程，能使案主在实施决定的过程中更具积极性。

（六）个别化的原则

许多国家的调查表明，人们总是很容易按照某种固定的类型和范畴去理解老年人，认为老人大多残弱、贫穷、孤寂、固执，而老年人实际的状况要比人们想象的好得多。尽管老年人随年龄的增长会带来生理的变化，但这些变化并不是千篇一律地按同一模式发生在每个老人身上。有些 60 岁的老人可能比30岁的年轻人在生理上更健康，在心理上更愿意接受新事物。一些老人健康、健谈且风趣幽默，欣然接受老之将至；一些老人则可能唠叨抱怨、心灰意冷。有的老人把生活安排得井然有序，有固定的目标，参加各类活动；有的老人则终日无所事事，愁闷着等待天黑。事实上每一个老人都是一个独特的个体，都有他们自身的个性和特点，我们切不可用某一固定的模式去套他们的生活。

三、老年个案工作的辅导方法和技巧

（一）老年个案工作的辅导方法

关于老年个案工作的辅导方法，很多研究者特别是中国香港同人从不同的途径作了许多有益的探索，为我们提供了较多可资借鉴的经验。这里只谈目前国内外运用较多的两种方法。

1. 怀旧

怀旧即是让老人回顾他们过往生活中最重要、最难忘的事件或时刻，从回顾中让老人重新体验快乐、成就、尊严等多种有利身心健康的情绪，帮助老人找回自尊和荣耀。这一方法被一再证明对调整老人心态十分有效。

例如，老年社会工作者在北京临终关怀医院接触到这样一个案主。这个老人在20世纪五六十年代曾是北京市和全国劳动模范，曾受到过多位国家领导人的接见。老人因腰肌疾病无法直立行走，只能卧床接受治疗。由于他一生勤劳，乐于助人，对自己需他人服侍的现状无法接受，造成精神压抑，导致精神障碍。对于这样一位功勋卓著的老年人，在没有用怀旧手法治疗以前，老人已被数次转院，多家医院都因老人的怪癖而拒绝继续为他治疗。院方的老年社会工作者通过让老人回顾过去岁月中那些令人骄傲的事件和时刻，使老人重新找回了自尊，有勇气面对自己目前的实际情形，配合医生积极治疗。

另外，通过怀旧，老人也可能再次体验过往岁月中不愉快的事件。老人对不愉快事件的追述能在一定程度上缓解他们的自责和内疚，减轻焦虑不安的感受。辅导者也应从旁疏导老人，让他们认识到，也许这是不得已而为的，过去的就让它过去吧。

2. 生命回顾

生命回顾是指通过生动缅怀过去一生成功和失败的经历，让老人重建完整的自我。鼓励老人将整个人生的经历尽可能详尽地倾诉出来，以达到内省的目的。生命回顾与怀旧不同的是，它是对整个人生的回顾，而不只是回顾生命中最重要的时刻和事件。因此，它更系统详细，也更能让老人面对自己的人生境遇，体味人生的价值和意义。生命回顾的方法已被成功地运用于治疗老年病，特别是那些患有抑郁症的老人。在当今世界上最流行的三种晚年精神病中，抑郁症的发病率最高。抑郁症的最典型症状之一，就是对生活失去兴趣并伴有轻生念头。通过生命回顾，许多老人减轻了自责内疚的焦虑心理，重塑自我，找回了生命的意义。生命回顾和抗抑郁药物的配合治疗，被临床证明对老年抑郁症疗效明显。

（二）老年个案工作的辅导技巧

1. 与案主建立互相信任的关系

怀旧和生命回顾这两种方法需要建立于信任的工作关系上。因为只有信任，老人家才肯将其一生的经历说出来。与案主建立信任的关系是老年个案辅导工作最基本的要求。

2. 注意辅导的过程

开展老年个案辅导要注意过程，鼓励老年案主将以往的经历诉说出来，初期时可集中于较为开心的人生经历，然后才到较为消沉的往事。

3. 注意老人的情绪

侧重聆听老年案主于诉说经历时之感受，尤其注意他们喜怒哀乐的情绪，对那些被压抑的感受，例如内疚及自责等，则应协助他们抒发出来。

4. 注意老人对子女的感受

对那些有子女的老年案主，他们作为父母的经历及感受是需要表达出来的，以协助个案的诊断及治疗。例如，对部分自责不能尽到家庭责任的老人可以这样说："到现在我才明白，你如此闷闷不乐，是因为你觉得以前没有能力供子女读上中学，而现在你又要依靠他们养你，你是否觉得自己不是一位好父亲呢?"

5. 协助老人抒发痛苦的感觉

对于有丧偶之痛，加上因病或意外而引致身体伤残的老年案主，工作人员要协助他们将痛苦的感觉抒发出来。当案主知道有人肯接受及了解他们的哀伤时，慢慢便会接受这些痛苦的现实。

6. 协助老人重返现实

当怀旧情怀抒发出来后，工作员可采用“时间紧迫”技巧，协助案主从过往生活重回现实中。例如，“既然你觉得自己为了这个家已尽了很大努力，但你的情绪长年累月如此低落，又不肯与人沟通，难怪家人为你担忧。刚才你又说自己年纪不小了，不如你说给我听你仍感兴趣或仍想去做的事，看看我可否能帮你?”

7. 防止老人过分自责

生命回顾是协助老年案主中肯地评核自己一生的经历，而不是让他过分自责。遇到老人有过分自责的情形时，工作员应帮助案主分析导致自己失败的外在因素，例如经济不景气等，以避免案主将所有责任放在自己身上。

四、老年个案工作的注意事项

（一）对老人要有信心

老人家不是固执及不肯接受改变的一群人，只要工作人员能体察他们的需要，尤其对改变所带来缺乏安全感的恐惧，他们是愿意接受工作人员的辅导的。切记成功的口诀是：“要体谅他们的需要、恐惧及安全感，而不是说教式的指导。”说你应该如此，或应这样做，这些只会引起老人家的反感及抗拒。如在协助老年人处理亲子关系时，较为有效的说法是：“我感觉到你似乎是害怕独子结婚后迁出，好像失去了他，但假若你勉强他留下来同住，大家亦未必相处得来。”

（二）生活应重质不重量

“夕阳无限好，只是近黄昏。”这种说法对老人不合适，因为它令人错觉老年工作是消极及暗淡的。有些人反对老年人再结婚，以免制造新寡，这是不公平的。虽然年老接近死亡，但这并不等于由 60 岁开始，样样事情都不能做。对老人家来说，生活应是重质不重量，就是生活要有意义，这样才活得开心。所以老年工作的方针应使老年人能寻找生活的满足感，达到老而安怀。

（三）接纳老人的思想与行为

切记不要批评或谴责案主本人或其行为，此点尤其在处理老人与其家人或朋友相处的问题时更要注意。因为批判的态度只会使老人案主运用防卫机制，抗拒与工作人员合作，因而阻碍问题的解决。较有效的工作方法是接纳案主，对他所做的一切表示正面的反应（如理解和关注）。例如，当婆婆不断责骂媳妇万般不好时，工作员应耐心地说："看来你的媳妇确实令你烦躁不安，但是一直埋怨下去也不能解决你的愤懑，不如讲讲她应如何照顾你。"只有老人将期望具体说出来，才能找出真正排斥媳妇的原因。很多时候服侍不好只是表面的现象，真正的渊源极有可能是老人家对这段婚姻不满，或不满媳妇唆使儿子婚后迁出祖居。

（四）要有耐性，给予案主积极的支持

在辅导情绪低落的老人时要特别注意，因为他们大多沉默寡言，有时更会十问九不答。这类老人家其实不想与不信任的人倾诉苦恼，如果工作人员明白这点，便会在接触初期，耐心及主动地倾听老人的述说，让老人领会到工作人员对他的关心。当信任的工作关系确立了，老人自然会找工作人员帮忙。较易入手的话题，便是从老人的健康情况及他的喜好开始。

（五）要信任老人

可从老人案主最关心的需要及问题入手，包括健康、住房及经济方面。先进行较容易处理及可以改变的问题，例如协助他们申请豁免住医院的费用，有助于他们开始信任工作人员。在辅导过程之中，最好采用同感的关心，而不是同情的怜悯。同感是指工作人员很快及敏感地了解案主的感受，并对年老案主的感受作有目的及适当的关心。例如，"你的媳妇如此对你，难怪你如此愤怒，有时你更会反问自己，谁才是婆婆，是吗?"当信任的工作关系确立时，才易于进一步处理较为敏感的情绪问题，例如死亡及丧偶之痛等。

（六）着重有效的沟通

辅导的初期，工作员应以少说话、多聆听为原则，不要过早中断老年案主的倾诉，但这并不等于任他们随时更换话题。善于倾听是有效沟通的第一步，除了注意表面的问题外，更重要的便是了解背后的内容及老人在当中的感受。例如，"我不了解为何我常与媳妇争吵，我们似乎不能住在一起。"工作人员应回答："经常的争吵让你觉得很烦，你担心你们不可能住在一起，但

你又舍不得与你的独子分开住，如何是好呢?”

将话题集中于核心问题上，追问案主一些有关问题发生的情形，从而有助判断治疗的方法。切记不要问案主为什么要这样做，因为他们通常不知如何回答。亦不可让案主时常更换话题，因为这样会无法集中讨论问题的根源及研究解决方法。

不要忘记与老年案主在主要问题上订立工作契约，即日后面谈辅导的重点及目标，这样便可以避免案主时常更换话题，而将讨论时间集中于工作重点上。

（七）要真诚称赞案主的进步

在现实生活里，老年人很少有机会被人称赞，所以当老年案主及团体成员有改进时，工作员应诚恳地称赞他们，这样便可以继续鼓励他们改善问题或开放自己。赞美可以是口头上的，更可在团体活动进行时说出来以得到更大的支持。但切记要真诚，值得称赞才称赞，而不是夸大式的奉承，只有赞之以诚，老人才会欣然接受。

上述的工作技巧若运用得恰当，便能很快地与老人家建立信任的工作关系，以及可将讨论有效地集中于问题上，去寻找解决问题的方法。

（八）切记不要犯以下的禁忌

1. 一开始便指出老人家不是的地方。因为这样会引起老人的反感，不利于与老人建立一种良好的关系。

2. 过早要求老人家做这做那。在老人没有了解清楚情况之前，过早要求老人做这做那，只能使老人反感。

3. 要他们在很短时间去改变很多现实情况。这样会使老人感觉力不从心，产生畏难情绪，从而使老人不愿意与工作人员再继续合作下去。

4. 太积极推销自己的见解。这样一方面会让老人觉得你不尊重他，从而不愿与你合作；另一方面会让老人觉得你在自吹自擂，从而对你产生不信任感。

5. 太早处理敏感而又根深蒂固的人际关系问题。对于这类问题，其原因往往比较复杂，在没有充分了解事情的来龙去脉之前，仓促处理往往会不得要领，甚至会把事情搞得更糟糕。

第二节　老年团体工作

“人不能生而无群”，尤其是那些进入落寞晚年生活的老年人，对团体生活的渴望更加强烈。因为在团体中，他们可以消除生活中的寂寞，找到晚年生活的乐趣。因此，老年团体工作利用团体的方式为老年人提供服务，也是老年社会工作中常用的方法之一。

一、老年团体工作的定义

老年团体工作（又称老年小组工作）是指老年社会工作者利用团体的方式为老人提供服务，增加其参与社会活动的机会，通过老人在团体中的娱乐、交往和学习等活动排解老人生活中的寂寞，解除其生活中的疑虑，增加其生活情趣的工作过程。也就是说，老年团体工作是通过组织老人参加各种活动团体，提高老人活动水平，建立老人间的互助网络，以帮助他们摆脱孤独、寂寞和使晚年生活更充满乐趣。

（一）老年团体的类型

老年团体工作是面对老年团体的，因此，主要是在老年团体的范围内开展。而老年团体根据其工作目的和组建方式的不同，可以分成不同的类型。

1. 从工作的目的来看，老年团体有以下几种

（1）老人娱乐团体：主要以娱乐、丰富老年人晚年生活为目的，如老年人合唱团、老年人京剧爱好协会、老年人秧歌队、老年人腰鼓队等。

（2）老人教育团体：主要以增加老年人晚年生活知识和生活情趣为目的，如社区老年学校、各种老年大学。

（3）养老机构：主要是将老年人集中起来进行照顾，以让老年人颐养天年为目的，如各种老年福利院、敬老院、养老院。

2. 从组建的方式来看，老年团体有以下几类

（1）系统内的老年团体：主要由某一单位或某一工作系统内部的老年人组建而成，如某某单位退休老年人协会。

（2）市、县、区、街道组建的老年团体：主要指由市、县、区、街道牵

头组建的老年团体，如某某街道老年人秧歌队、某某社区老年大学等。

（3）厂街联合建立的老年团体：主要由单位和单位驻地的街道一起联合组建的老年团体，如某某街道退休老年人协会。

（4）按专业组建的老年团体：主要是根据老年人的专业不同而组建的老年团体，如老年建筑工程师协会、老年驾驶员协会等。

（5）民间老年团体：主要是老年人根据不同的兴趣、爱好、生活习惯等特征自发组建的老年团体，如老年书法爱好者协会、老年钓鱼协会等。

（二）老年团体工作的内容

1. 兴办各类养老机构，收养需要照顾的老年人，保证他们的晚年生活。

2. 举办各类老人教育机构，满足他们的“老有所学，老有所教”。

3. 组织各类老年社会活动团体，如老工程师协会、老教授协会等，促进他们参与社会再就业。

4. 组织各类老人娱乐团体，并对他们的活动进行协助与辅导，保证他们的“老有所乐”。

二、老年团体工作的基本原则

老年团体工作有以下几点基本原则。

（一）不先入为主的原则

做老年团体工作，要善于观察，详细分析才作出结论，不先入为主。不要先行假设有些老人爱参加团体活动，有些老人不爱参加团体活动。事实上绝大多数老人都有被人关注、与人交往的愿望。

（二）照顾特殊的原则

工作人员一定要有耐心、细致、周到的工作态度，要尽可能考虑到每个老人的特殊需要。如果一个工作员总是举着图片示意大家活动规则而不是传阅，必然挫伤视力不好老人的自尊心，因为活动开始后很可能就他一人不懂规则，显得十分愚笨。

（三）组团适当的原则

团体成员的组织与选择要恰当。一个腿脚不便者自然不愿待在一个爬山或跳舞的活动团体中，正如一个曾是医科教授的老人不愿意待在“疾病预防扫盲小组”一样。因此，团体成员的合适安排，是使老人能够继续参加活动并对团体活动感兴趣的重要因素。一般来说，宜把教育水平大致相当、身体活动能力无甚差别的老人组成一个团体。有些工作人员诉苦，花很大精力准备的团体活动，老人们不感兴趣，原因就在于工作人员对老人的生活背景缺乏了解。把那些年轻时曾热衷于体育活动的老人组成“体育迷”团体，让他们对体育评古论今，这一定会使他们情绪高昂。

（四）不强求的原则

工作人员虽然应尽可能调动所有老人参加团体活动的积极性，但对个别不愿意参加活动的老人则应尊重他们的选择。

三、老年团体工作的技巧

团体工作有不少方法和技巧，一般而言，较为适用于老人家的是“直接式团体方法”。它强调工作员通过团体活动程序，先把团体气氛搞好，待成员较为熟悉后，才进一步探索他们对团体程序及日后活动的兴趣。所以在团体活动开始时，尤其在第一次聚会，工作员应该先与成员玩一至两个热身游戏，促进成员之间的认识及带给他们欢乐，这样才能把团体气氛搞好。

这些游戏的选择，以简单、易玩、好笑为主，但不可太幼稚或捉弄人。所采用的游戏，应与成员的背景有关，例如玩“自我介绍”时，鼓励成员说出一至两句地方话，然后看看团体内有没有同乡，然后请他们介绍自己，说出自己的兴趣。当轮到工作人员时，可以学说一种地方话，以换来成员一笑，把团体气氛带入欢乐之境。然后工作人员可以再玩一个与团体主题或成立目标有关的游戏，通过活动让老人体会团体的性质。例如，在“快乐之家”的小组内，工作人员事前准备好一批小礼物，或在团体内鼓励成员预备好小礼物，送给同乡的成员，以增进彼此的感情。这些简单而易行的方法，可在很短时间内使成员知道团体的宗旨。

此外，老年团体工作还有下列主要的技巧。

（一）要有充分的准备

工作人员在团体活动之前，要做好充分的准备工作。尤其是第一次团体活动，工作人员事先要有周密的考虑，包括语言的运用、游戏类型的选择、让大家互相熟悉的方式等，都应有充分的考虑。第一次活动要使成员感到轻松自然、愉快开心、活泼有趣。可让成员轮流自我介绍以增进成员之间的了解，也可通过寻找相同“属相”来促进成员间的互动。

（二）组织简单易学的活动

所组织的活动或游戏一定要简单易学，使老人一听一看就懂，还要使游戏具有趣味性。切记不要选用太抽象或太难的游戏或程序，否则老人会因做不到而感到自己无能。工作人员应以缓慢、清晰、大声的语言讲解规则，要确保每个成员都明白。

（三）及时赞赏有能力的成员

工作人员要不失时机地把握机会赞赏成员的能力。如当他们成功地完成一个游戏或讨论时，便应立刻真诚地说出他们与众不同之处，通过赞赏去增加成员的自信心，从而使他们积极参与。那些赞赏应是真诚的鼓励，而不是夸大的奉承。同时，对于个别以自我为中心的成员，工作人员要加以引导、规范，甚至批评，使他们不至于影响团体工作的目标完成。但应注意不要责之过严，使老人感到沮丧。

（四）要关心老人对活动的感受

工作人员要关心每个成员对活动的感受，发现一些成员对活动反应冷淡时，要适当调整活动程序，以避免冷场。要防止在团体内成员自发形成“小山头”，一经发现，工作员要巧妙地运用随机抽样的方法组织团体活动，自然令其拆散，以达到所有成员互动的目的。

（五）要及时调整团体活动

在团体中期时，工作员要评核团体的发展以及所订立的目标，有哪些达到了，有哪些仍未做到，然后考虑采用何种方法加速团体的发展。例如“快乐之家”团体，在中期阶段，应该令到场成员感觉到“快乐”及“家”的成分。但是当成员时常缺席，或欢乐的气氛仍不常见，工作员便应尽快找出原因，作出调整，以便使活动能开展下去。

例如，成员觉得团体早期的游戏不好玩，因为讨论问题多于游戏，后来工作员通过分组游戏及比赛，去刺激成员的参与，增强成员“家”的观念，在一片欢乐和好玩的气氛下，成员终于体会到他们是在一个欢乐家内，发展到各成员可以相互探访所住的居所。

（六）要赏罚分明

当成员讨论贴题及符合团体活动程序的目标时，工作人员应鼓励成员继续讨论下去，并且帮助成员领略当中的意义。当讨论偏离主题时，例如某个老人滔滔不绝地说自己时，工作人员应技巧性地指出所说的有哪些可以配合到团体宗旨，然后通过快速的总结，将说话的机会交给尚未发表意见的成员。通过这样直接式的指导，工作人员便可关注到各成员的表现。

（七）要有圆满的结局

团体活动将结束时，工作人员不要到最后一节才宣布活动的结束，否则老人家有被遗弃的感觉。最好能在活动结束前一段时间告诉大家，巧妙地讲出它结束的原因，使成员有足够心理准备。另外，亦可将结束变成一个欢欣的毕业聚会，并且应及时评价活动的成败及每个成员的表现。

第三节　社区老年工作

社区老年工作是一种利用社区为老年人提供服务的方法。随着城市家庭规模变小，双职工家庭、核心家庭和老年空巢家庭的增加，不仅原来的社会孤老需要得到照顾，有退休金保障的老年人也产生了服务需求。所以，在社区开展老年工作，为老年人提供服务，就成了老年社会工作的重要内容。

一、社区老年工作的定义

社区老年工作是指老年社会工作者以社区为单位，充分利用社区资源，为社区内的老人提供全方位的服务的工作过程。

所谓社区，是指同一地域内社会活动或生活属于同一类型的相对独立的地区小社会。其基本构成要素是同一地域、同一类型的社会活动或生活、社区人口、社区管理体系和社区意识。我国的社区最基本的有三类：城市社区、农村社区和城镇社区。城市社区一般以居委会和居住小区为单位，农村社区以村委会为单位，城镇社区以集镇为单位。不同的社区，老年工作的内容也有所不同。目前，由于我国的城乡差别较大，各地经济条件不同，社区老年工作主要在城市社区和城镇社区开展。

二、开展社区老年工作的意义

社区老年工作的作用主要是动员社区内的一切物力和人力，去满足社区内老人的各种各样需要，以帮助他们能够在社区内幸福地生活。具体来说，开展社区老年工作有如下的意义。

（一）有利于老人的家庭照料

随着工业化和城市化进程的发展，家庭规模逐步小型化；年青一代追求现代形象，忙于学习和工作，无暇顾及家庭；青年人婚后多选择离开父母单独居住，以追求独立自主；越来越多的老年人观念变化，只要条件允许，也不愿与子女同住。以上诸多原因使现代家庭越来越难以完全承担照料老人（特别是身体有残疾或精神有障碍的老人）的责任。开展社区老年工作，如包户上门服务等，使老人不离开家庭也能得到很好的照料，既减轻了年轻人的负担，也使老人得到来自亲人的精神慰藉。

（二）有利于老人在熟悉的社区环境中生活

老年人长期在一定的社区中生活，那里有熟悉的环境，有亲朋好友、熟人和玩伴，加上他们年纪大了都有恋旧心理，一般都不愿意离开熟悉的环境到陌生的地方生活。在社区中开展老年社会工作，为老人提供全方位的服务，能满足他们的恋旧心理，使他们的生活无后顾之忧。而熟悉的社区环境能使他们保持原来的生活习惯，在亲朋好友和熟人的氛围中能使他们精神愉快地生活，有利于老人的养生。

（三）有利于充分利用社区内的闲置资源

我国现阶段的经济发展水平还不高，面对庞大的老年群体及迅速增长的高龄老年人口，一时难以拿出大量资金发展养老机构。而目前我国各城市社区中，都有不少刚从工作岗位退休下来的低龄老人和下岗工人，他们是开展社区老年工作的重要资源。如在社区中开办小吃店为老人开展送餐服务，办家政服务公司为老人提供上门家政和护理服务，低龄老人通过“时间储蓄”的方式照顾高龄老人等。利用社区的闲置资源开展老人服务工作，既可为社区老人提供必要的服务，又能为下岗工人提供合适的工作岗位。

（四）有利于低收入老人的养老

社会工作永远应该面向那些需要救助且自身无力自我救助的人群。中国低收入阶层的老人在过去的岁月中为国家的经济发展作出铺路石的贡献，在他们年老且家庭成员缺乏足够资源帮助他们解决困难的时候，使他们在社区内得到免费和低费的社区照顾，是他们的权利，也是全体社会成员的义务。开展社区老年社会工作，能使那些无经济能力购买服务和进各类福利院、敬老院的老人，从他们生活的社区得到关怀和帮助，以便无忧无虑地度过自己的晚年，体现了社会的公平和人道主义精神。

三、社区老年工作的内容和做法

社区老年工作的主要内容和具体做法如下。

（一）老年人包户服务

这是目前各城市基层社区开展得最早、最广泛的老年人服务项目，也是发展比较完善的项目。被包户的老人除了社会孤老，还包括退休孤老和身边无子女以及生活上有各种困难的老年人。包户工作的一般做法是，由街道办事处、社区服务中心或民政助理员，负责对全街包户工作的组织和检查，由居委会和参加服务的单位和个人签订包户协议，定服务人员、定服务项目、定服务时间、定服务要求。如粮店送粮、煤店送煤、菜场送菜、理发店派人到户理发、医院定期巡回体检、打针送药、学生搞环境卫生，老人原所在单位逢年过节探望慰问，解决某些生活难题并承担必要的责任。

此外，居委会还广泛组织邻里包户，服务者为老人送药、送水、代购物品、帮助安排生活、处理家务琐事等。实践证明，这种邻里互助效果很好。南方的一些城市，服务者和被服务对象，往往住在一栋楼里，甚至常常只有一墙之隔，炖了鸡汤、排骨汤，包了馄饨等送去一碗。老人病了服务者陪在身边，方便如一家。

上海市政府从1992年至1996年，连续5年把为老年人服务的项目列入市政府为民办实事的清单：（1）对需要帮助解决吃饭难的老年人提供午餐，能走动的，落实搭伙单位，不能走动的送饭上门，饭菜质量、服务收费合理。（2）为生活有困难的老年人提供劳务服务（有偿与无偿相结合）。（3）为独居老年人安装求助电铃，落实援助户、援助应急措施。（4）为有病老人送医上门，社区医院对生活不能自理的老人设家庭病床，为行走不便的老人就近治疗。（5）为有住室的社会孤老建立家庭敬老室，对居室进行粉刷、装修，确定生活服务内容、项目、服务措施，确定服务人员。

（二）为老年人提供的收养和寄托服务

这项服务一般由街道和居委会兴办的老年公寓（小敬老院、小福利院）、和托老所承担。收养对象首先应是社救孤老（三无对象）。近年来不少退休孤老、身边无子女和有其他困难的老人，也纷纷到这里安度晚年或得到日间托养照顾。这类老人公寓和托老所，一般规模较小，地点设在本社区之中，有的利用旧房屋改造而成，有的是通过换房，把分散在社区内需要照顾的老年人集中到一个院子或一栋楼房中办起来的，也有的是利用社区空地建成。近两年来，有不少城市在小区规划时就留出几套房子以备举办小型老人公寓或托老所。

一所老人公寓的落成往往受到辖区内不少单位和个人的资助，给老人们送来所需的生活用品，如桌椅、床、柜、被褥甚至电器、应急药物等。在这些老人公寓里，一般都设有专人做护理工作，包户服务组也常到院内为老人服务，逢年过节，街道、居委会干部前来慰问，过生日为老人祝寿，春秋季节带老人游玩，散居在社区的老人以及街道幼儿园的孩子，也常来老人公寓和老人一起活动。老人公寓还和附近医院挂钩，医生定期上门检查，老人有病随请随到，解决了老有所医的问题。

老人公寓把有偿服务和无偿服务结合起来，对社救孤老实行义务服务、优先服务，对其他老人实行自费收养服务。在组建街道老人公寓方面，广州市穗港金色晚年养老院给我们提供了很好的经验。该院坐落在白云山下，麓湖之滨，环境幽雅，空气清新，是老人颐养天年的理想之地。他们的口号是：给老人温暖、给老人活力、给老人自信、给老人们一个金色的晚年。院内设有餐厅、医疗室、活动室、健身房等，活动室内有电视机、音响设备、麻将牌，各种棋类、书报刊物等。对有一定活动能力的老人，该院定期组织他们外出旅游、观光。院里的“希望之车”带着老人们遍游广州及近郊的名胜古迹、公园、乐园，给他们创造了一个幸福而充实的晚年生活。为了解决部分脑血管发病后偏瘫老人的照顾问题，该院还特设部分病床为他们施行特殊治疗护理。院里安排经过专业培训的护理人员去护理老人，每周三次特邀附近医院的主任医师作保健性查房，每日一次特邀专职针灸师、理疗师为老人针灸、按摩治疗和利用健身器械做强化训练，尽量争取部分老人能离开病榻，恢复一定的活动能力和生活自理能力。

由于街道老人公寓在安老服务方面发挥了重要作用，各地对这一项目越来越重视。例如，1994 年上海市政府为市民办实事之一就是一年之内改造 25 个街道老人公寓。要求改造后的街道老人公寓平均使用面积不少于 300 平方米，每所公寓的床位不得少于 20 张，公寓内至少要设有老人浴室、老人食堂、老人洗衣室、老人活动室。这些服务设施不仅供院内的老人使用，还要向社会开放。市政府要求对这些街道老人公寓，改造方案要布局合理、外形美观、设施齐全，每年年底要评估和评比。

（三）组织老人互助服务

在社区中有各种各样的老人，如有高龄老人也有低龄老人，有文化层次高的老人也有文化层次低的老人，还有各方面特长的老人，他们是丰富的人才资源。开展社区老人工作可以把他们组织起来，开展互助服务活动。如组织退休医生为其他老人义诊，组织有电器修理技术的老人为其他老人上门服务等。而在上海和天津两城市率先试行的“时间储蓄”，就是一种互助服务活动的有效尝试。所谓“时间储蓄”就是让社区中的身体状况良好的低龄老人自愿到社区为那些需要照顾的高龄老人提供劳动服务，所花费的劳动用时间单位记入个人“账户”，等到他们自己年老或生病时，可从社区其他成员身上得到同样时间的免费照顾。这样，发扬了他们的互相帮助精神，既能减轻老人的经济负担，又有利于老人发挥余热。

（四）老人文化生活服务

随着人民群众生活水平的提高，城市老人的服务需求不仅表现在物质生活上，而且越来越多地表现在精神生活上。特别是近几年在城市老人的构成中，退休职工和离退休干部逐年增加，他们离开了原来的单位、职业乃至领导岗位，回到社区居民之中，往往会有一种失落感、孤独感甚至否定自我价值。如何为他们创造条件扩大社会联系，建立新的社交圈子，使他们继续参加社会生活，达到精神上新的平衡，已经成为社区老人服务的一个重要课题。

为适应这种新情况，各城市基层社区纷纷兴办老年人活动中心、老年茶社、老人之家、寿星乐园等。这类活动中心，一般设有游艺室、阅览室，有的还举办书画展览、老年舞会。如武汉市的老人茶社星罗棋布于大街小巷，把老人们从路灯下、马路边、摊亭前吸引到这里来品茶怡神、打牌下棋、欣赏戏曲，十分开心。有的老人一清早就来茶社等着开门，直到晚上带两瓶开水回家，一日三餐还可在这里享用。各茶社座无虚席，茶社吸引着老人，老人离不开茶社。

除了上述大众化普及性的老年人活动中心，在一些知识分子、领导干部比较集中的社区，还举办了适宜于文化、收入、职业层次较高的老人活动场所，以保证这些老年人按照多年形成的习惯和意愿度过自己的晚年。在这些老年人活动中心里，成立书法、围棋、桥牌、台球等协会，组织老人们就某些学术问题、理论问题进行探讨，还举办诗歌欣赏、音乐欣赏、楹联猜谜、老年人交谊舞会等活动。这些在科学、文化、领导岗位上工作了一辈子的老人，在这儿既是活动的组织者，也是参加者；既发挥了余热，又得到了享受。他们为自己创造了充实、富有朝气的晚年生活。

（五）老年人庇护服务

这是由老年人社会保护组织依据法律法规，为那些人身和基本生活权利受到严重侵害的老年人提供的临时性服务。承担这项服务的组织，一般给老人以庇护。在许多城市和街道，老人庇护所就设在托老所之中，实现一所两用。老人庇护服务，包括三个方面的内容。

法律庇护

即由老人保护组织在民政、司法等部门的支持下，为受庇护者提供法律咨询和调解，帮助他们运用法律武器，反对侵权行为和调解纠纷，以保护受庇护老人的合法权益。据天津市和平区 1989 年统计，该区一年中共调解涉及老年人的权益案件 518 件，其中属于子女拒绝在家务劳动上照料老人的占

60%，强占和强行改变老人住房条件的占 21%，不给老人赡养费的占 10%，干涉老人再婚和有不同程度虐待老人行为的占 1.5%。这些问题，除少数通过司法途径外，多数可通过调解得到解决。

生活庇护

即为受害老人提供良好的生活服务，使他们有安全感，精神上得到安慰，重新鼓起生存的勇气和信心，防止不良后果。受侵害老人在庇护所收养期间，也是矛盾趋于缓和解决的过程。在此期间，由庇护所协同子女所在单位进行说服教育和调解工作，多数矛盾可以得到解决。

舆论庇护

为了维护老年人的合法权益，除了进行调解，实行法律保护外，必要时还应借助各种宣传媒体，动员社会力量，进行舆论庇护。例如，天津市和平区某庇护所通知 5 位老人的子女按时接老人回家过春节，然而有的子女硬是不肯来接，有的虽然接回去了但不尽孝道，弄得老人春节过得极为不快，回所后垂头丧气。天津《今晚报》根据庇护所披露的事实，以《有儿女反不如无儿女》为题，在头版醒目的位置刊登了对此事的报道，立即在社会上引起强烈反响。市委领导和市、区老龄委负责人亲自到庇护所慰问老人并送了慰问品，许多单位和群众也纷纷到所送钱送物，有的社会学家还发表文章，呼吁建立新型的家庭伦理道德规范。通过此事，不仅使这些不孝子女受到了社会舆论的谴责和教育，而且在群众中进行了一次尊老爱老的传统美德教育。

（六）老年人生活综合服务

这是为满足老年人某些特殊生活需要而设立的服务项目，有些街道把这种服务项目安排在老年人活动中心。老年人综合服务项目可以分为两个方面。

1. 老年人生活服务

包括老年人生活用品的供应和调剂，老年服装裁剪和制作，衣被拆洗和缝补，老年生活技术培训，如传授家用电器使用维修和花卉盆景栽培等知识，以及提供其他劳务性服务。

2. 老年人婚姻介绍

这是社区老年保障的一项重要工作。有些街道还单独成立了老人婚姻介绍所。我国素有“少年夫妻老来伴”之说，老年人丧偶是人生的一大不幸。然而，由于传统观念的束缚，老年再婚不仅受到社会的歧视，而且会遭到儿女的反对，甚至老人自身也存在着很大的心理障碍。开展老年婚姻介绍这项服务，一方面可以为单身老人搭桥，密切他们之间的交往联谊，另一方面又可以向社会和子女做好思想宣传工作，克服老年再婚的障碍。

第四节　老年社会工作的特殊技巧

在日常生活中，我们经常会遇到一些性格或行为较为特殊的老人，这就要求老年社会工作者要掌握一些特殊的工作技巧，才能更好地为这些特殊的老年人提供服务。

一、如何应付不合作的老人

不合作的老人一般的表现是拒绝工作人员为其提供的服务。导致老年人不合作的原因是多种多样的，工作者必须根据不同的个案，采取不同的应对技巧为其提供服务。我国台湾学者李增禄提出了一些具体的应对技巧可供我们借鉴。

（一）探求老人不合作的根源

老人不与工作人员合作的原因是多方面的，工作人员可以通过与老人面谈、征求他人意见、旁敲侧击等方式探求老人不合作的根源，根据不同的原因采取不同的方式应对。

（二）让老人明白不合作的不良后果

让老人知道，不合作的行为会有哪些反功能（负面价值），也就是直接跟老人讲清楚，如果不与工作人员合作将会产生哪些不良的后果，让老人认识不合作的坏处，从而让其转变观念，接受工作人员的服务。

（三）让老人有反省其抗拒心态的机会

也就是说，要给老人留一定的空间和时间，让老人自己思考一下，自己该不该接受工作人员提供的服务，或者让其自己思考一下，自己不与工作人员合作会带来什么后果，然后再决定是否接受工作人员的服务。有的老人是在气头上不与工作人员合作的，待其想通了之后，工作人员应该给老人一个台阶，让其顺利与自己合作。

（四）检讨工作人员自己的处理方法

老年人不与工作人员合作的原因是多种多样的，有的也许就是工作人员自己的处理方法不对，如称呼不恰当，某句话触动了老人的伤心事或引起老人的忌讳等，都有可能引起老年人对工作人员服务的拒绝。因此，工作人员发现老人不合作时，应思考一下，是不是自己的工作方式不当，然后及时采取措施纠正或补救。

（五）先接纳老人的行为和态度

要想赢得老人对工作人员的接受和认同，工作人员必须先接纳老人的态度和行为，哪怕其态度和行为是有问题的，也不要急于否定。等老人接受了自己之后，再与老人一起探讨其行为和态度的不对之处，帮其纠正。

（六）鼓励老人自己处理自己的事

有些老人不喜欢别人干涉自己的事情，如有的老人不服老，不愿让别人帮忙，有的老人想保密，不想让别人知道自己的隐私。出现这些现象时，老年人的不合作是可以理解的，工作人员不要强行让老人与自己合作，而是鼓励老人自己去处理自己的事情，必要时，工作人员给予一定的帮助即可。

（七）想方设法赢得老人的信任

工作人员的工作要细致入微，从一点一滴的小事做起，让老人知道工作人员的确是为他们着想的，从而赢得老人的信赖，接受为他们提供的服务。

（八）求助于有关人员

当老人不合作的时候，工作人员可以求助其亲属或朋友来劝导，或者利用其他老人的榜样作用来感化他，或者请其他的工作人员相助。

除此以外，还可以采取下列措施：如安排老人参加志愿服务工作；工作人员以身作则，为老人做榜样；营造一个公平的环境，让老人接受公平的服务等。这些措施也有利于促进老人与工作人员合作。

二、如何服务行为有问题的老人

进入老年期后，老年人在行为方面会产生许多问题。怎样为这些行为有问题的老年人服务，是老年社会工作者必须面对的问题。我国台湾学者颜文雄将老年人的问题行为分成了44类，并对每一种问题行为的应对措施和技巧作了分析。

（一）激动

通常根植于恐怖感，加上不平静及神经亢奋而产生的行为。有时是对迫近的悲伤，或者对实存或虚构的事物之恐怖的反应。若案主对上述事项认同的话，我们只要把该失望移走或者向老人解释该事物的真正意义便可以了；若不能移走该事物，我们便要引导老人把其不安感转移至有建设性及循环不息的体能活动上。因为通过这些体能活动足以消耗掉老人不少精力而减少其激动行为，工作人员保持与老人们在活动中交谈及理性化讨论亦可减轻老人的问题行为。唯一要注意的是切勿让老人们在活动中过度劳累而伤身。

（二）失忆症

健忘其实是失忆症的一部分。有些老人会在短期内完全忘记一切往昔事物，我们要进行“现实导向”处理，询问老人一些他可以作答的简单问题以使他重拾信心。再问一些相关问题来帮助老人恢复其记忆能力，例如“你中午吃过些什么呢?”“那些肉煮得合味道吗?”“你喜欢主食吗?”“你最喜欢的是哪一道菜呢?”等等。

（三）焦虑

当我们疑虑一些不愉快事件将出现时，便会产生焦虑。若它时常与事实不符，可说是神经质或神经过敏。最惯常见到的有头痛、消化不良、长期疲怠，晕眩、便秘、无胃口等。尽可能去了解老人焦虑的原因，以交谈宣泄其感受。为老人提供一些富有安全感的环境或活动，以便老人能平静地重拾信心。有时这些焦虑会令老人们有自杀倾向，因此我们务求小心处理，尽量提供诚实的鼓励使其恢复信心。

（四）冷漠

老人们时常表现出一种漠不关心的态度。工作人员应当尝试与老人讨论其冷漠的原因。在知道老人兴趣所在后促使老人参加一些活动项目，或者邀请一位曾面对同一心态的老人与案主交谈，亦有助于改变其冷漠感。

（五）忧惧

没有焦虑那么严重，主要是针对某一事物或人物而产生。其处理方法与焦虑同。

（六）攻击

这类老人会经常与别人发生打斗。工作人员要尝试寻找出他们打斗的原因。有些老人之所以攻击别人主要在报复。我们要尽量与老人对话，千万不能置之不理。更应立即通知主管知晓，不一定需要强制其行为，但若有需要时也可以执行。尽速把老人附近可用作抛掷的尖锐物件移开，以防老人随手利用作为武器。

（七）好战

这些老人通常喜欢与别人争议，并恐吓持相反意见者。很多时候当老人内心充满恐惧便会戴上好战面具。此时工作人员不能示弱，应尽量表示诙谐、无知及和蔼态度。尝试引领案主参加一些简单工作或活动，避免令他有挫败感，并且避免案主参与工作或活动中有机会接触尖锐或可供投掷的物体的机会。

（八）古怪

最明显的行为便是奇装异服，行为怪僻。要知道这些我们觉得怪异的行为在老人眼中可能并非如此，因此不要嘲笑或令他们局促不安，尽量接受其行径。对其行为作出忠实的判语而非奉承。

（九）灾祸性行为

当老人自觉极度挫败感时便会做出灾祸性行为。此情况时常出现于大脑受损的老人身上，其行为的出现与中止十分快速。工作人员应低调处理，切勿重复会导致案主失常的工作或活动，应转而做一些案主昔日曾经成功开展的工作或活动。

（十）强迫

当老人有强烈的需求而不能避免或得到时，便会出现强迫性行为。在最轻微的情况下，如不停踱步或扫地。工作人员要力图保护老人不致因其强制性行为而受嘲笑，不要对其行为或话语作出讥讽。在可能情况下引导其能力用于有建设性的活动上。在任何情况下都不可以代老人做任何强迫性行为。

（十一）闲谈

爱与别人闲谈者往往随口虚构不实故事，主要原因是对一些事物并未有深入认识以及健忘而导致的。其动机是希望据实道出，因此不要取笑或者责备老人。当工作人员告诉他一些事情时，必须确知老人已接受了你的信息，要求老人重复数次你所说的话就可以了，例如聚会日期及时间等。询问一些老人可以回答的问题，运用现实导向技巧。

（十二）妄念

这是老人一种错误的确信，非理性化可以纠正的幻想。不要浪费时间与老人争论其妄念，但亦不要赞同其妄念。尝试令老人参加一些不会导致妄念的活动。当有下述各类独特幻想出现时便要小心处理：

1. 伟大的幻想（delusions of grandeur）——当老人自觉十分重要或有特殊天分及能力时便会出现这种行为，千万不能支持其信念，要踏实地与案主对话，不要让他从事一些非其能力可以胜任的工作以免招至困窘或伤害。

2. 忧郁性幻想（hypochondriacal delusion）——当老人在毫无根据的情况下相信自己患病，便是一个明显例子。工作人员要报告老人所有关于身体健康方面的投诉，当发现老人有上述行为时，应富有同情心地细心聆听但不要采取任何行动。

3. 怀疑性幻想（nihilistic delusions）——老人会完全拒绝接受某些事物确实存在的事实，尤其是一些看不到的事物，例如“我是没有胃的”等话语。处理手法与上同。

4. 偏执性幻想（raranoid delusion）——老人深信自己被别人迫害或背后中伤。工作人员对他们一定要坦诚，切勿毁约或承诺。有老人在场时不要细声交谈、耳语。

（十三）裸露

他们会不停脱掉自己的衣服，赤身露体。尝试在清早时要案主穿衣，最好是穿着一些不易脱掉的衣物，赞美其衣着美观。不要让别人取笑其行为；不要惩罚案主。尝试让其参与一些愉快有用的工作。

（十四）沮丧

老年人最常见的行为，一般而言是由情绪产生的，例如失去亲友、熟络的环境，害怕死亡等。沮丧的起因通常都是非常真实的，惯常见到的征兆有颓丧、低落的自我形象，对大部分活动失去满足感，对他人失去兴趣，号哭，失去幽默感，悲观，预期失败，缺少动机，更加依赖他人，胃口不振，失眠，不安及有自杀倾向，等等。沮丧行为最好是由精神科医生进行分析，工作人员不要妄下判语。让老人参与一些活动有助于老人重获自尊、个人自由及独立感，亦可把老人的注意力由自身问题转移至新的经历和人生目标中。工作人员对这些老人的支持十分重要，让他知道你是自愿与他一同活动，并非由于工作需要或出自怜悯心。

（十五）迷惑

其起因繁多，工作人员最好运用现实导向技巧或再引发其动机。

（十六）人格分裂

当老年人面对一些其无法处理及难题时便会导致失忆症。老人表现出与自己平常性格有异的人物行为，老人对这些行为是失控的、不能自制的。工作员除了尝试决定其分裂因由外，不要引导案主获得康复处遇。

（十七）分心

当老人对周围的一动一静都注意时便会产生分心行为。工作人员应尽量减少导致老人分心的外间事物，例如电视机、其他闲杂人等；转换聚会地点亦未尝不可，当老人被滋扰而愤怒时，工作人员宜讨论其他问题以转移其注意力。

（十八）自我中心

有时老人会表现得极度利己主义。例如，人人都已经谈及工作人员的新制服，但老人仍然不加理睬，但当谈到他的新睡衣时便立即兴高采烈了。一般起因是由于脑部受损，工作人员可以把每一活动都从老人角度加以解释便足以吸引其注意力了。通常自我中心的老人同时会表现出不能集中注意力、隐居及撤退行为。在小组中容许老人有简单而独立活动是大有助益的。

（十九）不正常的幸福感（euphoria）或昂然自得

老人突然得意扬扬而不理自身或旁人。一般当老人知道自己有伤残或严重疾病时便会出现此状况，可以说是暴风雨前的宁静。工作人员应促使老人参加一些固定性的兴趣活动，此举可令老人在兴奋过后得以通过固定活动克服焦虑及挫折感。工作人员要对有此类行为的老人加以密切留意，因为有些情况下，老人们会以为对什么都无所谓了而引致严重伤害。若老人往昔呈现过沮丧的情形，现今突然昂然自得时，则工作人员便要留意其自杀倾向了。

（二十）色情

好色的老人会事事专注于性方面。工作人员切勿引发其性兴趣，避免身体接触，在闲谈时小心不要误解其话语，并防止老人导致自身或他人的困窘。

（二十一）不时转换话题

老人时常急促转换话题，而两者是毫不关联的。工作人员可以不时追问同一话题之问题，协助案主停留在一个主题上。防止任何歧义的讨论，运用现实导向技巧。

（二十二）幻觉

当老人觉得其感官（视觉、听觉、味觉、触觉及嗅觉）受刺激，而实际上却未曾出现的现象。例如，看到一些不存在的事、物、人，此时运用处理妄念同一方法便可。

（二十三）过动

老人出现过度活跃行为，工作人员要防止老人因此而过度劳累。让老人参加一些较形式化的以及静态的活动。确保老人有足够的休息。

（二十四）歇斯底里症

当老人突然失明、失听，或身体局部瘫痪时会出现这些行为。若老人是不克制者，则要防止老人下意识地做一些自己不愿意做的事。若情况长期出现便要向医生报告。一般而言工作人员都要理解地，耐心地与老人交谈；通过心理辅导以了解其心理卫生状况。

（二十五）贮物

老人收藏及搜集一些无用的物品。工作人员可以容许老人保留一些无危险性的用品。工作人员可以重复向他保证会提供他所需的一切物品，坦率地告诉他什么东西可以贮存，什么东西不可以，为什么等。

（二十六）幻影

当老人错误地演绎一个真实的知觉刺激时便出现这种行为。当老人受外面事物影响而分心时便会不时出现，工作人员要耐心地解释其错误所在让老人知晓，并且防止老人遭受旁人取笑或恐吓。也需察看老人近期是否在视觉及听觉上有衰退迹象。

（二十七）容易冲动

若老人曾经历血管爆裂或脑肿瘤便会出现冲动行为。例如倒一杯水却不饮用，而倒在自己头上。工作人员不应责备或处罚老人，只需简单地指出这些行为的不良后果，希望不会重现便可。若老人惯常性有这些行为，则宜避免老人接近任何足以导致老人本身或旁人危险的物品。

（二十八）不安全感

当老人对自己的能力产生怀疑，或觉得不安全，缺乏保护时便会出现这些感觉。尝试通过一些老人力所能及的活动来重建其自信心；从旁引导老人完成活动，在适当时便赞赏其成就。

（二十九）不稳定

老人的心情变幻不定。留心观察哪些事、物、人导致其反复情绪；避免引起老人担忧、恐惧及愤怒。

（三十）错误

老人混淆人物名称。工作人员不能认同其错误，要圆滑地保护老人，运用现实导向手法。

（三十一）沉默

老人不作语言上任何回应时，工作人员要依旧对他谈话，恰似期望他作答一般。要有耐性及细心观察，确定老人是否患有失语症而不能言语。

（三十二）否定

无论工作人员如何要求或期望，老人必然相反而行。工作人员不要用否定或命令的口气与他交谈，而用较简单、直接、易行的方式，不要失去耐性，更不要恐吓、取笑或惩罚其行为。因为可能老人就是希望你采取上述克制手法，他便得以名正言顺地公然做出负面态度及行为了。

（三十三）自恋狂

老人表现得对自己极度崇拜。工作人员应提供老人一些活动机会去达到成就感，对事而非对人。

（三十四）着魔

同强迫性行为差不多，唯一的区别是案主一生都受此影响。工作人员要尝试把案主的意念从萦回之事物转移至相关的活动上，从而逐步把案主的着魔感淡化。

（三十五）恐慌

突然而来的恐慌或惊慌。工作人员要表示同情并且不断支持，把案主安置在其认为安全之处，直到情绪安定下来。提防老人做出过激行为导致自己或旁人受到伤害。

（三十六）恐惧症

老人对一些根本不值得害怕的事物却引起异常的恐怖感，也会导致其他焦虑、恐慌等行为。一些典型的恐惧症有畏高、畏污染、畏光及怕被毒害等。工作人员要聆听其导致恐惧的理由，不停地安慰他。

（三十七）先入为主偏见

老人只肯接受内心的主观思想，不肯考虑任何他人的想法，工作人员要从容不迫地与老人交谈，突然的干预会导致老人不快及恐慌。

（三十八）退化

在老人长期沮丧或情绪低落时，在心理上会出现情绪过度疲累，不能再去处理或适应现实世界中的事务。老人会感到极度无助，不再对外间事务尽任何努力，对周围环境失去导向，时有幻觉、大小便失禁等，似乎只在等候死亡的降临。行为上有时会恢复孩童阶段，不论什么时间、场合，一疲倦便即时睡着，对旁人的依赖亦明显地增加。其他迹象包括不能作出决定，对失望坦然接受，容忍焦虑感，态度上反社会、反传统及反道德，对基本行动失控，不能参加任何小组活动等。工作人员可以为老人提供一些简单的日常事务，例如折衣物等。帮助老人知道工作人员是时时在左右可以给予援助的。跟老人交谈使他觉得有归属感，尽量引导老人加入小组活动（就算老人沉默不语也总比孤立好得多）。心平气和而耐心地与老人交谈，不要赞同其幻觉，不要与案主争议，因为案主可能正在运用其自卫体系来抗衡外间现实世界对他的冲击。

（三十九）自我控诉

老人不停地指责自己，一有任何过失便立刻把所有罪行都加诸自身。工作人员要诚实地一再对案主作出保证所有罪行都与他无关。还应小心监护这类老人，因为他们可能有自杀倾向。

（四十）自我轻视

当老人深信自己一无是处时便会看轻自己，觉得自己做什么都不成功，根本不值得生存在世上。工作人员要尽力让老人在其参与的活动中有成就感。首先让老人做一些规律性工作，慢慢再把难度加深，不要对老人的工作给予不实或过度的评价。

（四十一）一成不变的行为

这些老人会重复地做同一动作或者发出同一声音，但却并没有任何特别用意。工作人员要引导老人参与各种不同的活动，不能鼓励其固定形式的行为。

（四十二）无感觉

这些老人恰似陷入昏迷状态，对任何事都没有反应。工作人员应尽量安排他们坐在舒适的环境中，仍然如常地与他交谈，如同预期老人会作答一般。要知道虽然老人并未有显示回应，但可能说的每一句话他都听得一清二楚。

（四十三）受暗示支配

这类老人很容易受旁人的话语及行为而影响。工作人员宜以身作则让老人跟从，并且诚恳地鼓励赞美老人。防止老人有不良的倾向。

（四十四）撤退

这些老人自我孤立，逃避与旁人接触。其实他们对自己的境况相当了解，因此在他们面前宜小心说话。尽量鼓励他们有个人的活动，要求老人在小组中做一些独立活动，当时机成熟时便要求老人在小组聚会中表现其独立活动（例如唱歌、舞蹈等），逐步让他与旁人有互动关系。

三、怎样为残疾老人提供服务

残疾老人因生理上的缺陷和心理上的障碍，老年社会工作者在为他们提供服务时，要根据他们的特点区别对待。特别应注意下列问题。

（一）对肢体残疾的老人

1. 改变一般人对肢体残疾老人的不正确认识与观念；
2. 提供适合肢体残疾老人的活动空间与机会；
3. 提供各种日常生活所需的生活辅助器，如拐杖、轮椅等；
4. 完善各种公共设施，即无障碍的环境，如无障碍扶手、无障碍厕所等。

（二）对视觉残疾的老人

1. 提供各种日常生活所需的生活辅助器或动物，如拐杖、导盲犬等；
2. 与视残老人谈话时，应把对方当作平常人来对待；
3. 与视残老人谈话时，不应通过他人而应直接交谈；
4. 当带领视残老人坐下时，应把老人的手放在椅背上，让老人自己坐下；
5. 与视残老人一起走路，应随时提醒前面的路况。

（三）对听觉残疾的老人

1. 不要大声说话；
2. 留意听老人说话；
3. 应直接面对老人说话；
4. 不要站在离老人较远的地方与他交谈；
5. 老人不明白你说的话时，应以其他适当方法来表达，如可用黑板、纸条等辅助交谈；
6. 不可用扩音机或扬声器与老人交谈；
7. 告诉老人方向时应当清晰，指引方向时应以老人面对的一方为主。

另外，为残疾老人服务时还应注意：

1. 说话时不宜吸烟，吃东西；
2. 当老人生病或疲累时，与老人说话要短而少；
3. 当室内只有老人一人时，进入时应先道出自己的姓名和身份，不要让老人猜测；
4. 与老人共同进餐时，应讲出菜单及其价钱让老人知道。

本章思考题：

1. 怎样协助老年人怀旧？

2. 老年团体工作过程中有哪些具体技巧？

3. 社区老年工作有哪些基本内容？

4. 案例分析

民主路居委会的工作人员接到第45栋居民的反映，说有一个老太太经常在他们大院里的梧桐树下，用几块砖头支起一个铁锅，烧梧桐树叶煮粥，弄得整个院子烟雾弥漫。工作人员经过调查得知，老太太是该栋楼居民刘某的母亲。刘某的父亲早就去世了，母亲一个人在农村生活。后来刘某见母亲身体日渐衰弱，放心不下，就将母亲接来城里与自己一起生活。不料，近日老太太突然想起了老家，想喝老家那种用柴烧出来的粥，并且趁刘某等人都不在家的时候，一个人到院子里，用梧桐树叶煮起了粥。

问题：

（1）老太太为什么会产生这种行为？

（2）假如你是民主路居委会的工作人员，你会采取哪些措施来解决居民反映的这个问题？

本章“课程思政”点：

1.“老年社会工作”的实务与技巧中融入五个认同教育。

2. 通过“老年社会工作”实务讲解，内化我国老龄化政策的统筹设计逻辑，增强理解度与自豪感。

第八章　老年社会工作的实务领域

第一节　机构养老

一、养老社会化的趋势

（一）实现养老社会化的意义

我国已经进入老龄社会，老年人口基数大、增长快，特别是随着家庭小型化的发展，社会化养老的需求迅速增长。但是长期以来，我国社会福利由国家和集体包办，存在资金不足、福利机构少、服务水平较低等问题，难以满足人民群众对福利服务日益增长的需要。社会福利事业的改革与发展，已经引起党和政府及全社会的广泛关注。为此，必须从长远和全局出发，广泛动员和依靠社会力量，大力推进社会福利社会化，尤其是老年福利事业的社会化。加快社会福利事业的发展，这对于进一步建立健全社会保障制度，促进社会稳定和社会文明进步具有重要意义。同时，推进社会福利社会化，对于扩大内需，拉动经济增长，增加就业，也有积极的现实意义。

（二）实现养老社会化的有利条件

推进老年福利社会化不仅是必要的，也是切实可行的。全社会对老年福利需求的急剧增长，使老年福利社会化具有广阔的发展前景。我国综合国力的增强，人民群众生活水平和道德水准的提高，为推进老年福利社会化奠定了良好的基础。企业“办社会”职能分离后的资源与社会上闲置资源的综合开发利用和置换，国内外一些社会团体、慈善组织和个人的积极参与（捐助或投资)，社区服务中养老、助老等系列化服务的蓬勃发展，为实现老年福利社会化创造了有利条件。同时也为养老事业的社会化和产业化提供了条件。

（三）我国发展社会化养老的前景

新中国成立以来，社会养老一直作为一种福利事业而存在，直到20世纪80年代才出现向社会开放的福利院、护理院、托老所、临终关怀医院。“十三五”时期，在党和国家重大规划和政策意见引领下，我国老龄事业发展和养老服务体系建设取得一系列新成就。全国各类养老服务机构和设施从11.6万个增加到32.9万个，床位数从672.7万张增加到821万张 。但是相对于迅速增加的老年人群来说，现在的老年设施似乎还太少。民政部最新公布的数据显示，截至2021年底，我国60岁及以上的老年人口达到2.67亿，占总人口的18.9% 。同时，我国老年人口规模大，老龄化速度快，老年人需求结构正在从生存型向发展型转变，老龄事业和养老服务还存在发展不平衡不充分等问题，建设与人口老龄化进程相适应的老龄事业和养老服务体系的重要性和紧迫性日益凸显，任务更加艰巨繁重。

“十四五”时期，我国开启全面建设社会主义现代化国家新征程。党中央把积极应对人口老龄化上升为国家战略，在《中华人民共和国国民经济和社会发展第十四个五年规划和2035年远景目标纲要》中作了专门部署。人口老龄化是人类社会发展的客观趋势，我国具备坚实的物质基础、充足的人力资本、历史悠久的孝道文化，完全有条件、有能力、有信心解决好这一重大课题。为此，《“十四五”国家老龄事业发展和养老服务体系规划》要求，到2025年，养老服务床位总量要达到900万张以上，养老机构护理型床位占比达到55%，新建城区、新建居住区配套建设养老服务设施达标率达到100%。

近年来，老年人健康水平持续提升，2020年人均预期寿命提高至77.9岁，65岁及以上老年人在基层医疗卫生机构免费获得健康管理服务 。截至目前，居家社区养老服务发展迅速，机构养老服务稳步推进，普惠养老专项行动顺利实施。医养结合服务有序发展，照护服务能力明显提高，2020年全国两证齐全（具备医疗卫生机构资质，并进行养老机构备案）的医养结合机构5857家，床位数达到158万张 。总之，养老社会化已经成为一种不可阻挡的趋势。这种趋势也推动了老年社会工作产业的发展。

二、养老机构的组建

申办社会福利机构，要严格执行民政部颁布的《社会福利机构管理暂行办法》的有关规定。组建养老机构要做好下列基本工作。

调查与咨询

既要了解当地老年人生活状况，当地人们的生活水平，当地老年社会工作开展状况，同时还要向有关人士和机构咨询相关的政策与法律。

选址

选择好养老机构的坐落地址。一般要满足下列条件：安静，通风，日照充足，行动方便，交通便利。

设备安排

老年人福利设施建设要按照建设部、民政部联合颁布的《老年人建筑设计规范》（JGJ122—99）进行设计和施工，接受行政主管部门的检查和监督。同时要设置好卧具、饮食、娱乐、医疗、通信、交通以及其他相关设备。

护理人员的培训工作

通过培训，向护理人员传授老年人心理、生理常识及护理常识。

对外宣传

通过各种形式的宣传，取得社会的信任和支持。

三、养老机构的日常管理方法

为保证老年社会福利机构的服务水平，切实保障老年人合法权益，民政部制定颁布了《老年人社会福利机构基本规范》（以下简称《规范》）。养老机构的日常管理要严格按照民政部制定颁布的《规范》进行。

《规范》指出，制定《规范》的根本目的是做好老年人服务工作。为此，就老年机构名称、老年人分类以及为老年人提供膳食、护理、康复、心理等服务方面作了详细规定。

第一，在机构名称方面，《规范》根据收养对象的健康状况和机构的业务性质将养老机构的名称分为养老院、老年公寓、护老院、护养院、敬老院、托老所以及老年服务中心等。机构的名称要和工作性质相一致。

第二，《规范》对老人进行了分类。根据日常生活行为分为自理老人、介助老人和介护老人等类型。自理老人，指日常生活行为完全自理，不依赖他人护理的老年人；介助老人，指日常生活行为依赖扶手、拐杖、轮椅和升降等设施帮助的老年人；介护老人，指日常生活行为依赖他人护理的老年人。机构要对不同的老人提供相应的服务。

第三，在膳食方面，按照《规范》规定，厨师和炊事员要持证上岗，严格执行食品卫生法规，严防食物中毒；每月召开一次膳食管理委员会，征求智力正常老人及其他老人家属的意见，满意率达到80%以上。

第四，在护理方面，按照《规范》规定，每周换洗一次被罩、床单、枕巾（必要时随时换洗）；毛巾、洗脸盆应经常清洗，便器每周消毒一次；依赖他人护理的老人（介护）1度褥疮发生率低于5%，2度褥疮发生率为零，入院前发生严重低蛋白症、全身高度浮肿、癌症晚期等患者除外。对因病情不能翻身而患褥疮的情况应有详细的记录，并尽可能提供防护措施。

第五，在康复方面，按照《规范》规定，老年人社会福利机构每月要组织智力健全和部分健全的老人进行一次健康教育和自我保健，为老人定期检查身体，每年一次；制订年度康复计划，每周组织老年人开展康复活动。

第六，在心理方面，按照《规范》规定，老年人社会福利机构要为有劳动能力的老人自愿参加公益活动提供中介服务或给予劳动的机会。组织健康老人每季度参加一次公益活动；每周根据老人身体健康情况、兴趣爱好、文化程度，开展一次有益于身心健康的多种文娱、体育活动，丰富老年人的文化生活；与老人每天交谈15分钟以上，并做好谈话日记。及时掌握每个老人的情绪变化，对普遍性问题和极端的个人问题集体研究解决，保持老人的自信状态；制订有针对性的“入住适应计划”，帮助新入住老人顺利度过入住初期，使之安心欢度晚年。

另外，在为老年人提供完善的机构服务时，离不开一些配套设施，如消防设备、水、电、煤气、医疗器械、药物、轮椅、家具、厨房设备等，这些配套设施的购置、更换和维修，都需要制订详细的管理计划，才能为老年人更加提供完善、安全的优质服务。

第二节　社区养老

目前，我国的养老方式根据其主体的不同，可分为机构式养老、社区式养老和家庭式养老三种方式。机构式养老是指由专门的养老机构将老人集中起来，进行全方位的照顾。家庭式养老是由家庭承担老人的物质、娱乐、医疗保健和日常护理等工作。社区式养老则是老人不离开家庭，而由社区的有关服务机构和人士为老人提供上门服务或托老服务。

一、社区养老的方式和特点

社区养老是社会化养老的基本模式。随着核心家庭增多，加上子女工作忙碌，家庭养老功能向社会转移已成为人们的共识。而社区养老作为家庭式养老和机构式养老之间的过渡形式，将是许多老年人首选的养老方式。

（一）社区养老的基本方式

就我国目前的情况来看，社区养老有如下的基本方式。

1. 社区敬老院

主要指利用社区内的居民住房、厂企的闲置房屋或其他院舍，将社区内的老年人集中起来进行全方位的照顾。如重庆市渝中区的竹园小区老人公寓、上清寺街道夕阳红敬老院等。这种方式适合于有经济收入保障而没有亲属照顾者，或有亲属，但日常生活照顾有困难者，或家庭关系紧张不愿一起生活者。这种养老方式按床位和结合护理程度收费，每月 150～500 元不等。提供住宿膳食和其他照顾，组织各种集体活动，促进老年人之间的交流，充实老年人的生活。

2. 社区托老所

这种养老方式适合子女是双职工，白天或部分时间对老年人生活照顾有困难者。白天或工作忙碌时（如出差），把老年人送到托老所，参加各种集体活动，互相交流，既接触了群体，消除了孤独和寂寞，又得到了完善的生活照顾，既不影响亲属的工作和学习，又有大部分时间仍和亲属生活在一起。另外，社区托老所还为家庭关系紧张的家庭提供了一个缓冲地带。当老年人在家与子女关系紧张时，可住进托老所内，等家庭关系缓和之后，又可回到子女身边，有效地调节了家庭关系。

3. 社区互助养老

社区互助养老有两种形式，一种是邻里互助，即依靠上下左右邻居对老人实施照顾。如上海和北京一些居委会实行的求助铃制度就是这样一种方式，这种求助铃开关在老人住房内，铃在邻居住房内，老人一旦有事，一按铃，邻居即来相助。另外一种方式是老年人之间的互助。随着人均寿命的提高，老年人也出现了低龄老人和高龄老人之分，低龄老人一般身体比较硬朗，退休下来又有时间，可以发挥他们的作用，让他们去照顾社区内的高龄老人。他们成了高龄老人之后，又可以安排其他老人来照顾他们，这种方法是迎接人口高龄化的一种有效措施。

4. 社区其他养老和助老方式

如为老年人提供老人包户服务、老人庇护服务、老人的文化生活服务等，以及以社区为依托，在社区内设置的一些相应的老人文化服务设施。如老年俱乐部，一些相应的老年人文化团体，如老年人合唱团、老年人腰鼓队等。

（二）社区养老的特点

作为目前社会养老基本模式的社区养老，具有下列特点。

1. 可以满足老年人和家庭的需要

社区养老可以满足老年人和子女双方的心愿。老年人年龄大了，普遍有种恋旧心理，离开自己住的地方到其他地方养老，心理总有点不舍；而子女一方面想孝敬父母，不让其远离自己，另一方面工作又忙碌，照顾不了父母，心有余而力不足。而社区养老恰可以满足两代人的心愿，既可以让老年人不离开家门而得以照顾，子女工作之余又可与老年人一起共享天伦之乐。

2. 社区养老方便灵活，形式多样

社区养老的方式灵活多样，能为老年人提供各种多样的服务，满足老年人的不同需求，能避免许多不必要的麻烦和多余服务。如社区托老所，子女在家，老年人就不必来，子女工作或出差，就可将老人送来，非常方便灵活。

3. 可以有效地利用资源

社区养老可以有效地挖掘社区资源，降低养老费用。因为社区养老的动力机制来源于社区本身，主要依赖的是社区自身的力量，这就大大降低了国家为此而支出的养老费用。同时，根据北京市的经验，社区办的敬老院收养一位老人比市属国家办的老人院少花费三分之二至四分之三，大大降低了养老成本。

4. 适合普通老年人的经济承受能力

社区养老服务收费低，覆盖面广，收益大，适合于普通老年人的经济承受能力，社区老年人都可以得到服务的机会。

二、社区养老网络的构建

（一）社区养老网络的模式

社区养老网络主要以社区服务中心为核心，以社区敬老院、社区托老所、家政服务中心、社区卫生康复中心为依托，社区志愿工作者为补充，以社区内有老人的每户家庭为服务对象，建立一个畅通的网络服务体系。一旦哪一家需要服务，求助电话打到社区服务中心，中心马上派出相应的服务人员上门服务。

这是一种比较成熟的社区养老服务模式，在英国、加拿大、美国等国家的社区中普遍运用，我国上海和北京等城市的一些街道和社区近年来引进了这种养老模式，取得了良好的效果。

怎样维持社区养老网络的功能

在怎样维持社区养老网络的功能方面，我国台湾学者李增禄曾提出了一些较为成熟的措施，可供我们借鉴。具体措施如下。

政府行政方面

（1）了解老人的需要。老人需要可分为物质生活需要，如经济、医疗、营养、住宅等，以及精神生活，如休闲娱乐、教育、宗教、社会参与等需要。政府必须了解老人需要的内容并依其需要顺序，交由安排计划或方案设计者去设计安排或服务。

（2）做好安排计划与方案设计。针对老人需要之程序与缓急做好计划与方案，以便交给有关团体、机构或人员去推行。

（3）鼓励社区团体或社会人士参与。运用各种优待或奖励吸引社区各种有关团体或一般百姓热烈响应参与服务老人的行列。

（4）利用大众传播宣导。利用新闻、杂志、电视、广播等大众传播媒介开展宣导，使人们正确认识老人福利的真正意义与价值，而达到动员人力、物力、财力完成老人工作的目标。

（5）利用比赛方式完成目标。对比赛成绩优良者给予奖金或表扬，使更多团体或社会人士乐意参与老人福利服务。

（6）协助社区团体完成预期目标。利用开会、公告等方式与有关团体单位沟通，或联系各有关团体机构相互支持，使社区团体完成服务老人的目标。

（7）做好协调及联系工作。定期或不定期开会协调有关机关团体，以及社区各种老人福利服务有关团体机构，划分工作领域，避免服务重复浪费社会资源，使各团体机构都能发挥功能，做好老人服务工作。

（8）发动志愿者（义工）。政府应有效发动大批义工参与老人福利工作行列。

（9）监督辅导有关老人福利服务机构团体。政府应经常性地辅导或督促有关团体机构工作业务，以便提高工作绩效，并应经常辅导或督促工作人员改进。

（10）领导带头。政府应在领导社区团体达到服务老人的过程中起带头作用。

（11）研究开发。必须不断地研究，开发出新的、理想的老年社会福利服务方法，才能满足老人社会之需要。

机构团体实务方面

（1）健全机构、团体组织。应依照成立的规章彻底遵照执行，需要开会或改选干部的应如期举行，使机构、团体运营正常。

（2）财政健全。老人福利必须以财力作动力，而这些财源的筹措及其来源程序都必须正常，如财源的寻找、基金的孳息、财产的收入、个人的捐献等都须明确记录与规定。

（3）推行主要业务。主要业务如医疗、就业、经济生活（救贫）、家庭、住宅、教育、咨询、法律、重建、就养、财务管理、休闲娱乐、宗教等服务。

（4）重视专业服务。运用专业人才与服务精神、态度，提高服务老人工作品质。

（5）同性质或相关的机构、团体相互联系、支持。为不使服务重复浪费资源，同性质机构、团体应时常联络、交换意见或工作经验，必要时应相互合作支持使工作圆满达成。

（6）业务由点到面逐步扩大。各机构、团体应先将主要的业务做好，使社会肯定以后，若有余力再扩及其他相关业务，不要什么都做，什么都没做好。

（7）尽量配合政府计划。配合行政单位支出经费或提出方案交由机构、团体来推行，或由政府行政单位提出工作项目，然后由机构、团体来选择适合的项目，执行时要与政府计划配合。

（8）设置或充实各种设施或设备。为提高服务品质，应尽量改善各种设施及充实各种必要之设备，以利工作之推行。

（9）各种服务类型应重视效果及时效：

福利类应做到饥时送食、寒里送衣、病中送药，达到雪中送炭的地步。

教育类应做好技艺或知识的传授，增加老人适应环境的能力。

服务类应做好老人卫生、家庭安适、代办事务等。

咨询类应做到解决老人疑惑，达到心理平静等。

康乐类应做到利用公园或其他公共娱乐场所，使老人达到文康休闲娱乐的目的。

（10）机构、团体与社会、学校应结合为一。争取社会大众支持、参与，必须与社会打成一片，又能够作为学生实习基地，而使学生获得服务老人的技巧或知识，并鼓励学生参与服务老人。

（11）机构、团体应重视研究开发工作。重视研究创造服务新方法，同时把日常工作中所碰到的难题或工作心得，以及特殊的经验与发现等著述出来，供他人参考运用，促进老人福利事业的发展。

总之，老年社会工作越来越迫切，服务内容与方法也日新月异，必须建立与强化其工作网络才能避免资源浪费，提高服务老人的质量。

第三节　老年社会工作产业化的有关问题

随着人口老龄化社会的到来，老年人已形成了一个有其特殊需求的人口群体。老年人对市场商品和服务业有什么特殊的需求，怎样才能满足这些需求，已引起社会极大的关注。这些问题将引发我国产业结构的又一次重大变革，老龄产业异军突起，成了一个最有生命力的“朝阳产业”。

一、老龄产业的需求

（一）人类需要的层次

美国著名心理学家马斯洛把人类的多种需要划分为5个层次。

1. 生理需要

这是人的最基本的需要，包括人体生理上的主要需求，如对食品、衣服、居住、喝水、性的需要等。如果这些需要得不到满足，人类的生存就成了问题。

2. 安全需要

包括防备生理损伤、疾病、经济上的灾难和意外事情的发生，以及工作安定有保障。

3. 归属与爱的需要

这一层次的需要包括两个方面的内容：一是友爱的需要，即人人需要人际关系的融洽，人人希望爱别人，也渴望接受别人的爱。二是归属的需要，即人都有一种归属于一个群体的感情需要，希望成为群体的一员，并相互关心和照顾。

4. 自尊的需要

即人人都希望自己有稳定的社会地位，希望得到别人对自己的高度评价和尊重。

5. 自我实现的需要

这是最高层次的需要，它是指实现个人的理想、抱负，最大限度地发挥个人的能力，完成与自己能力相称的一切事情的需要。

（二）老年人的特殊需求

我们应将老年人视为与正常人一样，是有着多种需求的人。那么老年人具体有哪些需求呢？根据马斯洛的需要层次理论来分析，老年人的需求有以下具体内容。

1. 从生理需求来看

老年人有对食品、衣服、喝水以及对性的需求，以满足其生存需要。除此之外，老年人对食品、衣服、水的需求还有其特殊之处。在饮食方面，老年人比较讲究保健作用，讲究食物的营养搭配和饮食禁忌。服饰方面追求与自己年龄相符，轻便、保暖、透气和适用；性的需求虽已不像年轻时那样强烈，但依然是许多老年人的一种本能。

2. 从安全需求来看

老年人的安全需求集中在医、住和行三个方面。老年人最害怕生病，因为一生病，除了肉体上的痛苦之外，还怕没钱医治或者是得不到及时治疗，还有就是生病没人照看，因此老年人需要医疗保障。除了保障自己能有钱看病之外，还需要保障能就近看病，看好病，生病期间还要保障能有人护理。老年人的居住条件要求面积稍微宽敞一点，以利于活动；还要干燥、通风、透光，以防生病；内部装修要利于老年人行动和使用，如卫生间要有坐便器和扶手，楼道要有扶手，以防老年人摔倒；居住楼层不要太高，因为楼层一高，有些老年人便等于判了终身监禁，不敢下楼活动。从行的方面来看，老年人出行需要有人陪伴，以防途中摔倒或突发疾病。某些公共场所也需要设老年专座或老年通道，以防老年人出安全事故。

3. 从归属与爱的需求来看

老年人首先需求的是能享受家庭的温暖，能与子女共享天伦之乐。其次，老年人需要参与社会活动的机会，渴望与别人接触和交流，以排解生活中的寂寞。另外，老年人还有宗教信仰的需求，可以从宗教中得到一种归属感和寄托感。对于一些丧偶老人，他们还有对爱情的需求，他们希望能有一个伴侣与自己相濡以沫，共度余生。

4. 从自尊的需求来看

老年人进入老年期之后特别爱面子，也就是说他特别需要别人对他的尊重。而这种自尊的需要往往延伸为老年人对自身形体、服饰的关注，对自己知识和修养的提高等方面。

5. 从自我实现的需求来看

“夕阳无限好，不怕近黄昏。”许多老年人退休后认为身体不错，还想找份工作，以证明自己是有用之人。也有的老年人趁退休有时间，想实现自己未完成的心愿，以完善自我。

总之，老年人的需求是多种多样的，并且这些需求随着社会的不断进步和人们生活水平的不断提高而变得越来越具体，越来越多。怎样满足老年人的这些需求，将是老龄产业发展的一个强大的驱动力。

二、老龄产业的发展方向

从经济学的角度分析，需求使人产生消费的动机和行为，进一步刺激供给的变化，从而促进产业结构的变革。老年人口的增加使老龄需求在社会总需求中占据重要的位置，老龄产业在产业结构中的位置也越来越突出。那么，老龄产业将沿着怎样的方向发展呢？根据上述对老年人需求的分析，在此提出老龄产业发展的 5 个基本方向。

（一）开发老龄商品市场，满足老年人的多种需求

从发达国家的情况来看，老龄商品市场有了很大的发展。如在法国，厂商为了迎合老年人需要，千方百计发展老年人商品和服务市场。从药品到食品，家居防盗安全系统，适合老年人假牙咀嚼的口香胶等，深受老年人喜爱。日本商人首先为尿失禁老人生产“老人尿裤”“随身尿袋”，解决了老年人在生活中的诸多不便。美国厂商设计了脚踏式开关电冰箱、简易拆包裹器、按钮式自动弹簧锁、自动配药服药定时器等，都很受老年人青睐。与这些国家比较起来，我国老龄商品主要以老年保健营养品为主，老年人专用品开发得很少，其中的潜力是巨大的。为此要做好以下四项工作。

1. 做好市场调研和市场细分工作

要在充分了解老龄需求的前提下，根据不同需求老龄群体的分布来开发商品，量少的还可以实行定购定做制度，切不可盲目生产，带来不必要的损失。

2. 加大投资力度，开发老年人专用商品

我国目前老龄产业发展的一个严重缺陷就是老年人专用商品开发不够。以拐杖为例，老年人拄单支点拐杖不稳当，易摔倒，国外就有人发明了三支点拐杖。日本更是已开发出了“老年助浴床”等老龄专用商品。因此，我们在发展老龄产业的过程中，必须鼓励企业和个人投资，加强科研，多开发一些老年人专用商品。如老龄假发、老龄假牙、怀旧服装、特殊身材服装等。如果不做好这一方面的工作，这一市场就会被外国厂商占据。

3. 兴办老年用品专营商店

目前，与诸多“女人广场”“男人天地”“儿童商场”比较起来，我国老年用品专营商店几乎为零。想给老年人买一根拐杖，可以说 90% 以上的人不

知道到哪里去买，这给人们的生活带来极大的不便。所以根据地区老年人口数量情况设置老年用品专营商店或在大型商场设置“老龄商品专柜”已成了当务之急。

4. 发展老龄房地产业，实施老龄安居工程

住得好是老年人的一个普遍的需求。因此，房地产开发商可以根据老年人对居住条件的不同需求，开发一些适合老年人居住的住房。如：

老年公寓型住房

可以在空气清新、阳光充足的地带开发低楼层的老龄住房；内部楼道设好扶手，卫生间、卧室等按老年人身心特征布置装修。

“一二三”式楼房

即楼房第一、二、三层按老年人的需求布置，主要提供给老年人居住。

亲子套间

即开发商在设计时，要考虑到许多老年人不愿与子女住在一起，又不想与子女离得太远的心理，可以在同一层楼层设计出“亲子套间”。老年人住一边，子女住一边。平时各做各的，老年人有什么需求，只要一按铃，子女就可以随时过来照顾。这样，一家人既保持了一定的距离，又不至于离得太远而让双方不便。

小区老年活动中心

即开发商设计时，要在小区将老年活动的场地规划出来，以便于老年人交流、活动。

（二）规范养老机构，走养老机构产业化之路

目前我国的养老机构有政府办的、民间办的、政府和民间合办的等多种形式。尽管有不少养老院办得不错，但仍然有许多养老院设施简陋，收费混乱，缺少专业护理人员，服务质量低劣。有的仅以为养老院就是让老年人衣食无忧即可，完全没考虑到老年人还有其他的需求。因此要规范养老机构，划分级别制定标准，包括设备标准、收费标准和职业资格标准，并且定期检查评审。只有这样才能提高养老机构的质量，为老年人颐养天年创造一个良好的环境。

（三）兴办老年医院，发展老年医学产业

就医是老年人的一大难题。一旦生病之后，许多老年人不是因医院离家

太远而耽误治疗，就是在一些大医院东奔西跑，不知找哪一个科室就诊。对此人们可以根据地区的老年人口数量规模兴办一些老年医院，让有病的老年人能得到方便及时的治疗。

（四）发展老年文化、旅游产业

发展老年文化、旅游产业，丰富老年人的业余文化生活包括下列一些基本内容。

老年体育保健方面

兴建老人高尔夫球场、老年健身中心等，既可以满足老年人与他人交流的需求，也可以满足老年人锻炼身体，预防疾病的需求。另外，还可以开发一些适合老年人的体育保健用品和项目，满足老年人的不同需求。

老年教育方面

利用广播、电视、网络、函授等多种方式，或集中授课的方式开办老年教育事业，以满足老年人的求知需求。

老年旅游方面

根据老年人的不同身心特征组建老年人旅游团体，选择恰当景点游玩，以丰富老年人的晚年生活。

（五）发展自助产业，满足贫困老年人的需求

针对我国贫困老年人比较多的现实，可以组织老年人开展一些力所能及的生产和服务活动，既满足了老年人的自我实现需求，又可以使其获得一定的收入保障。如自助养老院就是一种很好的形式。在这种养老院内，老年人可根据自己的情况养鸡、喂猪、种菜或从事一些简单的手工生产，既消除了寂寞，又减轻了养老负担。

三、老龄产业发展的障碍因素及其对策

（一）老龄产业发展的障碍因素

尽管老龄产业是一个极富生命力的朝阳产业，但它在我国的发展却比较缓慢，究其原因，其制约因素是：

老年人的收入水平

在我国，许多老年人退休后，收入骤减，有的仅能维持温饱，更不用说

大部分毫无经济收入的农村老年人了。收入水平决定了其消费水平，因此，尽管许多老年人有这样那样的需求，仍然无法表现为消费行为，这是制约我国老龄产业发展的最大的障碍因素。

现有的老年服务水平

老龄产业在我国的各领域已有所启动，但由于缺乏规范化管理，许多伪劣产品，低劣的服务质量严重打击了老年人的消费积极性，使他们产生了许多的顾虑，不敢接受热情的老年服务。如有的旅行社只图谋利，毫不顾及老年人的身心情况，观光只图快，旅行中又无医护人员随同，导致许多老年人一次下来病倒了，以后谈旅游而色变。有的健身中心，不顾及老年人已经骨质疏松，还教他们跳年轻人的健美操，跳几次老年人就腰酸腿痛了，严重的还有出现骨折。有的养老院除了一日三餐，老年人再也难以找到其他的消遣方式等。这些都使老年人望而却步，即使有消费需求，也被吓怕了，而将需求强压在心底。

专业工作人员缺乏

人力资源是推动一个产业发展的主导因素，而目前活跃在老龄产业中的大部分是凭着人道主义和经验而工作的人，绝大多数没有接受过相关专业的教育或有关老年知识的培训。这不仅影响了他们目前的服务质量，而且制约了老龄产业的未来发展。

（二）发展老龄产业的对策

一般来说，发展老龄产业应该让市场这只无形的手来控制和调节。但是，老龄产业又是一种特殊的产业。因为一个国家的老龄工作做得好坏与否，是衡量一个国家的文明与进步水平的重要标志。因此，老龄产业发展，更需要国家这只“有形的手”来给予调节。从消除上述三个障碍性因素来看，政府可以从以下几个方面入手。

加大老年福利事业的资金投入

加大老年福利事业的资金投入力度，是保障老年人消费水平的重要因素。老年人是一个巨大的消费群体，我们完全可以通过政府给予救助或提高老年人的养老保险金等方式提高老年人的收入，增加他们的消费能力，从而推动老龄产业的发展。

规范老龄服务市场

规范老龄服务市场，防止骗老伤老现象的发生，才能调动老年人的消费积极性。对一些涉老商品或涉老服务都要制定相应的商品标准或行业标准，并且不定期抽查，一旦发现违规现象，除责令其改正之外，还要给予严惩，违法的要交执法部门处理。

培养专业老年社会工作者

培养专业老年社会工作者，建立一支优良的老年社会工作者队伍，是发展老龄产业的重要因素。可以鼓励高校开办老年社会工作专业，或者通过培训在职老年工作人员。同时，实行职业资格标准，以此来建立一支懂得老年人身心常识，业务水平精通，思想道德素质高的老年社会工作者队伍，为老龄产业的发展提供最基本的人才保障。

总之，老龄产业作为一个新兴的产业，需要国家和社会的大力支持和培育，才能够茁壮成长，才能为老年人提供优质的全方位服务，让老年人身心愉快地安度晚年。

本章思考题：

1. 怎样组建一个养老机构?
2. 怎样组建社区养老网络?
3. 案例分析：

9月25日下午，74岁的赵凤书突然接到她哥哥所住的云南老人之家敬老院打来的电话，告知她哥哥赵振声已于昨晚因肺心病去世，尸体已经转移到殡仪馆。她马上赶到殡仪馆，见到赵振声遗体，险些晕了过去。原来她见到的是一具浑身发黑、两个大眼眶中爬满了蛆、散发着恶臭的尸体。老人怎么也不明白，只停放不到一天的尸体为何会腐烂到如此地步！

经云南省公安厅法医鉴定，赵振声老人体表最大的蛆为2厘米，最小的0.4厘米，死亡时间应在9月25日之前的8天左右。人死8天，怎么刚通知家属？赵凤书经过了解，才知道这8天中，敬老院竟然没有人知道，导致尸体高度腐烂。

敬老院院长莫某认为自己没有任何责任，在他看来赵的死亡及未被发现完全是他自己的责任。“赵振声他性格内向不合群，出入从来不向敬老院打招呼。他房间的钥匙都是他自己拿着，而且丢了好几回。我们没办法进去打扫。”

面对亲人死后的惨状，面对敬老院不负责任的态度。赵凤书将敬老院告上了法庭，要为哥哥讨回一个公道。

——摘自《北京青年报》

问题：

(1) 该敬老院是否应为赵振声老人的死亡负责？为什么？

(2) 该敬老院在管理方面存在哪些问题？该怎样改进？

本章“课程思政”点：

1. 引入传统中华老年人文化观念，促进对“老年社会工作”实务领域的分类理解。

2. 通过剖析“老年社会工作”实务领域，加深学生对积极老龄化政策和视角的领悟，增强民族自信心和文化认同感。

第九章　农村老年社会工作

2021 年 5 月 11 日，我国第七次全国人口普查结果公布。数据显示：居住在城镇的人口为 90199 万，占 63.89%；居住在农村的人口为 50979 万，占 36.11%；从全国看，农村 60 岁、65 岁及以上老人的比重分别为 23.81%、17.72%，比城镇分别高出 7.99、6.61 个百分点。这说明，农村人口的老龄化水平已经超过了城镇。美国芝加哥学派的核心人物帕克（Park）教授在《论中国》一文中写道，“城市是西方的社会实验室，而中国的社会实验室则在农村。”农民富不富、农村美不美、农业强不强，直接关系到中国全面建成小康社会的成色。习近平总书记强调：“小康不小康，关键看老乡！”城乡发展不平衡和农村发展不充分是不容忽视的现状，《乡村振兴战略规划（2018—2022 年）》提出，“大力培育服务性、公益性、互助性农村社会组织，积极发展农村社会工作和志愿服务。”“推动各地通过政府购买服务、设置基层公共管理和社会服务岗位、引入社会工作专业人才和志愿者等方式，为农村留守儿童和妇女、老年人以及困境儿童提供关爱服务。”这些战略性安排对于化解当前农村民生领域欠账较多、城乡公共服务差距明显、乡村治理体系和治理能力亟待强化难题及推动乡村全面振兴具有重要意义。

近年来，民政部及全国多省市在推动专业社会工作介入农村场域方面进行了很多有益的探索，如广东的“绿耕模式”、江西的“万载模式”等，为中国农村社会工作发展提供了多元性样板与经验。其中尤以广东省实施的“双百计划”及湖南省推进的“禾计划”农村社会工作实践模式成效较为明显。根据调查结果显示，农村劳动人口与老龄人口的赡养比为 4∶1，长期以来农村的家庭养老方式已受到人口老龄化的冲击，中国农村的养老出现了一系列的问题。落实农村老有所养，建立与健全农村老年社会保障体制，给农村老年人以安全感，成为当前农村社会工作的迫切任务。

第一节　农村老年人问题的现状

目前，我国农村处在两种高峰期的尴尬境地，一方面是面临着严重的人口迅速膨胀的压力，另一方面就是人口的迅速老化。在21世纪初，中国农村大部分地区已经进入老龄化社会，然而在我国，只有占农村老年人6.2%的“五保”老人才能获得集体养老，其余93.8%的农村老年人的养老方式完全是由子女或家庭赡养，未能获得应有的社会保障。传统的农村家庭养老面临着严重挑战。

一、农村老年人家庭养老的现状

长期以来，中国的个人生活都与家庭紧密地联系在一起，特别是在经济方面更是与家庭密不可分。家庭养老是中国几千年的传统，至今仍然是中国老年人特别是农村老年人的主要养老形式。

（一）农村老年人需要家庭养老的主要阶段

目前的社会环境下，中国的农村老年人需要和接受家庭养老的情形大致有三种：一是老年农民从失去非农业收入开始需要子女在经济上的帮助，这时他们还有一定的劳动能力，还能自己耕种责任田，粮食上自足，但没有购买生活必需品的经济支出能力，特别是在医疗方面的支出更成为问题。二是老年人失去劳动能力，但仍然有生活自理能力，这时老人对子女的依赖加深，从经济支持到粮食的帮助，全由子女负责。三是老年人完全丧失生活自理能力，或丧偶后独立生活的不便，需要子女的照料，使老年人顺利度过晚年。这也是普通农民接受家庭养老的三个阶段，由一般的经济支持到衣食住行的全方位照顾。

（二）农村老年人养老的状况

农村老年人的养老包括物质上的赡养、精神上的慰藉和生活上的照料。担负农村养老责任的主要角色有配偶、成年子女和儿媳妇。由于社会的变迁，人们思想观念的变化，传统的家庭养老也出现了不少问题。

1. 依靠儿子养老

在我国农村，无论从法律还是传统习惯来说，赡养老人都是成年儿子义不容辞的责任。依靠儿子对老人提供经济帮助和照顾日常起居。依靠儿子养老无具体的标准，在经济方面通常是按照分家时与父母兄弟间达成的协议来执行。值得一提的是，在我国农村不少家庭中，赡养父母的经济标准一经确定后很少有更改，尽管儿子的经济状况在改善，物价在上涨，但老年人的生活费却很少有增加的。由于一些意外原因，老人需要经济帮助，如医疗费等，通常由成年儿子共同承担。在粮食方面，通常是老年人在失去劳动能力后将责任田分给儿子们，由他们共同承担老人每月的口粮。在日常照顾方面，当老年人失去生活自理能力时，通常也是由儿子轮流承担照顾的责任。

2. 依靠已婚女儿养老

在我国传统中，女儿对父母的养老不是固定和约定俗成的。她们与儿子不同的是，在分家时形成的协议中并未将照顾父母经济、生活的责任分配给她们。但是大多数已婚女儿对父母经济、生活的照顾并不少于儿子，只是她们的表达方式各有差异。在改革开放以后，女性在家庭中的地位越来越高，已婚女儿在家中的自主权的提高使她对父母的照顾和经济的帮助也越来越主动。另外，实行计划生育政策后，农村纯女户家庭越来越多。我国法律规定，女儿与儿子一样有赡养老人的义务与责任。所以，农村依靠已婚女儿养老的现象已是十分普遍。

3. 依靠配偶养老

配偶一方已丧失劳动力，依靠另一方养老。养老的形式主要是做农活、家务和生活护理，更重要的是精神上的慰藉。依靠配偶养老的老年人通常是没有子女，或子女经济困难无法赡养老人。有子女的一般都采取与子女分住的形式，这样能减少代际的冲突，减轻年轻人的负担。

4. 依靠儿媳妇照顾

在养老的家庭角色分工中，儿媳妇承担着重要的角色。改革开放以后，农村的已婚男人不少人到外地打工，而妻子在家承担耕种责任田、教育孩子和照顾老人的责任。同时，由于女性地位的提高，女性自我意识的增强，使传统的媳妇照顾老年人的责任有所削弱，因为她们在强调做女儿的角色照顾自己的父母的同时往往忽略了对公婆的照顾。

二、农村老年问题的基本特征

前面我们提到，改革开放以后，由于家庭角色的变迁，老年人仅靠家庭养老伴随的问题越来越突出。问题主要体现在社会化保障程度低、家庭赡养形式简单和负担加重、医疗水平低、缺少文化生活以及生活质量低等。

（一）家庭赡养形式简单，年轻人负担加重

虽然说老年人在家庭就可以完成养老，但实际上农村老年人传统的养老形式是非常简单的，换一句话来说就是维持基本的生存，即提供生活资源，是名副其实的“养”。而在现实生活中由于计划生育的施行，农村自 1978 年以来实行两个孩子的生育政策，大部分家庭都是两个儿子以内，过去由几兄弟共同承担的对父母的养老今天基本上是由一个儿子独自承担或两个儿子分担的，这样，在家庭规模小型化之后，同样赡养形式简单的完全家庭养老却加重了年轻人的负担。特别是儿子外出打工后，儿媳妇既要承担农活、家务活、照料下一代的责任，又要承担对老年人的赡养责任，家庭负担更重。

（二）社会化保障程度低

传统的农村约定俗成的家庭养老，没有任何社会保障措施，除了一小部分丧失劳动力的孤寡老人可以被乡（镇）里的敬老院（一般一个乡或镇只有一所）吸纳之外，国家为老人所做的就只有保留老人的那一份自留地直到其去世。现在一些农村地区也在大力推广社保养老，这只是对未来的农村老年人所做的一些提前措施，而对于现在已经 60 岁以上的老人来说，与这样的养老“保险”无缘。

（三）医疗困难、水平低

与城市不同，农村老年人本来就没有医疗保险，看病全由自己掏腰包，而老年人失去劳动能力之后也就失去了经济来源，看病的钱全由子女（主要是儿子）负担。因此，在农村地区的一个共识就是只要给老人看了病，如果治不好，也就不再坚持请大夫。对老年人来说已经完成了人生的任务：传宗接代，抚养子女长大成人；对子女来说已经尽了自己的责任，无论从道义上还是舆论上都不会再受到谴责。同时，由于我国农村长期处在较落后的阶段，

医疗机构简单，医药缺乏，合格医生比例低，因此老年人一旦生病后，对痊愈所抱的希望不大，这也是老年人就诊率低的一个主要原因。

（四）文化生活贫乏

美国心理学家马斯洛提出人的需要有不同的层次：即生理的需要、安全的需要、社交和友爱的需要、尊重的需要和自我实现的需要。需要的满足是由低级向高级逐步发展的，即低层次需要的满足是高层次需要产生的基础。依照这个理论，农村老年人的生活需要还停留在物质生活的满足上，除了看电视、听新闻、打牌、下棋外，文化生活非常贫乏。这一方面是由于农村的物质生活水平低下，另一方面是由于农村社会工作的主要精力放在养老上，为老人提供的文化设施太少甚至几乎等于零。

（五）生活质量低下

前面提到，在农村赡养老人是儿子的传统责任，但是赡养并没有一定的标准，换句话来说，只要将老年人养着，你给他什么样的伙食、住什么样的房子都不会受到谴责。因此，尽管儿子生活越来越好，但老年人的经济状况却变化不大，甚至随着物价的上涨，老年人的生活变得越来越艰难。另外，大部分农村家庭的养老都是管老人的衣食住行，而很少照顾到老人的精神生活需要。

农村老年人的问题一方面制约着农村的现代化进程，另一方面也影响农村的经济发展。同时，过分地依赖家庭养老所造成的结果就是养儿防老的陋习无法剔除，计划生育的基本国策贯彻落实出现困难。因此，解决好农村老年人的养老问题，具有重要的现实意义。

三、解决农村老年人问题的主要对策

针对农村老年人的主要问题，我们来探讨建立完善的农村养老体系的基本蓝图，主要包括以家庭养老为主体，加强老年人的自我保障，提倡集体助养和建立社会保障体系。

（一）以家庭养老为主体

家庭养老有其自身的优越性，无论是现在还是将来，在我国农村，家庭养老都将是农村老年人最主要的养老形式。子女在经济上给予老年人必要的支持，同时在生活上照顾老年人，使他在家庭中享受天伦之乐，得到精神上的享受，愉快地度过晚年生活。家庭的精神慰藉是其他任何社会组织所不能取代的。加拿大的家庭社会工作走在前列，开设了模拟家庭角色服务，即为家庭提供角色需要，需要儿子的家庭就提供“儿子”，需要父亲的家庭就提供“父亲”，但是证明这始终不过是一种角色扮演。因此，加强家庭的赡养功能，政府一方面要加强政策性的支持，同时应加强宣传尊老的传统美德和子女应尽的义务，同时要加强立法，以法律的形式确定子女的义务，保护老年人的合法权益。

（二）加强老年人的自我保障

老年人如果有稳定的经济来源，相对来说老年生活对家庭的依赖性就会削弱。因此，加强老年人的自我保障是使老年人顺利度过老年生活、有一个较自由的空间的基本保证。加强自我保障主要是要有较稳定的经济来源，即储备一定的养老储蓄金。即在老年人有劳动能力时将个人的收入参加适当的储蓄和养老保险，积累养老基金；其次，在年老时如果身体条件允许，可参加适当农副业生产，靠劳动收入来补充老年的经济生活。

（三）建立社会保障体系

由国家颁布条例，各地根据实际情况制定实施细则，统一向公民或农村村民征收养老费用，统一管理，用于对农村老年人发放一定数额的养老金，即老年人到了一定年龄后可以按月从政府或银行领取一定数额的养老金，虽然未必可以解决全部的生活需要，但至少可以缓解家庭的压力，使家庭养老向社会养老转变。

（四）集体助养

集体助养的主要对象是孤寡老人和困难老人。敬老院是解决孤寡老人和困难老人的经济生活和精神生活、生活护理的主要场所。而我国一些有条件的农村，可以用集体经济建立集体养老金制度，也可由集体经济和一些富裕起来的村民共同出资。建立集体养老金制度，对有较大经济开支需要的老人给予适当的帮助，以弥补家庭养老、社保养老和自我保障的不足。一些经济富裕的农村，可建立农民退休制度，以便更有效地提高农村老年人的生活质量。

第二节　农村老年社会工作的现状与问题

进入21世纪后，我国大部分的农村地区也进入老龄化社会，农村老年人的问题已经提到议事日程上来。在这里，我们主要介绍农村老年社会工作的开展情况和存在的问题。

一、农村老年社会工作的含义和发展

（一）农村老年社会工作的含义

农村老年社会工作就是用现代科学知识与技能去协调农村老年人与其他社会成员的关系，挖掘农村老年人的潜能，帮助农村老年人摆脱困境，管理农村老年人的社会事务，以达成社会同老年人之间的和谐与进步的一种社会工作。

（二）农村老年社会工作的发展

农村老年社会工作是农村社会工作的一个重要组成部分。我国农村老年社会工作起源于慈善事业，在中国历史上，历代统治阶级都对农村的孤寡老人进行过一定的救助。新中国成立初期，农村老年社会工作主要是通过人民公社集体经济的三级组织对农村的孤寡老人实行保吃、保穿、保烧、保医、保葬的“五保”制度，这就是最原始的农村老年社会工作。随着经济的发展，特别是改革开放以来，农村老人的增多，年轻人的负担系数增大，老年人的生活质量的要求提高等，农村低标准的“五保”已经不能满足农村老年人的需要。国内的社会学专家和社会工作专家开始探讨农村老年人的养老问题，一些发达地区开始尝试建立社会化养老机构和社会化的养老服务设施，例如老人院、老人服务公司等，社会保险也开始介入中国的农村养老，中国新时期的农村老年社会工作拉开序幕。

二、农村老年社会工作的现状

我国广大的农村，农民生活水平还比较低下，传统的农村老人大部分都是由家庭承担养老责任，社会化养老的介入较迟而且所占比例极低。农村老年社会工作基本上是每乡或镇建一所敬老院以赡养鳏寡孤独的老人，部分地区开始试探性地开展多样养老保险。而专业的农村老人社会工作还根本谈不上，对老年人的生活照料和精神满足的工作开展还很欠缺。

随着中国市场经济的发展和改革开放的深入，不少农村迅速富裕起来，主客观上都迫切要求建立农村社会保障制度。中央对在农村改革的部署中曾明确指出：有条件的地方，试办合作养老保险。国务院提出以民政部门为主进行农村社会保障试点工作。从 20 世纪 90 年代开始，我国已经在全国的部分农村地区推行农村社会养老保险制度。到 1996 年，全国已有 1600 多个县（市、区）开展了这项工作，参保人数已达 5000 万，养老保险积累资金已达 40 亿。从历史发展来看，我国农村社会养老保险的模式主要有四种。

（一）以村为单位建立老年社会保险

以村为单位的农村老年社会保险也叫社区模式。做法是在村民委员会领导下，建立村级社会保障基金会，属具有自我保障的群众性组织。基金的来源主要是从每年集体工农业总收入中提取一定比例的资金，由农民个人按纯收入交纳一定比例，特殊情况争取国家资助。资金的筹集和使用采取现收现付略有结余的原则，在保证当年开支的前提下，结余部分可用于稳妥的经营，以求增值，具有保障性和经营性。资金的发放按照一定的年龄为标准，同时制定一些奖励措施，对有贡献者按照一定的标准给以老年生活费，对孤寡老人的供养采取村包供、组包养的办法，实行集中供养与分散养老相结合。同时还建立一定的养老设施，对有需要的老人提供养老场所。这种养老保险制度适合于经济较发达的地区，有充分的资金来启动，优点是在同一社区生活的人，用社区的富余资金为老人谋福利，大家在观念上容易接受，个人交纳也比较放心；但是对于落后地区来说这一方案根本无法实行，最大的问题是缺少集体运作的资金。

（二）以乡为单位建立养老保险制度

以乡为单位的养老保险制度也称集体包揽模式，实际上是照搬改革前全民所有制企业的退休制，实行企业老年保养，然后扩大到村办企业职工和村（组）干部实行退休保养制度。同时以村为单位，对老年农民发放养老补贴。资金的来源由三部分构成，一是以乡镇企业在职职工计税工资总额按一定的比例税前提取，二是由农副业单位和其他合作经济组织在公益金中统筹一部分，三是由劳动者本人每年交纳一点。退休金的发放也按一定的条件有区别地发放。这种养老保险有较大的局限性，只适合在乡镇企业较发达的地区，同时，全民所有制原有的弊病也同样存在于这里。其优点是乡是一级政府，有自己的财政，经济来源较可靠，管理也相对规范，将农民的养老保险纳入政府的财政考虑中。

（三）以个人投保为主，政府与集体予以适当补助的农民社会养老保险体制

主要做法是每个参加保险的人，开一个户头，个人交纳的保险金直接存入账户，投保人在有收入时积累，年老丧失劳动能力后，连本带息逐月返回。保险金的交纳可以按月也可以按年计算。还有一些地区创建“女儿户养老基金会”，自筹与公助相结合，筹集一笔养老金，一次性存入信用社，逐年转利息为本，存放几十年后，可滚动成一笔较大的基金，会员达到退休年龄时可存本取息养老。这从根本上可以改变“养儿防老”的观念，对农村计划生育起到重要作用。这也是目前较符合我国国情的一种养老模式。优点是积少成多，使老年生活有一定保障，让农民养成积蓄的好习惯；缺点是有一定的风险，对未来物价的上涨等问题有较大的疑虑。因此要加强法律的管理，确保农民的养老投保。

（四）交纳和支付养老保险金的“双轨制”

主要做法是在缴纳和支付养老保险金时，分别按个人和集体两条轨道进行和分开计算。个人交纳和返还部分是以劳动者个人逐年交纳的养老保险金，加上积累期间的增值，支付其年老后的养老金；集体交纳和给予部分采取“现收现支，略有结余”的半资金积累型，将当年集体交纳养老保险金的一部

分，立即转手支付养老金的“底薪”数额，其余部分则积累起来以备老年人口高峰时的养老金的开支。这种养老保险方式的优点就是：可以解除部分农民对于个人投保所出现的风险的疑虑，增强他们对投保的信心，在参加投保后不仅可以返还自己的一份，还可以获得集体所给予的养老金的底薪。缺点是需要集体有一定的基金来源，对于落后地区同样无法实行。

从以上种种状况分析，当前我国农村的老年社会工作主要是建立养老保险，解决老年人生活的经济来源问题。但是地区间差异很大，发达地区的农村老年社会工作不仅在老年社会保险方面已较完善，而且在老年生活服务设施上也已初具规模，而落后地区的老年社会工作还几乎一片空白。因此，我国农村老年社会工作总的涉及面还很窄，普及面还很低，开展的前景很大但也很艰难。

三、农村老年社会工作的主要问题

在农村开展老年社会工作需要有一定的经济基础、社会条件和文化价值观念。我国农村地区长期以来剩余劳动力过多，土地经营不发达，生产力也不发达。因此，在农村地区开展老年社会工作将会遇到种种难以解决的问题。

（一）资金的严重不足

我国的农业经济不发达，除了珠江三角洲等一些改革开放较早的农村地区以外，大部分地区还停留在小农经济阶段，农民除了耕种责任田外，收入的主要来源是通过有限的劳动力所换取的价值，例如男青年外出打工挣钱。乡镇经济不发达，集体经济非常有限，而国家本来是在经济不很发达的情况下进入老龄化的，不可能给予更多的资金来开展农村老年社会工作。同时，前面我们介绍农村老年社会保险是需要集体有一定的资金积累作为后盾的。因此，在农村开展老年社会工作，建立老年社会工作机构，首先要解决的问题就是资金的来源问题。

（二）传统的观念影响

在农村，老年人认为进养老院是非常没有面子的事情，更谈不上在与家庭成员冲突后要找个社工来辅导帮助。因此，在农村开展老年社会工作的重点是在建立好设施后加强宣传，消除人们的顾虑，培养健康的生活观念，提高人们的生活质量。

（三）规章制度不完善

农村老年社会工作缺少健全的组织机构，规章制度极不完善，工作难以开展。同时由于今天的农村老人多数都是在旧社会成长的，当时的社会条件使老人有文化的不多，封闭性和保守性极强。因此，在农村社区开展老年社会工作面临的又一问题就是建立和完善规章制度与组织机构后，如何消除人们传统意识中的陋习，从而使规章制度在社区中得到贯彻和落实。

（四）地区间差异大

我国农村老年社会工作地区间的差异极大，在一些发达地区，老年社会工作已经初具规模。这些地区，一方面已具备一定的发展老年社会工作所需的经济基础，另一方面在经济的发展过程中引发一系列的多元化问题，形成对老年社会工作的市场需求，客观上推动农村老年社会工作的开展。例如珠江三角洲地区等富裕地区，老年人虽缺少家庭的照顾，但家庭经济已足够担负老年人的社会照料的费用。因此，在当地的老年社会工作市场需求很大，开发潜力也不小。早在 20 世纪 90 年代，在珠海、顺德的一些农村地区已经建立起老年公寓、老年文化室、老年健身房以及老年人的专业照料机构等。而内地一些落后地区，老年人的基本生活仍未得到保障，老年社会工作开展的步伐相对缓慢，面临的困难较大。

（五）农村老年社会工作队伍的专业化程度低，内容有限

在我国，专业社会工作的发展才十余年，工作的主要地域在城市，内容和方向主要是游离于中国社会福利体制外的学术性活动。因此，老年社会工作者的专业性不强，农村老年社会工作的队伍就更是可想而知。从一些已经开展农村老年社会工作的地区来看，工作人员一般都是由村委会组织当地一些热心于老人工作或时间上比较空闲的人来担任，并未经过专业的培训。所起的作用也主要在生活上照顾老年人，在专业化方面有待提高。

从以上几点我们不难看到，我国农村老年社会工作仍然处在探索阶段，我们可以先从富裕地区开始，尝试制定区域性的政策，通过推动地方性的农村老年社会工作来推动全国的农村老年社会工作。

四、开展农村老年社会工作的意义

在农村地区大力开展老年社会工作，妥善解决好农村老年人的养老问题，对于维护农村社区的稳定，加强农村的社会主义精神文明建设都具有重要意义。

（一）能够提高农村老年人的生活水平

目前，我国农村老年人的赡养标准普遍较低，开展农村老年社会工作的主要任务是保障老年人的经济收入，通过各种手段提高老年人的经济水平和生活质量，能有效地提高老年人的生活水平，保证老年人的生活能随着社会进步和经济发展而不断改善。例如，在我国北方的一些农村地区通过村政府的介入，规定一定的家庭赡养标准，以确保老年人的生活水平的提高。

（二）有助于促进农村精神文明建设

我国农村老年人的一个突出问题就是老年人的整体文化素质低。建立老年文化设施，开展老年人的文化生活活动不仅能有效地改善农村地区老年人的生活，提高老年生活质量，做到老有所乐，而且可以促进农村社区的精神文明建设。通过老年社会工作提高老年人的文化水平和思想道德修养，加强破除封建迷信活动，培养老年人健康积极的生活。

（三）有利于引导农民的正确消费

农村经济开放以来，我国广大农民群众生活水平有了明显的提高，但不少农民超前消费和盲目消费现象比较突出。通过开展老年社会工作，开展农村社会养老保险，建立个人账户储备积累方式，以个人缴纳为主，条件允许的集体适当给予补助，农民在进入老年后领取养老金。这样，将农民的消费引导到养老储蓄上来，建立合理的消费结构，形成新的消费观念。

第三节　农村老年社会工作的基本内容

开展农村老年社会工作主要从满足老年人的基本生活需要出发，适当在精神生活上满足老年人的需求，解决农村地区因老龄化带来的种种问题，以便逐步提高农村老年人的生活质量。主要的工作内容有农村老年人的物质生活的满足、老年人生活起居的照顾、老年人的医疗卫生条件的改善及在家庭中的地位等。

一、保证老年人的经济供养

在我国，《中国老龄事业发展的“十五”计划纲要（2001—2005 年）》中就已提出，老年人的经济供养的主要任务是初步建立政府、社会、家庭和个人相结合的经济供养体系，保障老年人基本生活。因此，协助和落实农村老年人的物质生活的来源保障是当前农村老年社会工作中最重要的工作，保证有一定稳定的经济来源是农村老年人最重要的生活保障。我国应结合国情，大力发展社会供养的同时，继续提倡家庭子女供养，适当组织老年再就业自养，建立起集社养、家养、自养于一体的养老保障体系，建立农村老年人稳定的经济来源系统，保障老年人的经济生活。

（一）强化子女的赡养义务

中华民族历来有赡养老人的优良传统，在社会主义制度下，赡养老人不仅仅是子女应尽的道义责任，也是国家法律和政策所规定的公民义务。在《中华人民共和国民法典》的相关条款中分别将这一义务用法律的形式确定下来。因此，赡养老人是一项法定的社会职责。作为农村老年社会工作者，一项重要的工作内容就是通过各种方法和手段，强化子女赡养老人的义务。如通过宣传、监督，保障老年人的合法权益，有组织有领导地在农村倡导、推行赡养人与被赡养人之间签订“家庭赡养协议”书，明确规定赡养标准和子女的责任，确保老年人的家庭赡养。

（二）建立完善的社会保障体系

在强调子女赡养的同时，还要建立完善的农村养老保障体系，大力发展社会供养，改变几千年家庭养老的模式，培养通过社会保险养老的习惯。建立基层生活保障制度，根据各地的实际情况发展相应的养老形式，加强对农村养老保险机构的制度化、法制化管理，做到专款专用。例如，广东在“十五”老龄事业发展规划中已明确指出，要在珠江三角洲农村大力发展多种形式的农村养老制度，变“养儿防老”为“社保养老”。

（三）鼓励老年人自养

老年人的自养来源主要是两方面，一是年轻时的收入积蓄，二是在老年时仍然有劳动能力参加力所能及的劳动所得。农村老年社会工作的一项重要内容就是制定具体措施，鼓励老年人自养。如协助地方建立老年人储蓄机构，帮助老年人制订养老计划，发展第三产业，制定优惠政策，为老年人提供劳动就业机会，增强老年人的自养能力。

二、利用多种形式加强老年人的生活照顾

农村实行计划生育之后，未来的老年人大部分都只有一个至两个孩子，传统的兄弟轮流照顾老人的格局将会被打破。年轻人照顾老年人的负担加重，丧失劳动力的老年人在家庭中的权威地位受到冲击，在家务事和经济等方面与子女的冲突也越来越多。因此，尽管在今后较长一段时间里家庭仍然是照顾老年人生活的主要场所，但是，在农村社区大力发展老年社会服务网络，为有需要的老年人提供必要的帮助已经被提到议事日程上来。

（一）加强家庭对老年人的照顾功能

一是通过社会舆论和宣传教育，加强晚辈对老人照顾的责任与义务，使家庭照顾老人形成良好的社会风尚；二是通过社会工作增进家庭的人际关系，解决各类家庭矛盾特别是婆媳矛盾，使家庭建立和谐的人际关系；三是在农村建立家庭助理式的社会服务，包括卫生打扫、做饭洗衣、看护照料等，使一些经济条件较好的家庭减轻照料老人的负担。

（二）建立邻里互助小组，充分发挥邻里功能

俗话说，“远亲不如近邻”。邻里这一初级社会群体在传统的农村担负着“守望、共生”的重要功能，邻里之间的相互照顾包括家务劳动，老人小孩的照看等。农村社会工作者应发挥农村邻里互助的作用，组织农村老人自愿组成的邻里互助小组，就近开展邻里互助服务，给有需要的家庭提供小孩的照看、老人的看护，充分调动社区老人的积极性，强化邻里的互助功能。邻里互助的另一形式是家庭之间互相协调，例如张家的劳动力帮李家耕种农田，

李家的老太太帮助张家照顾小孩，等等。

（三）扩大农村敬老院的养老范围

加强敬老院的建设。加大资金的投入，健全各项规章制度，确保农村孤寡老人能幸福地安度晚年。适当扩大敬老院的收养范围，让没有儿子的老人也能得到社会福利机构的照顾。通过自费的形式收养部分家庭无力照顾的老人。

三、建立老年人医疗卫生服务中心

在农村，老年人看病难主要是经济困难和交通不便，因此，今后农村的老年人社会工作方面还应考虑到老年人的特殊情况，在农村建立便利医疗点，发动一些城市的医疗组织机构志愿定时定点去农村为老年人提供义诊和体检，探索多种形式的农村健康保障办法，改善农村落后的医疗面貌，普及卫生保健知识，增强老年人的自我保健能力，使老年人能够“老有所医”。

四、兴建适当的文化生活设施

有条件的社区应从集体经济中抽出一部分资金来建立老年文化设施，如健身房、图书室、兴趣活动室；经常组织老年人开展他们喜爱的文娱活动，如老年健身操、太极拳表演等。对落后地区应实行送文化下乡的办法，将一些新人新事新变化通过演出的形式送到农村，使一些从未走出过家门的老年人感受生活的巨大变化。

五、加强老年人的权益保障

在农村老年社会工作中应加强对老年人权益的保障，具体措施是加强立法工作，逐步形成维护老年人合法权益的法律保障体系；加强普法教育工作；加大执法力度，依法处理和打击侵犯老年人合法权益的不法行为等；同时建议建立法律咨询中心，加强老年人的法制观念，为老年人排忧解难。

除此之外，农村老年社会工作在有条件的地区可以设立老年人生活服务中心，为老年人提供各种服务；兴办老年教育中心，提高农村老年人的文化水平，满足经济生活较富足的老年农民的需要。

总的来说，农村老年社会工作的开展应围绕着老年人的经济保障和生活照料两大方面出发，尽可能调动农村社区的各方力量，挖掘农村社区的巨大养老潜力，使老年人生活过得更好。

第四节　农村老年社会工作的开展方法

一、农村老年社会工作的原则

农村老年社会工作的开展要受农村经济的发展水平以及农村社会结构、生活习惯、价值观念等多种因素的影响和制约。开展农村老年社会工作，既要与农村经济发展相适应，又要充分考虑各地的实际情况，遵循一定的原则来开展。

（一）国家、集体、个人三结合的原则

开展农村老年社会工作需要大量的资金投入，在目前国家的老龄化与经济发展之间存在“时间差”的情况下，国家的财政支出庞大，经济紧张，只能投入有限的资金来改善农村的老年社会工作，因此发展农村老年社会工作要充分调动集体和个人的积极性，鼓励有能力的集体兴办老年服务设施，鼓励有能力的个人投资老年社会服务事业，同时鼓励低龄的健康老人提高自养能力，依靠国家、集体和个人三方的力量，开展我国农村的老年社会工作。

（二）家庭保障和邻里互助相结合的原则

家庭保障是我国传统的养老保障形式，是个人主要的依靠；而传统的中华美德——邻里互济互助也一直以来成为老年人养老的必要补充。尽管在现代社会家庭和邻里这两个初级社会群体的功能有所削弱，但是在开展农村老年社会工作时仍要尽可能与这二者结合起来，扬长避短，提高解决问题的能力。

（三）因地制宜、量力而行的原则

我国幅员辽阔，地区差异大，各地之间的经济发展水平和人文观念都有较大的差异。在发展农村老年社会工作时特别要遵循因地制宜、量力而行的

原则，切不可盲目照搬，给当地农村经济的发展造成过大的压力。应充分结合当地的经济发展状况和人民生活水平情况，有步骤地实施老年社会工作内容。

（四）服务与生产相结合的原则

在满足老年人的生活需求的同时，应尽可能从长远的角度来开展农村老年社会工作，在建立生活服务设施的同时，也应建立一些能发挥老年人余热的场地和组织，使一些有条件的老年人能够发挥“余热”，提高老年人的自养能力。

二、农村老年社会工作的方法

农村老年人是一个特殊的群体，农村老年社会工作就是以这一群体为对象的，因此，在开展工作时除了个案工作、团体工作及社区组织工作外，结合农村具体的人文、观念、交通和社会环境的实际情况，有重点地实施社会工作方法，主要从工作的方式和与工作对象的接触情况来考虑，分为直接社会工作方法和间接社会工作方法。

（一）直接社会工作方法

直接社会工作方法就是社会工作者同工作对象直接接触，在直接接触过程中来取得效果的一种方法，主要有农村老年社会个案工作、农村老年社会团体工作和农村老年社区社会工作三种。

农村老年社会个案工作

农村老年社会个案工作是采取个别的方式，向单个的老年人提供服务，通过提供物质扶助、精神支持等服务，协助个人和家庭解决困扰的问题，预防其问题的复发。其实施模式包括：心理社会治疗模式、功能模式、解决问题模式、行为修正模式、交流互动分析模式、危机调适模式和完全治疗模式。例如，农村社区中对特困老人的救助就是属于这一方法。

农村老年社会个案工作的主要程序与其他个案工作的程序并无区别，主要是包括申请与接案、资料收集与分析、诊断与服务计划、服务与治疗过程和结案与评估 5 个过程。这 5 个程序的操作与其他个案工作的内容基本一致，所不同的是农村老年个案工作的对象是农村老人，是一群整体来说文化素质和接受能力都较差的社会群体，同时由于所在的地域和生活习惯决定这些老人思想的封闭性和保守性较强，因此，在个案工作的过程中会出现明显的被动性和不合作的情况，针对这些特征，就要求社会工作者要有更大的耐心和更强烈的爱心，才能将工作做好。具体的操作程序参见前面章节有关老年个案工作的具体内容，这里不再一一赘述。

农村老年社会团体工作

农村老年社会团体工作是一种以老人团体为工作对象，帮助老人共同参加集体活动，促进团体成员间的相互合作，增进社会群体福利的工作，包括教育性和娱乐性农村群体工作、解决困难和问题的农村社会工作等。其实施模式有：发展模式、交互反映模式、治疗模式、行为修正模式和互惠模式。例如，对五保户在年老时实行敬老院的统一照顾就属于这一方法。

农村老年社区社会工作

农村老年社区社会工作是以社区为工作对象的。它是在运用农村社会调查和分析技术，了解农村社区需要和存在问题的基础上，动员社区内各种资源，配合社区外力量的协助，社会工作者和社区内农民群策群力，共同解决社区问题，满足社区需要，增进社区福利，促进社区发展。大力实施社区资源调查，开展社区组织工作。农村社区的资源潜力大，通过社区资源调查，充分掌握本社区老年人的基本情况，需要照顾的老年人数及能提供照顾的老年人数量，根据这些调查来制订社区服务计划，尽可能地使社区中的老年人照料问题能在社区内得到消解，同时能够使社区内低龄健康老人能有再就业的机会，为养老增加自养能力。

（二）间接的社会工作方法

间接的社会工作方法是一种社会工作者间接对农村老年人提供的服务。主要包括农村老年社会工作的行政管理、农村老年社会工作督导、农村老年社会工作研究和农村老年社会工作咨询，下面我们进行简单的介绍。

农村老年社会工作的行政管理

是指各级政府的社会工作机构、国家和社会的福利保障单位、农村基层组织等通过行政管理，把各种农村的老年社会政策转化为社会服务，实施范围很广泛，中国的民政机构、卫生部门、教育部门、司法机构等老年社会工作都运用此法。

农村老年社会工作督导

是指对新的农村社会工作者，通过一种定期的和持续的程序，传授专业服务的方法和技术，以提高其专业熟练程度，增强服务能力。具体方法有集体督导、个别督导和交互督导三种。今后尽可能规范农村老年社会工作的开展，争取做到持证上岗，保证农村老年社会工作的质量。

农村老年社会工作研究

主要是指以科学的方法对社会福利和社会保障制度与政策、社会服务方案、工作对象的需要、农村老年人问题及其解决的方法进行研究，是一种侧重于应用性，强调行动性，与一般的社会科学研究有所不同的研究。

农村老年社会工作咨询

为在农村的老年社会工作者提供有关农村老年社会工作的技术和专业知识，以解决工作中的难题，提高农村老人社会工作者的专业水平。常见的有以服务对象为中心的个案咨询、以受咨询者为中心的个人咨询，以方案为中心的行政咨询及支持性咨询等类型。

农村老年社会立法和农村老年社会工作政策

指农村老年社会工作的有关领导机构通过立法和制定政策的行政手段来推动农村老年社会工作的发展。

本章思考题：

1. 我国农村老年社会工作的现状及其对策。
2. 开展农村老年社会工作应注意哪些问题？对农村老年社会工作者的素质有何特殊要求？
3. 促成农村老年人养老问题形成的因素有哪些？
4. 我国现阶段在农村开展的养老保险存在哪些问题，应如何改进？

本章“课程思政”点：

引导学生理解中国特色社会主义建设过程中应对农村老龄化问题的尝试、突破，以增强文化自信和民族自信。

第十章　老年社会工作服务案例集锦

本书精选了珠三角城市老年社会工作服务案例 8 例，分为老年个案服务案例、老年小组服务案例和老年社区服务案例。这些案例都是一线社会工作者在具体老年服务实践中所经历、总结出来的，对高校社会工作专业学生，以及身处社会工作领域的相关人员具有极其重要的参考价值和借鉴意义，这些案例鲜活、真实、实用、具体，坚持理论和实务相结合，专业化和本土化相融合。

第一节　老年个案服务案例

案例一：焦点解决·“瘾君子”重塑生活

一、案例背景

1. 基本资料：

服务对象姓名（化名）：Y 叔　性别：男　年龄段：60 岁以上

婚姻状况：未婚

2. 个案背景资料：

（1）接案途径及原因概述：服务对象经由居委会工作人员带领前来，由居委会工作人员转介至家综跟进，主要是由于服务对象刚从戒毒所回归社区，没有经济来源，希望办理低保，但由于服务对象前期的案底，不能办理低保，服务对象情绪波动不稳定，时而低落时而亢奋，且嚷嚷着想找工作，故居委会工作人员转介至家综，希望家综工作员进行跟进。

（2）曾做过的努力、效果及困境：申请低保，但因多次案底，信用度低，被居委会拒绝，未曾尝试找工作，但有相关的动机，希望重新工作，苦于不知道怎么找工作。

（3）健康状况及经济状况：服务对象因吸食海洛因，虽已经戒毒，但对身体有一定的影响，总体状况良好，会流鼻水。无单位，无退休金，无工作，暂无固定生活来源，生活无保障。

（4）情绪状况：服务对象面对生活来源暂无的境况，同时承受着社会的舆论压力，希望再度融入社区，寻找工作养活自己，面临着重重考验。服务对象的情绪及心理均呈现波动起伏的状况。

（5）家庭支持网络及社会支持网络：服务对象独居，父母已去世，弟弟也因病过世，亲属支持资源亦无，家庭内支持薄弱。服务对象有一些朋友，会给予一些支援，但服务对象自己明白，有一些朋友对自己的将来有着不好的影响，但自己当下的生活环境是暂时无法改变的，需要依靠朋友对自己的支持。

（6）精神病记录、暴力倾向/虐待记录/犯罪记录：多次进入劳教所，曾因为两次复吸进入戒毒所。

（7）其他：没有固定工作，之前是依靠批发水果谋生。先前领取低保，但因为复吸被取消了。

二、问题分析（预估）

服务对象因吸食海洛因，从戒毒后回归社区没有经济来源，又已年满60周岁，特求助居委会协助解决经济问题，居委会将服务对象转介到家综，希望工作员协助服务对象重塑生活，重新融入社区，并对服务对象进行必要的心理疏导。根据与服务对象的初步面谈，其呈现的主要需求有：

1. 心理疏导与精神支持的需要

服务对象面对生活来源暂无的境况，同时承受着社会的舆论压力，希望再度融入社区，寻找工作养活自己，面临着重重考验。在此过程中服务对象的情绪及心理均需要一定的照顾，需要给予相应的支持与鼓励。

2. 重塑生活、社会融入的需要。

服务对象希望能找到谋生的工作，重新融入社会，重新建立自己的生活圈子。

三、服务计划

1. 理念/理论及介入手法

服务对象的主要目的在于寻找到谋生的方法，但自己对自身的优势及资源并不太清晰，也没有找到合适的解决方法。寻解治疗是在社会建构理论的框架下形成的一种治疗方法，通过重新定义服务对象的问题，增强服务对象抗逆力，从而达到问题解决的过程。寻解治疗注重解决的办法，该理论不纠结于服务对象的过去，而更看重服务对象的现在和将来。在此案例的介入中，工作员可以帮助当事人摆脱只关注问题的状态，从而去关注新变化的可能性。

2. 服务目标

总目标：

协助服务对象申请体制内资源的支持，同时鼓励服务对象挖掘自身优势及资源，协助服务对象重新回归社会。

具体目标：

（1）协助服务对象申请体制内资源的支持；

（2）鼓励服务对象挖掘自身优势及潜能，自己尝试回归正常生活。

3. 介入策略

（1）协助服务对象申请低保；

（2）协助服务对象咨询其他相关的政策保障；

（3）运用焦点治疗的方法，鼓励服务对象直面困难，挖掘自身优势，动用自身掌握的资源，处理当下的困境；

（4）协助服务对象寻找工作，尝试运用自身的能力融入社会。

四、介入过程

介入阶段	介入重点及相关技巧、手法	工作员分析思考
1	第一阶段的介入重点有：1. 了解服务对象基本情况，评估服务对象的需求；2. 与服务对象建立良好的工作关系；3. 排除服务对象的危机因素，寻找及时的应对措施；4. 协助服务对象澄清个案介入目标，工作员主要通过询问与澄清技巧，协助服务对象澄清介入方向	根据对服务对象状况的分析及与服务对象的协商，拟定主要的介入方向： 1. 精神支持及陪伴。陪伴服务对象厘清可用资源，关心鼓励服务对象并促使其保持对生活的追求 2. 政策解读及支持。协助明确相关体制内政策，并协助申请相关政策资源支持 3. 自身潜能发挥。与其共同梳理各种可用资源，寻找各种方法，找寻谋生的方法

续表

介入阶段	介入重点及相关技巧、手法	工作员分析思考
2	本次面谈的介入重点是：1. 了解服务对象更多的过往经历，更好地同理服务对象，并与服务对象一同分析当下的状况 2. 陪伴服务对象梳理曾做过的努力，当下维持生活的方法等情况 工作员运用倾听、同理、总结、摘要等技巧，在了解服务对象过往经历的同时，协助其梳理曾经使用过的方法，以便协助服务对象厘清思路，思考有效的方法。工作员开始尝试引导服务对象思考后续应对生活的方法，服务对象也有了自己的初步思考，但还不是很清楚，不够具体	服务对象对自身的状况有一定的应对方式，能够寻找朋友的支持，但其自身明白，依靠这样的支援亦并非长久之计，同时，服务对象觉得自己若想不再复吸，朋友圈子的影响也很重要，如果处在之前的环境中，复吸的可能性很大。服务对象不仅面对无经济来源、找工作被拒的压力，同时也面临环境对其戒除心瘾的影响。工作员的介入，是陪伴服务对象面对压力，给予精神上的鼓舞与支持，同时也协助服务对象不断思考应对方式，细化行动，逐步摆脱困扰，回归正常的生活
3	介入重点：1. 协助服务对象寻找更多有效的方法，并将行之有效的方法继续利用 2. 探究与方法相对应的细化行动，订立小目标，逐步解决问题 本节中工作员了解了服务对象曾做过的努力和方法，并运用焦点解决治疗的方法，协助服务对象细化行动目标，例，工作员：让我们先试想一下，你现在能有什么方法可以赚到100块呢？服务对象：赚100块很简单的。工作员：能具体说说你的想法吗	服务对象虽然改变动机不足，但会努力尝试，在工作员的引导下也能逐渐厘清思路，认识到目标细化的重要性，开始有所改变。更重要的是服务对象能逐渐思考自身的能力所限，在选择工作时亦能重新调整期望。服务对象需要鼓励与支持，在外界支持资源匮乏的情况下，服务对象自身的改变意愿是很难得的。工作员将协助服务对象链接外界资源，寻找企业提供试工计划
4	介入重点：进一步与服务对象探讨行动的事项。本节中服务对象表示希望工作员直接介绍工作，免去自己求职的艰辛。工作员向服务对象澄清曾做过的工作，工作员的角色等，服务对象表示自己已经意识到这个年纪及自己的背景限制了自己获得工作。工作员在协助服务对象处理情绪问题的同时，也不断协助服务对象澄清当下的生存方式，肯定其付出的努力，并用焦点解决未来情景的问句让服务对象构建未来生活的情景，并对当下首先采取的行动作出了规划	服务对象在遭遇多次挫折后，对寻找工作渐失勇气及坚持。服务对象自身没有意识到对于工作的条件及薪酬要求存在一定的不合理，对于未来的目标期望过高。服务对象在应对困境时有一定的方法，但方法不一定可取，工作员能理解服务对象的窘迫，并对服务对象的境况表示理解。服务对象在辅导过程中逐渐清晰行动规划的步骤，先是委托工作员协助跟进低保的申请事项。同时，服务对象表示希望能争取多一些资助，委托工作员向街道咨询低保人员退居补助政策（服务对象本人已经问过居委会，居委会工作人员表示没有此政策）

续表

介入阶段	介入重点及相关技巧、手法	工作员分析思考
5	介入重点：向街道有关部门咨询退居政策并跟进服务对象低保申请进度或低保申请款发放事项。工作员协助服务对象了解了相关政策，并向其解读了相关政策，同时了解到服务对象为低保申请作出了相关努力，东奔西跑办理材料，低保申请已经成功。工作员告知服务对象到居委会领取低保补助“物资救助卡”，并肯定服务对象的努力（通过焦点解决放大技巧，询问服务对象所做的努力，鼓励正向有效的行为）	工作员跟进与服务对象相关的一些保护政策，在跟进的过程中逐步了解到许多信息。在服务对象不太清楚政策的情况下，工作员为其澄清政策，协助其厘清思路，承担政策解读的角色。同时工作员也向物管处推荐服务对象做保安，但由于年龄问题没有录取。工作员不仅进行政策解读，同时发挥资源整合的作用。工作员运用焦点解决的技巧，放大服务对象的优势和成就，增强服务对象的自信心及自我效能感，鼓励其继续为改变作出努力
6	介入重点：与服务对象会谈，了解其近况，并进一步澄清其努力，鼓励其努力的成果，并与其探讨下一步的计划。工作员听取了服务对象近期所做的努力，并给予放大及赞扬，同时与服务对象进一步讨论下一步的行动计划。服务对象领取了救助卡，并有了低保补助，生活有了一定的经济来源，其表示自己仍会去找工作，现有按照计划参与临时工作，通常为包“三顿”的工作。服务对象经过自身的努力找到一份后续有很大就业机会的岗位，但由于当下的工人还在工作，需要到年底才到期，才可以换人。同时服务对象有考虑自己再创业，现自己准备工作筹集一定的资金，后续可以实现自己的计划	服务对象主动和工作员谈及近期自己的努力，谈及自身的工作状态，并在工作员的引导下谈及自己的计划和想法。服务对象不仅在精神方面，还有情绪方面都有了很大的改变，情况逐渐稳定，对未来有着自己的想法——创业，服务对象明白自身的资源不够充足。但服务对象开始有一些计划，并会规划一些步骤，服务对象由求助到当下的自主，服务对象的潜能被挖掘，生活逐渐稳定，服务对象的社区回归适应的状况良好
7	介入重点：提醒服务对象每月提交尿检报告，协助督查服务对象的目标执行情况。服务对象在面对工作员时态度更为积极，对生活的态度有了很大转变。工作员主要倾听其描述自己近期的经历和感受，并不断给予支持与鼓励，巩固其努力的成效，增强信心	服务对象当下情况逐渐稳定，也开始构思自己的未来生活。工作员可以协助服务对象细化自身目标，为服务对象澄清其未来的努力方向。但服务对象自身的态度转变，让工作员看到服务对象学会了自助，在后续跟进的过程中，或许不需要工作员的引导，服务对象自身的能动性已经促使其不断在计划并且行动

续表

介入阶段	介入重点及相关技巧、手法	工作员分析思考
8	介入重点：1. 了解服务对象近况；2. 检视个案目标的达成。服务对象现帮朋友打散工，并预计存钱购买“退居保险”。工作员肯定了服务对象的努力，并总结了其一路的努力，当工作员对服务对象的有效行为进行肯定和赞扬的时候，服务对象身体会下意识地挺直一些，说话的语气也会更加高昂	个案目标在各方面均已达成，服务对象不仅有了稳定的生活来源，而且会规划自己的未来，积极想办法应对，且会动用自身的资源协助自己达成正向目标。服务对象发生了良性改变，个案的辅导目标达成且辅导效果较好，商量结案
9	介入重点：巩固其努力成果，商量结案事宜。工作员与服务对象共同梳理一路以来的努力与改变，突出服务对象的正向成果，并肯定其自助能力，提出目标达成，商量结案事宜	服务对象各方状况都得到了明显的良性改变，辅导目标达成，且服务对象能够较好地自助，个案可以结案

五、评估

本案例中主要采用的评估方法为认知行为态度改变法，目标的达成主要根据服务对象的改变来定，评估主要围绕服务对象重塑生活的状况进行检视。

该案例中，与服务对象协定的各项目标均已达成，服务对象不仅得到了政策资源的支持，且对自己的未来生活有了较为清晰的规划，且能运用自身资源并付出相关行动去实现自己的计划。服务对象融入社区生活良好，重塑生活计划完成。

工作员在介入中采用焦点解决理论作为介入的理论支撑，并且通过相关手法、技巧，协助服务对象突破自己，细化目标并逐步完成目标，最终达到自助，重塑生活。

六、结案

本个案辅导目标达成，以协商结案的方式结案。工作员后续将会不定期回访服务对象，了解其状况。

七、专业反思

在本个案的介入过程中，工作员运用寻解治疗作为理论支撑，协助服务对象完成改变。服务对象自身有一定的改变意愿，但是不强烈，在接案初期，服务对象处于困境中，情绪及自我效能感均比较低，工作员首先同理服务对象，对其处境表示理解并给予相应的安慰和支持，工作员对困难群体表现出的尊重与真诚，感染了服务对象，工作员与服务对象建立了良好的专业关系。在了解了服务对象过往的努力后，工作员不仅赞扬服务对象的坚持，同时放大其优势，鼓励其继续作出改变。以寻解治疗为导向的辅导，工作员更注重将重点放在未来，先调动服务对象改变的意愿，然后以未来构想的技术，协助服务对象构建了大致的努力方向，而后引导服务对象细化目标，以“当下第一步会做什么”的惯例问句，协助服务对象思考当下的任务，聚焦视角来思考并以微小的改变开始，逐步走向大的改变。

寻解治疗的方法让工作员发现优势，放大优势，同时引领服务对象思考未来，看到希望，这是个案辅导特别是求助意愿较强案例的斩妖神器。

八、督导点评

该服务对象因吸毒导致对生活失去信心，生活陷入困境。社工能运用焦点解决治疗协助服务对象厘清自己的认知，建立合理认知，使其能重新审视自己，进而改变他的行为态度。在服务过程中，社工能利用政策内资源，为服务对象链接资源，协助解决其生活困境。

案例二：萨提亚家庭治疗在以老养残家庭个案中的应用

一、案例背景

（一）个案基本信息

姓名：S 女士

性别：女

年龄：65 岁

个案来源：服务对象主动求助

介入时间：2018 年 1 月 23 日—2018 年 10 月 17 日

（二）服务对象背景资料

服务对象，身形矮小，身高约 1.4 米，脸部发育扁平。服务对象并无明显的生理和精神障碍，只是在表达上总需要花费较长时间组织语言，与人沟通时需要花费一些时间去理解他人的话，基本不会影响服务对象的日常生活。育有 1 儿子，现在 41 岁，丈夫于 2016 年去世。

服务对象的儿子成婚后，先后育有两子，均有不同程度的发育迟缓症状。

二、介入评估

（一）服务对象主诉问题

服务对象的儿子成婚后，先后育有两子，均有不同程度的发育迟缓症状。大孙子有听力和智力两方面的障碍，并因为行为问题即将被幼儿园退学；小孙子情况较为严重，有肢体、听力和智力的障碍，至今不会说话和独立行走。但服务对象的儿子儿媳一直以忙于工作、无法照顾两个小孩为由，让服务对象和亲家每人各负责照顾一个孙子，但他们文化水平有限，不知道如何教育这样的小孩。同时，服务对象还经常因为让小孙子出生为家庭带来太多麻烦而感到内疚："如果当时听医生的话，不让小的出生就好了。"总的来说，服务对象十分焦虑和无助。

（二）个案需求分析

服务对象的焦虑和无助其实主要来源于两个方面。

一方面是服务对象将所有错误都揽在自己身上的归因方式。服务对象因为小孙子的出世而常感愧疚和烦恼，认为现在整个家庭经受的痛苦都来源于她，令她长期处于低自我价值的状态，在照顾两个孙子的事情上无条件地付出，与家人的沟通也一直采取"讨好型"的方式。这使她在家庭中的角色及界限越来越模糊，会令服务对象肩上的压力越来越大。

另一方面获取社会资源的能力薄弱。服务对象知道需要用特殊的方法去教育两个孙子，但自己又不懂得任何方法，以及不清楚任何有关特殊教育的政策，更不懂得向何人求助，因此而产生的心理矛盾使服务对象忧心忡忡和无助。

综上所述，根据由急至缓的处理原则，社会工作者可以先链接资源，协助服务对象获知并申请低于6周岁儿童评残、特殊教育等政策，解决服务对象两个孙子的教育问题；而后协助服务对象澄清其在家庭中的角色，强化服务对象儿子、儿媳的亲职教育观念能力，从而缓解服务对象的焦虑和无助感。

三、指导理论——萨提亚家庭治疗

（一）服务对象的自尊程度

萨提亚认为，家庭成员的自尊非常重要，自尊其实就是家庭成员的自我评价，过低的自尊不仅容易导致家庭成员自身的问题，而且也容易引发家庭本身的问题。服务对象的低自我价值、低自尊使她难以与家人表达自我，感觉焦虑、无助，因此从优势视角出发，肯定她为家庭的辛勤付出，提升她的自我认同感；也通过问题外化的技巧，将服务对象与两个孩子的问题分离。

（二）服务对象的家庭沟通应对姿态

萨提亚认为家庭沟通的形式其实反映了家庭成员各自的自尊程度，沟通的不良很大程度上是因为家庭成员自尊程度的偏低，由此导致沟通过程中心偏离，也就是内心所想和行为所示的背离。结合“冰山理论”，改善服务对象的“讨好型”应对姿态，用新的感受冲击旧的感受、观点、期待、渴望等，表达出自我。

（三）服务对象及其家庭规则

萨提亚认为每个家庭都会形成特定的家庭规则，每个家庭成员都生活在特定的家庭规则之下，良好的家庭规则有利于家庭成员发展，负面的家庭规则会阻碍家庭成员的积极发展，也会阻碍家庭本身的健康发展。推翻服务对象所在家庭的负面规则，澄清每个家庭成员的角色和职责。他们需要知道服务对象其实只是对儿子一家有协助者的角色，并无照顾者的角色，两个孩子的主要照顾责任在于服务对象儿子儿媳身上。

四、介入目标

（一）总目标

缓解服务对象的焦虑和无助感。

（二）分目标

1. 协助服务对象解决两个孙子的康复教育问题；
2. 提升服务对象的自尊程度；
3. 协助服务对象改善家庭沟通应对姿态；
4. 协助服务对象及其家庭合理化家庭规则。

五、介入策略与计划

阶段	计划时段	阶段性子目标及主要工作
专业关系建立阶段	一个月	收集服务对象背景信息，建立专业关系，评估服务对象需求，共同订立个案目标及计划
资源链接阶段	三个月	1. 疏导服务对象消极情绪； 2. 链接资源，为服务对象提供解决两个孙子的康复教育问题的政策资源

续表

阶段	计划时段	阶段性子目标及主要工作
家庭治疗阶段	四个月	1. 了解服务对象低自尊原因，运用问题外化、优势视角提升服务对象的自尊程度 2. 运用“冰山理论”和服务对象共同分析沟通姿态，寻找服务对象“讨好型”姿态背后的自我，协助服务对象改善家庭沟通应对姿态 3. 积极与服务对象家属进行沟通，协助服务对象及其家庭合理化家庭规则
结案评估阶段	两个月	评估服务对象情绪与心理情况，并进行结案
回访阶段	一个月	了解服务对象情绪与心理情况，巩固家庭治疗成果

六、实施过程

（一）专业关系建立阶段

1. 服务对象资料收集与专业关系建立

由于服务对象是主动求助，社会工作者接案后，服务对象坦诚透露自己的烦恼、家庭现状、经济情况等一系列背景信息。社会工作者在资料收集的同时，运用同理、优势视角等技巧，对服务对象的感受表达理解，舒缓了服务对象的紧张和焦虑情绪。在此基础上，社会工作者与服务对象签订个案服务同意书，确立个案专业关系建立。

2. 需求评估与服务计划订立

根据服务对象的主诉问题，社会工作者进行问题分析，并将分析结果和实际需求向服务对象进行反馈。在得到服务对象肯定后，社会工作者与其订立了个案服务目标以及跟进计划。同时，社会工作者也将该目标和计划与服务对象儿子进行沟通，获得其理解和同意。

（二）资源链接阶段

1. 正式资源了解

社会工作者先后在居委会、街道残联、区残联协助服务对象了解适合两个孙子的残疾儿童康复政策，并获知“0～14 岁残疾儿童康复训练资助”政策。不过，政策规定康复训练资助只能选择一项，而两个孙子听力、智力都有明显的损伤，需要相关专家进行评估，看他们更需要何种康复训练。

2. 非正式资源了解

社会工作者通过资助政策指定的康复机构名单中，得知辖区附近有一家残障儿童康复机构。基于两个孙子需要专业评估，以及如申请资助政策，需要指定康复机构的评估，因此社会工作者联系到该机构，让服务对象的两个孙子接受现场评估。专家建议，两个孙子以接受智力康复训练为佳，由于大孙子的听力较好，可以无须助听设备，但小孙子听力较差，最好佩戴助听器接受训练。

3. 正式与非正式资源链接与整合

因申请助听器资助必须持有残疾证，得到服务对象及其儿子的同意后，社会工作者和服务对象到居委会申请为两个孩子评残（听力、智力），并先为大孙子申请康复训练资助。社会工作者陪同服务对象、其儿子、两个孙子到指定医院进行评残。评估医生表示，由于两个孩子的听力逐渐自我康复（精神发育迟缓导致听力发育迟缓），可以不做听力评残。因此，他们最后只需完成智力评估，大孙子为智力四级，小孙子为智力三级。

一个月后，社会工作者得知服务对象大孙子的康复训练资助款已拨下来，故陪同服务对象到康复机构协助她为大孙子办理入学手续。一个月后，服务对象与儿子商量后，主动准备好资料，与社会工作者共同为小孙子也申请了康复资助和办理了入学手续。

通过资源的链接与整合，社会工作者协助服务对象解决了两个孙子的康复教育问题，大大缓解了服务对象的焦虑无助情绪。

（三）家庭治疗阶段

社会工作者在为服务对象协助办理政策手续时，也逐步介入服务对象的家庭问题，通过问题外化、优势视角、家庭角色澄清等手段，提升服务对象的自尊感，调整自己的家庭角色，也让服务对象儿子逐渐承担起照顾两个孩子的责任。

在了解服务对象低自尊的过程中，社会工作者发现这与她在原生家庭因长相特殊、反应较为缓慢而不受重视有关。同时这也引发了她一种特殊行为——捡废品并囤积在家中，即使她知道这种行为是不当的，但她也不能控制，原本两房一厅宽敞的房子被遍地的废品占据，导致儿子一家四口只能居于不超过10平方米的房子中。不过，改善服务对象囤积废品行为不是此个案服务的目标，所以社会工作者只向服务对象多次提出该行为的利弊以及建议，并未作深入介入。

（四）结案评估阶段

社会工作者与服务对象进行结案时，共同回顾了服务对象获得的成果。

服务对象对自己的进步和获得的成果表示认可，也感觉从社会工作者的服务中获得很大的支持，焦虑感和无助感已经少了许多。社会工作者与服务对象完成问题评量表和服务对象结案评估后，顺利结案。

（五）回访阶段

结案后一个月，社会工作者回访服务对象。服务对象已经能够自主准备资料，到居委会办理两个孙子的康复训练续期。同时，服务对象儿子越来越关注两个孩子的康复教育，带孩子们上学当天会主动向老师了解他们的康复情况，尽力在家里配合机构康复内容，和孩子们进行反复的认知练习。

社会工作者也一直关注着服务对象及其家庭情况。除了服务对象儿子，会主动关心孩子的学习问题外，更会关心服务对象的生活起居情况。服务对象及其家人更能够“自助”，无须社会工作者介入，自行处理解决两个孩子的读书上学问题。可见，整体家庭关系得到改善的同时，服务对象自身的焦虑感也持续地缓解。

七、介入成效

（一）个案问题评量表

请与服务对象商讨其认为需要处理的问题（按优先次序）	开启个案时 日期：2018. 1. 23	结束个案时 日期：2018. 10. 17
	困扰程度 （0 分至 5 分，0 分代表不困扰，5 分代表非常困扰）	
1. 解决两个孙子的康复教育问题	5	1
2. 服务对象的自尊程度提升	4	1
3. 服务对象的家庭沟通应对姿态改善	4	2
4. 服务对象及其家庭的家庭规则合理化	3	1

根据服务对象接案和结案时填写的个案问题评量表，结案时服务对象的 4 个问题对其的困扰程度都得到下降，说明个案服务有较好的成效。

（二）服务目标达成情况

序号	协定服务目标	目标达成情况
1	协助服务对象解决两个孙子的康复教育问题	目标达成。社会工作者已经成功协助服务对象为两个孙子申请了康复训练资助，并已在海桐康复中心进行康复训练

续表

序号	协定服务目标	目标达成情况
2	提升服务对象的自尊程度	目标达成。服务对象已经由“觉得恶劣的家庭现状都是自己的错”，转变为认可自己为家庭的付出，应该得到家人的认可和支持，自尊感得到提升
3	协助服务对象改善家庭沟通应对姿态	目标达成。在整个服务过程中，服务对象及其儿子逐渐意识到自己在家庭中的角色和责任，服务对象的讨好型沟通姿态与儿子的指责型沟通姿态都得到一定的改善
4	协助服务对象及其家庭合理化家庭规则	目标达成。服务对象及其家庭都愿意作出改变，儿子儿媳也主动承担照顾和教育孩子的责任，在休假时接送孩子上课，多陪伴孩子，让服务对象有喘息的时间
5	总目标：缓解服务对象的焦虑和无助感	上述 4 个分目标的达成，使服务对象的焦虑和无助感得到明显的缓解，服务对象也认可自己和家人的改变与进步

八、专业反思

（一）问题外化技巧的使用

对于习惯将问题归因到自己身上、低自尊的服务对象，社会工作者需要不断通过问题外化将问题与服务对象进行剥离，能够有效降低服务对象的焦虑感、愧疚感，逐渐聚焦于实际问题的解决当中。

（二）对于以老养残家庭现状的反思

随着广州市的老龄化程度越来越高，社会面临的养老压力越来越大，而其中更有一大部分长者还需要同时照顾残障家庭成员。面对年幼或者重度障碍的家庭成员，长者需要花费更多精力、时间，身心俱疲。因此，社工也需关注到此类以老养残家庭，开展社区互助倡议，整合社区内外资源，缓解长者的照顾压力；同时也要注意做好信息收集、整理，向相关部门进行反馈，以研究更多有利于此类家庭发展的政策，增强他们的家庭功能。

九、督导点评

本案例属于以老养残且为一户多残家庭案例。大部分残障人士生活起居甚至家庭经济往往都要依靠家人，也正是这种一直以来的依靠，让他们习惯了依赖家人，也把家人的帮助视为理所当然。要改变他们这种观念，社会工作者除了针对长者本人开展工作，也需要介入他们的家庭工作。在本案例中，服务对象的焦虑来源于他们的家庭沟通问题和儿子家庭责任意识薄弱，社会工作者能够首先解决案主家庭最紧急的孙子教育问题，再通过协助他们处理根本的家庭沟通问题，缓解案主的焦虑感和无助感。

案例三：与你同行，爱满安宅

——运用个案管理模式缓解服务对象多样性问题

一、案例背景介绍

服务对象华姨是失独长者，女，今年 74 岁，一级肢体残疾，长期瘫痪卧床，且患有高血压、青光眼、肺部损伤，全身只有头部能动。但服务对象头脑清醒，能独立地安排自己的生活，遇到事情也会主动向各个部门求助，服务对象希望能在家里安度晚年。

然而身体高位瘫痪，身体病痛缠身的服务对象，生活上简单的吃喝拉撒基本都需依靠他人，可想而知，一旦出现某一环节的问题都会面临着巨大的生活危机。面对服务对象多样问题的情况，确保有适合资源的情况下，采用个案管理的方式，以满足服务对象的需要，介入服务对象多样的问题。

二、案例预估

服务对象无退休金，收入较少，且需要长期服药和每月给工资给照顾者，是入不敷出的状态；身体方面是重度残疾人，长期卧床，无自理能力，独立解决问题的能力弱；社会支持方面服务对象最大的支持来源是弟弟和目前的照顾者，对于解决服务对象问题的助力有限，服务对象希望社会工作者可以帮助解决目前遇到的问题。从服务对象目前的情况来看，服务对象的核心问题是社会支持网络薄弱，遇到问题靠自己和自身的资源去解决较为困难。

目前服务对象存在的问题看似简单，但对服务对象来说至关重要。具体问题如下。

1. 居家照顾问题，寻找合适的钟点工

服务对象瘫痪在床，身体多病，无自理能力，目前单靠一位退休的环卫工人照顾，但环卫工人打算等乡下的房子装修好就回乡下生活，虽具体时间未定，但面临着无人照顾的风险，服务对象希望社会工作者帮忙物色合适的保姆，但因其收入较低，聘请一个合适的保姆比较困难。

2. 进食问题，协助服务对象去医院拔牙和检查身体

服务对象因为牙齿松动，进食困难，日常也会有疼痛的情况出现，导致进食困难，想去医院拔掉 8 颗牙齿，但因为常年瘫痪在床，无法下楼，又没

有多余的钱叫 120，故向社会工作者求助希望可以帮忙带其去医院看病。服务对象打算除了看牙，也顺便去检查一下身体。

3. 居家安全问题，协助服务对象去解决天然气公司检查出的安全隐患

服务对象家中天然气检查时发现热水器因为使用太久，存在安全隐患。天然气公司提出服务对象家中需要及时更换热水器，不然就断其家中的天然气。服务对象的收入较低，购买一个新的热水器负担较大，考虑要不要更换新的热水器，希望社会工作者帮忙了解有没有便宜、合适的热水器。

社会工作者通过与服务对象面谈，确定目前较为紧急的是牙齿疼痛导致的进食问题和天然气的安全隐患问题，其中居家照顾问题因为目前照顾者还没有回乡下，且服务对象的收入不足，无法请一般市场价的保姆，故社会工作者和服务对象商量后续再去留意合适的保姆。

本案例主要是通过协调各种资源，去解决服务对象目前遇到的拔牙问题和热水器更换的居家安全问题，在解决问题后，社会工作者将和服务对象总结这些资源的可持续性，后续服务对象遇到类似问题可以如何解决，逐步增强服务对象的社会支持网络。

三、服务计划

（一）服务理论

社会支持理论：依据社会支持理论的观点，一个人所拥有的社会支持网络越强大，就能够越好地应对各种来自环境的挑战。个人所拥有的资源又可以分为个人资源和社会资源。个人资源包括个人的自我功能和应对能力，后者是指个人社会网络中的广度和网络中的人所能提供的社会支持功能的程度。在本案例中，服务对象资源较为薄弱，身体机能瘫痪，家人系统薄弱，能运用的社会资源不足，需从社会网络中获得支持。

个案管理：是一种协调的过程，通过协调获得各种资源，来协助那些面临各种问题的服务对象，他们因为这些问题而出现了无法满足的生活需求、失意和无成就感的状况。个案管理是一种提供服务的方法，它是由专业社会工作者评估服务对象及其家庭的需求，并安排、协调、监督、评估和倡导一套包含多种项目的服务，以满足特定服务对象的复杂需求。个案管理有两个重点：（1）为面临多重问题的服务对象寻找所需的服务网络。（2）协调这个网络中的各项服务，让他们彼此相互配合，即在关注每一项个别服务提供有效性的同时，把工作焦点聚集在整个服务网络能否有效解决服务对象的问题

以及网络中的各种服务的彼此协调中。

服务对象是社区的兜底长者，需要长期跟进，问题也比较多样，但近期比较集中的需要主要体现在居家安全和健康方面，社会工作者将通过个案管理的方式，联动各方资源，包括社区医院、社区志愿者、微心愿项目、陪诊项目、燃气公司等去解决服务对象目前遇到的问题。最后总结个案的成功经验，增强服务对象对资源的了解和继续使用，以达到增强服务对象社会支持网络的目的。

（二）服务目标

总目标：

服务对象安度晚年，缓解生活困境，营造相对安全的居家养老氛围。

分目标：

1. 联合社区医院、社区志愿者等资源，解决服务对象的进食问题，减轻服务对象因健康带来的痛苦。

2. 为服务对象链接微心愿资源，减少其居家安全隐患，提高服务对象家人对其生活的关注度。

（三）服务策略

第一阶段：明确及评估

明确服务对象的需求，确定跟进方向。社工协助服务对象表达自己的需求，以确认服务对象面临的问题，并判定问题的复杂性，明确所需的整合性服务，包括解决因牙齿脱落疼痛引起的进食问题和热水器安全隐患面临的断气危机，最终评估服务对象整体状况。

第二阶段：执行及监测

根据评估后的状况，联合适当的资源，制订相应的服务计划，去解决服务对象遇到的进食问题及居家安全问题。在跟进过程中，不断监督和评估，以便及时调整服务。

第三阶段：总结及持续跟进

总结个案的成功经验，促使资源可持续使用，以达到营造安全居家环境的目标。

四、服务实施过程

（一）接触阶段：明确及评估

服务对象是社区的兜底服务对象，经过长期的跟进，服务对象对社会工作者是比较熟悉和信任的，并在以往的工作中搭建起社工—居委会—街道—残联多方联动机制，让服务对象出现问题可以主动向各个部门求助。故社会工作者可以迅速和服务对象建立起专业关系，并和服务对象去分析目前遇到的问题与可以利用的资源，以及问题的轻重缓急，如服务对象请保姆问题的持续跟进。社会工作者先是和服务对象厘清个案的两个跟进方向：一是服务对象的健康问题，即解决因牙齿疼痛引起的进食问题和日常健康的维护；二是居家安全问题，协助服务对象去解决天然气公司检查出的安全隐患。

（二）介入阶段：执行及监测

针对第一个问题，社会工作者联合社区医院、居家养老的工作人员介入，协助服务对象申请陪诊项目和寻找合适的陪诊员去解决问题。经过沟通，服务对象的进食问题是因为牙齿松动导致疼痛，影响进食。了解服务对象的情况后，社会工作者进而与社区医院以及居家养老平台沟通，但因拔牙需要专门的仪器和打麻药，不能进行上门服务。根据服务对象的问题，社工、社区医院、居家养老服务平台协调，作出相应的调整，社区医生上门帮助服务对象去检查身体，为其开其他需要的药品，缓解服务对象的疼痛感；居家养老服务平台与社工持续关注服务对象情况，连同社区志愿者，提供持续的跟进服务。

而看牙问题的后续计划，服务对象表示等天气转凉后再去白云区医院拔牙。社工为了加强服务对象的家人支持系统，后续计划除了找志愿者帮忙外，服务对象的弟弟和照顾者也会一起去帮助服务对象，最后社会工作者尝试着去总结在服务对象日常健康保持方面可以用到的资源有社区医院的家庭医生，服务对象不方便去挂号可以使用陪诊项目，当服务对象遇到哪里不舒服可以尝试找相应的资源寻求帮助。

针对第二个问题，社会工作者从两个方面入手。第一，联合了天然气公司的工作人员、热水器安装师傅、服务对象的弟弟共同去解决问题；第二，为服务对象链接了微心愿项目用于购买热水器。

社会工作者先是多次致电天然气公司的工作人员确定服务对象家中存在的安全隐患及需要更换热水器的类型和品牌，然后将信息反馈给服务对象，在这一过程中，社会工作者也注意让服务对象参与其中，提供天然气公司电话，和弟弟商量购买热水器类型等事宜。

其次是联系服务对象的弟弟，增强其家人对服务对象的支持，本次社会工作者和其弟弟去商量购买热水器的类型、购买的方式、和安装师傅确定上门时间和维修事宜、解决其他隐患等。

最后是联系微心愿项目的工作人员，因为服务对象家中更换热水器的事情比较紧急，社会工作者和微心愿项目方面取得联系，并说明服务对象家中的紧急情况，通过前期的评估，微心愿的工作人员沟通后表示可以破例全额帮助服务对象购买热水器，只需要在后期做好说明工作。社会工作者将微心愿的决定告诉服务对象和其弟弟后，最后成功帮助服务对象购买了一台热水器，而服务对象的弟弟也帮助给服务对象家中的天然气表安装了阀门及协助处理后续的安装和维修工作，保证了服务对象家中的居家安全。

（三）总结阶段：成效及持续跟进

本案例中服务对象的需求介入主要体现在较为优先的两方面，包括居家安全和健康问题，缓解了牙齿疼痛问题，保证正常的进食，更换了热水器，保障了燃气的正常使用。社会工作者通过个案管理的方式，联动各方资源，包括社区医院、社区志愿者、微心愿项目、陪诊项目、燃气公司、居家养老工作人员、服务对象家人等去解决服务对象目前遇到的问题，为了增强服务对象对资源的了解和继续使用，以达到增强服务对象社会支持网络的目的，社会工作者在总结阶段还会和服务对象一起回顾可持续使用的资源，包括社区医院家庭医生、陪诊项目等，让服务对象清楚之后遇到类似的问题可求助处理。另外，社会工作者还和其弟弟简单回顾本次案例跟进的内容，让其清晰个案的跟进，做好后续的服务安排。

五、案例评估

针对个案的目标一，社会工作者通过联合社区医院、陪诊项目等资源，就服务对象后续拔牙方案达成共识，先通过药物减轻服务对象因牙齿带来的痛苦，解决进食问题；服务对象对于后续的解决方案和可持续利用的医疗资源表示满意，故第一个目标达成。

针对个案的第二个目标，社会工作者联合天然气公司、服务对象家人、微心愿项目，成功为服务对象安装了新的热水器及新装安全阀门，降低服务对象家中的居家安全隐患，保障了天然气的正常使用。服务对象及其家人对最后的结果都很满意。

六、专业反思

个案中社会工作者主要是充当资源链接者的角色，帮助长者链接了陪诊项目资源、微心愿资源、社区医院等，为服务对象问题的解决提供了助力，以后服务对象有需要也可以继续使用这些资源，所以在总结阶段也和服务对象强调了资源的可持续性。

个案中社会工作者在面谈时能做到认真倾听服务对象的需求，与服务对象明确个案的具体跟进方向，服务对象遇到有疑问或不清楚的，会及时进行澄清和说明。同时也会注意发挥服务对象的非正式支持资源，如目前负责照顾服务对象的环卫工和服务对象弟弟，为服务对象问题的解决助力。

个案中除了社会工作者的努力外，服务对象自身的努力也不能忽视，虽然服务对象常年卧床，但在遇到问题时会主动求助，可见解决问题动机强，故在个案方向决定和问题解决方面，社会工作者也会去咨询服务对象的意见和想法，一起去解决问题。

七、服务感言

服务对象的需求是多样的，社会工作者在跟进时要注意厘清服务对象的需求并与服务对象明确个案跟进方向；虽然服务对象瘫痪在床，只有头部可以动，但服务对象自身拥有的能量是不可忽视的，不要一提起困境群体，就是等着各界的关心，就像服务对象依然可以为社区贡献自己的力量，服务对象把自己多余的收音机和轮椅捐献出来，让更多有需要的群体受益，服务对象说自己经常接受别人的帮助，自己也想给其他人贡献自己的力量。就像一首歌所唱的，只要人人都献出一点爱，世界将变成美好的人间。

八、督导点评

该服务对象高位瘫痪，家庭支持有限，容易陷入生活困境甚至危机。社工能根据个案问题的多样性及长期性特征，使用个案管理模式长期跟进，且能充分发挥资源链接以及协调多方配合的角色以解决服务对象的问题。在服务过程中，社工不仅能链接社区及社会资源去弥补服务对象个体及家庭能力的不足，还能不断强化有限的家庭支持，并重视服务对象的内在资源，给予支持并注入希望。

第二节 老年小组服务案例

案例一：以居家应急措施学习小组构建独居长者社会支持网络
——以 XF 社区为例

一、案例背景

XF 社区占地面积约 0.15 平方千米，社区资源丰富，文化底蕴深厚，生活便利程度高，但因为地处旧城区，环境设施陈旧。辖区内共有居民住宅楼 79 栋，大街 5 条，巷 44 条，横巷 15 条。社区总户数 2577 户，其中常住人口 5876 人，外来暂住人口 2063 人。社区中高龄长者有 327 人，残障人士 44 人，是 S 街中片区长者人口最多的社区。低收入人群、老年人、残障人士等社区困难群体所占比例大。

XF 社区由于房屋老旧、小区缺少停车位、长者与年轻人生活习惯不同等多种原因，导致社区里的大部分中青人群搬离社区。根据社工站 2019 年访谈数据分析，接近 60% 的独居长者表示平时家人因为工作繁忙很少回家，他们都在外面住，只是偶尔放假会回来探望。因居住距离的疏远也导致家人之间的交流有所减少，为独居长者带来深远的影响。具体表现：一是独居长者报喜不报忧，子女来探望时因为高兴而“忘记”说自己的烦恼，或者免得麻烦自己的子女而不说；二是非紧急事情拖延解决，社区困难群体遇到一些非紧急事情时，如电灯泡坏了，风湿痛严重了，即使通过电话告知了子女，独居长者还是需要等待子女下次探访才能得以处理；三是社区福利信息获取不足或迟缓，由于独居长者 50% 使用老人手机，甚至有 45% 的独居长者只有固话，现今社区居委福利信息宣传和告知以多媒体方式为主，导致部分独居长者接收不到信息，或者需通过子女接收后再进行转告。当独居长者陷入困境时，在寻求帮助上往往处于被动状态，需要告知亲属后等待亲属处理。

二、介入评估

社工通过分析 XF 社区独居长者的家访记录表发现，九成以上社区独居长者居家安全环境存在安全隐患，且很少或者基本上不和邻居交流往来，不懂得运用社区中正式的或者非正式的社会支持网络来帮助自己。

在此背景下，为减少社区独居长者的居家危险系数和增强他们的社会支持网络，促进他们掌握运用社区中正式的与非正式的社会支持资源，社工运用小组手法进行介入，于 2020 年 1 月 7 日至 2020 年 1 月 17 日的每周二和周四在 XF 社区党群服务中心（空间站）开展居家应急措施学习小组。本小组主要的招募对象是社区中独居长者，共招募到 12 名满足条件的小组成员。

三、指导理论

社会支持网络理论：一个人所拥有的社会支持网络越强大，就能够越好地应对各种来自环境的挑战。个人所拥有的资源又可以分为个人资源和社会资源。个人资源包括个人的自我功能和应对能力。个人的应对能力即是当自身遇到突发意外事件时，首先拥有自我处理的能力。社工根据社区调查、分析社区独居长者的家访记录表发现，XF 社区独居长者存在较为严重的居家安全隐患问题，所以社工通过小组介入来强化社区独居长者应对居家突发意外能力，同时社工也促进小组成员向更多有需要同辈群体分享居家安全的重要性和应急措施，增强整个社区困难群体的社会支持网络。

四、介入目标

1. 小组目的

通过居家应急措施学习小组，探索构建社区独居长者社会支持网络，一方面提高小组成员的居家安全意识和应急措施，另一方面让小组成员向更多有需要和熟悉的同辈群体分享居家安全的重要性和应急措施，增强整个社区困难群体的社会支持网络。

2. 具体目标

具体目标	衡量指标	评估工具及准则
个人——行为： 了解 4 种和掌握 2 种及以上居家应急措施	90% 的小组成员能够了解 4 种和掌握 2 种及以上居家应急措施，例如学会制作“邻里卡”，申请平安通，掌握运用这些社区中正式的和非正式的社会支持资源，并且能够参与应急措施推广服务	前后测+回访
个人——行为： 将学习到的措施应用到居家生活中	小组成员协助社工制定一份《居家应急手册》大纲	每节作业完成情况

续表

具体目标	衡量指标	评估工具及准则
个人——认知： 提高社区困难群体的应急措施知晓度	获得应急措施推广服务的50名社区困难群体中，有50%的困难群体能够了解和掌握2种及以上的应急措施	前后测+观察

五、介入计划

节数	小节目标	具体内容
小组筹备	招募组员	小组计划确定后，社工通过三种方式招募组员。一是通过网络的形式宣传小组，招募情况不理想；二是通过电话邀请，成功招募到4名组员；三是通过社区走访、社区居民协助宣传，组员增加到12名
第一节	引起小组成员对居家安全的重视	1. 初步相识（15分钟）： 社工、组员之间相互自我介绍 2. 破冰游戏（10分钟）： 增进组员相互认识和熟悉，消除陌生感 3. 组程介绍（10分钟）： 社工介绍本节小组的内容和意义，让组员能够清楚知道内容和流程 4. 居家自查（20分钟）： 组员填写一份居家安全自查表，评估存在居家安全风险的情况 5. 意外分享（20分钟）： 邀请组员分享一次个人印象最深刻的突发意外 6. 小组契约（10分钟）： 制定小组契约书，向小组成员重申小组规则，并签署 7. 工作总结及预告（5分钟）
第二节	协助小组成员制定紧急联络表和指导小组成员掌握老人常见病的自救/急救方法	1. 知识巩固（10分钟）： 回顾上一节学习的知识和内容 2. 制作邻里卡（30分钟）： 邀请组员分享自己的紧急联络人，并引导思考其重要性及组成（亲属+邻居+朋友+社区组织+其他），后让组员发挥自己的创意，各制作一张邻里卡，并填上紧急联络人的联系信息 3. 居家应急措施（30分钟）： 邀请组员边制作邻里卡边分享各自患有的常见老人病，社工根据组员分享的常见疾病介绍相关的处理方法 4. 布置作业（10分钟）： 在下一节要完成邻里卡，填写顺序是亲属+邻居+朋友+社区组织+其他

续表

节数	小节目标	具体内容
第三节	协助小组成员准备好家庭应急包	1. 内容回顾（10 分钟）： 上节内容回顾和作业分享：了解组员是否存在填写困难，协助组员完善邻里卡 2. 药物分享（30 分钟）： 邀请组员将家庭常用药、应急用具列出来，并分享各自写的内容及用途 3. 制作“平安包”（30 分钟）： 综合小组成员的应急包材料，制定一份“平安包”（应急）用具清单 4. 布置作业（10 分钟）： 向各组员发放一个“平安包”，并要求组员根据应急清单将物资填充入“平安包”
第四节	指导小组成员认识常用的急救设备	1. 上节作业分享（10 分钟）： 邀请组员就各自准备的“平安包”进行分享，并了解其中哪些物资难寻找或用途不大，并进行应急包清单修订 2. 应急设备认识（30 分钟）： 向组员介绍目前市场上可购买到的紧急辅助设备，鼓励小组成员根据自身经济条件进行购买 3. 政策分享（30 分钟）： 向组员介绍平安通、家庭病床的政策意义、申请流程、申请条件 4. 布置作业（10 分钟）： 各组员根据自身情况厘清哪些应急措施更实用
第五节	协助小组成员总结居家应急措施经验	1. 内容总结（30 分钟）： 协助小组成员就本次小组内容进行会议总结 2. 制作应急手册（30 分钟）： 邀请组员分享各自认为比较实用的应急措施、内容、政策等，并制定成《居家应急手册》内容大纲 3. 颁发小组学习证书（30 分钟）： 邀请组员分享从小组中得到的收获，通过颁发证书肯定小组成员的成长

续表

节数	小节目标	具体内容
第六节	组织小组成员向50名社区困难群体推广“居家应急手册”	1. 推广演练（20分钟）： 组织小组成员参与“居家应急措施”推广服务，并进行个人分工，就分工的岗位进行演练 2. 推广实践（40分钟）： 组织小组成员就分工的岗位进行推广服务实践，主要是向50名及以上的社区困难群体推广所知道的居家应急措施和“居家应急手册” 3. 成效分享（20分钟）： 组织小组成员对于向50名社区困难群体推广的居家应急措施和“居家应急手册”的成效进行反馈和分享

六、小组实施过程

（一）第一节小组过程

1. 小组过程记录

小组环节开展情况	组员表现	社工分析、处理与反思
社工和小组成员互相介绍	社工自我介绍的时候小组成员的参与度较高。到组员向大家进行自我介绍的时候，有部分组员较为拘谨、害羞	开始由于小组成员之间相互不太熟悉，参与度较为被动，但经过后面环节的互动和社工的鼓励后，小组成员都能够积极主动地参与，参与小组的热情度逐渐提高
社工向组员说明小组内容和小组意义	组员能够非常认真地聆听和了解社工介绍本节小组的内容和意义，且就社工提及的小组意义拓展自己的想法	组员能够认同本节小组的内容和意义，参与度较高
组员就自身情况填写居家自查表	针对自查表的问题，组员的投入度较高，遇到不懂的会向邻近的小组成员或者社工进行询问	通过组织组员填写自查表，让组员能够更加清晰地了解自己的居家应急情况，其中90%的组员居家安全是存在风险的
组员分享自己遇到的居家意外	组员分享突发意外时，表现较为激动，表示这种突发意外常见到	组员能够分享自己所知道的突发意外和发生时解决的措施，意识到居家应急措施的重要性

续表

小组环节开展情况	组员表现	社工分析、处理与反思
总结，制定小组契约	有80%的组员能够准时参加每一节的小组活动	制定小组契约可以令组员更好地参与小组过程

2. 本节小组目标达成情况

当节目标	达成情况
促进组员之间的认识和互动	组员愿意相互介绍自己，并且随着互动的加深，组员之间的熟悉度加深，该项目标达成
小组成员能够意识到居家应急措施的重要性	有80%的小组成员表示居家应急措施对自己来说很重要，希望可以学到更多关于这方面的知识，该项目标达成

（二）第二节小组过程

1. 小组过程记录

小组环节开展情况	组员表现	社工分析、处理与反思
回顾上节开展的内容	当社工询问组员是否还记得上节讲过的内容时，组员能够清晰地说出上节学习的内容	根据上节学习的内容，组员能够清晰了解到居家应急措施的重要性
组员了解和掌握2~4种居家应急措施	组员参与积极	根据上一节的内容，向小组成员介绍4种及以上的居家应急措施，有90%的组员表示知道2种及以上的居家应急措施
根据应急措施介绍，组织组员制作出邻里卡	组员能够认真地思考关于邻里卡的信息，比如自身是否有邻里卡、邻里卡需要有什么人的联系方式	80%的组员表示邻里卡很重要，有紧急情况发生时可以根据邻里卡的内容向社区的组织、邻里等进行求助，能够得到及时的帮助。组员还根据自身遇到的一些事件进行拓展更加有效的应急方式，比如拨打电话110等
本节内容总结：向小组成员布置要完成自身的邻里卡	组员承诺会完成作业	此节组员能够意识到邻里卡的重要性

2. 本节小组目标达成情况

当节目标	达成情况
90%的组员能够了解4种、掌握2种及以上的应急措施，学会运用社区中存在的正式的和非正式的社会支持网络	根据现场组员的反应，90%的组员能够掌握2种及以上的应急措施，能够按照“亲属+邻居+朋友+社区组织+其他”的顺序，讨论“邻里卡”的制作，充分运用社区中正式的和非正式的社会支持网络，目标达成
组织组员制作邻里卡	组员表示可以制作出邻里卡，包括：家属联系方式、紧急联络电话110、管理区电话（社区居委、社工站电话）等，目标达成

（三）第三节小组过程

1. 小组过程记录

小组环节开展情况	组员表现	社工分析、处理与反思
巩固上节小组成效，引导组员回忆上节的内容	组员能够积极回答社工所提出的问题，回忆上节学习的内容	大部分小组成员能够清楚地知道上节学习的内容。当询问制作“邻里卡”的时候，组员表示完成任务，并拿出带在身上的卡片
邀请组员分享自身和家中常见和常使用的应急药	组员能够分享自身使用的应急药物，并把自身常带的药物拿出来向其他组员展示	现场分享身上带的应急药物能够让组员更加印象深刻地知道有什么应急药物
综合组员所带的应急药，组织组员制定一份“应急平安包”清单	组员能够展开讨论相对应的应急药物	组员之间能够相互补充相对应的应急药物
小节总结：向组员每人派发一个平安包，让他们回去自己准备包里没有的相对应的应急药物	组员承诺会回去准备对应应急药物	组织组员每人根据自己的应急药物制定一份清单，根据清单补充“应急平安包”

2. 本节小组目标达成情况

当节目标	达成情况
提高组员“应急平安包”中的应急药物和用途的知晓度	经过本节学习，90%以上的组员能够掌握4～5种居家应急药物的使用，目标达成

（四）第四节小组过程

1. 小组过程记录

小组环节开展情况	组员表现	社工分析、处理与反思
上一节小组内容回顾	组员能够积极地回答上节所学习的内容，并展示自己的应急药物	回顾上节内容，90%的组员能够掌握到4～5种居家应急药物和用途
向组员介绍现在市场上的应急设备	组员根据社工介绍的应急设备延伸其他的应急设备，也表示会根据自身的条件购买应急设备	90%的现场参与组员能够掌握社工介绍的设备。此外还有组员根据社工介绍的设备拓展了其他的应急设备
向组员介绍平安通的申请流程	组员很愿意，表示希望自己可以申请免费的平安通	100%的组员能够知道和掌握申请“平安通”的流程和使用方法。在小组外，社工会通过家访、个案等方式跟进有需要的组员申请平安通的情况，帮助组员扩大正式的社会支持网络
小结：组织组员根据自身的身体情况和经济条件申请和购买应急设备	组员表示会和家人商量并看看要不要购买和申请相对应的应急设备	组员意识到应急设备的重要性

2. 本节小组目标达成情况

当节目标	达成情况
组员了解应急设备	经过现场观察和组员的现场表现，90%的组员能够掌握社工介绍的应急设备，还拓展了社工没有提及的其他应急设备，目标达成
组员知晓平安通的申请流程和条件	现场所有组员能够知道申请平安通的流程和条件，目标达成

（五）第五节小组过程

1. 小组过程记录

小组环节开展情况	组员表现	社工分析、处理与反思
上一节小组内容回顾	80%以上的组员能够积极回答社工所提问的上节学习的内容	加深组员对上节学习内容的理解

续表

小组环节开展情况	组员表现	社工分析、处理与反思
组员制定“居家应急手册”	组员能够根据前面所学习的内容给予制作“居家应急手册”意见	制作“居家应急手册”，总结每一节所学的居家应急措施，为向更多的人进行推广做好准备
总结：组织组员分享感受	组员表示很喜欢这类活动，也很感谢社工的关心和照顾，还表示会将自己这段时间获取的知识告诉其他居民	90%的组员表示希望参与更多关于健康的活动或者学习小组

2. 本节小组目标达成情况

当节目标	达成情况
组员制定出一份“居家应急手册”	80%以上的组员能够参与“居家应急手册”制作，并提供相关的建议，目标达成

（六）第六节小组过程

1. 小组过程记录

小组环节开展情况	组员表现	社工分析、处理与反思
根据小组前面制作的“居家应急手册”和“居家应急平安包”，组织组员进行推广服务演练	70%的组员能够很好配合社工进行推广服务演练	组员的投入积极度很高，并且还为社工提供所知道的社区中困难群体的名单/地址
组织小组成员进行推广服务实践	组员的参与度很高，愿意为社工提供相对应的困难群体名单/地址，并为社工带路。向其他的同辈群体讲解自己知道的居家应急措施	通过本次实践活动，希望能够动员更多的社区居民参与社区志愿服务，服务自己社区中的居民。实践过程中，小组成员能够向社区居民讲解平安包、应急手册的作用，比如当遇到紧急事件时可以根据应急手册进行拨打应急电话或者可以使用平安包中的用具进行应急/求救等

续表

小组环节开展情况	组员表现	社工分析、处理与反思
总结会	组员能够就本次的实践活动给予建议	本次实践活动共派发50份居家应急平安包。社区困难群体应急措施的掌握情况在后期会继续跟进

2. 本节小组目标达成情况

当节目标	达成情况
小组成员能够参与应急手册和平安包的推广服务	有90%以上的组员能够参与推广服务
组员向其他社区困难群体讲解居家应急措施	组员能够在派发平安包和应急手册时，向居民讲解应急手册和平安包的作用和使用方法

七、小组成效

（一）评估方法与标准

1. 前后测

组员在参加小组前所知道的居家应急措施和参加小组后增加的变化对比。其中在第一节，社工组织组员根据自身的生活情况填写居家自查表，结果存在80%及以上的组员对于居家应急措施不了解，居家安全存在一定隐患；经过小组学习后，社工在第五节组织组员回顾小组历程，其中有90%及以上的组员表示通过参加小组了解到4种、掌握2种及以上的居家应急措施。

2. 回访

在推广实践过程中，组员向50名社区困难群体讲解应急手册和平安包的用途和内容，针对此环节的50名困难群体中，社工和组员需要在后期进行回访，跟进他们了解和掌握居家应急措施的实际情况。

3. 小组观察

社工在小组过程中，通过观察和分析组员的参与程度进行评估；通过组员在每一节中分享的个人想法进行评估。

（二）目标达成情况

1. 个人——行为：了解4种和掌握2种及以上的居家应急措施

根据小组开展的第一节组员填写的居家自查表反馈，80%的组员对居家应急措施是略懂的，大部分都只知道一些皮毛而已，比如知道“平安通”却不知道如何申请和使用，知道紧急联络人的重要性却不知道紧急联络卡，知道应急药包却不知道使用用途等；但经过全程的小组学习后，在第五节总结分享会和小组结束期中，经过测试，共有90%的组员能够了解到4种和掌握2种及以上的居家应急措施，掌握利用社区中的正式和非正式的社会支持网络，并可以向其他居民分享简单的居家应急措施。

2. 个人——行为：将学习到的措施应用到居家生活中

根据小组每一节的观察和分析，组员之间能够由开始的沉默寡言到后面的相互调侃，对于居家应急措施知识懂得少到后面了解4种、掌握2种及以上的居家应急措施的变化，最后还协助社工制作出一本“居家应急手册”并入户向其他居民推广。

3. 个人——认知：提高社区居民的居家应急措施知晓度

在推广服务过程中，社工组织组员共向50名社区高龄、独居长者和残障人士等社区困难群体推广和派发“居家应急手册”和“平安包”各50份。其中组员作为前锋为社工带队，积极主动地向社区居民简单讲解手册和平安包的用途和内容，同时针对这50名困难群体，社工和组员在后续通过家访跟进他们掌握居家应急措施的情况，发现他们能够说出一些居家应急措施，对“居家应急手册”的掌握情况良好，平安包也坚持使用。

（三）组员反馈情况

在初期阶段，根据组员对自身的居家安全评估显示，有90%及以上的组员存在居家安全隐患；后期经过整个小组的学习，社工根据组员每节的反馈和分享总结出，组员的居家安全有提高，能够了解和掌握到更多有效的居家应急措施，同时将自身学到的知识向广大居民普及，强化了社区弱势群体的支持网络。

（四）部分组员成长分析

1. 森姨（代称）

基本信息：姓名——森姨，年龄——65岁，性别——女。

成长分析：社区的热心居民，刚开始社区中多数人认识森姨却不熟悉，经过本次小组的开展，更多的社区居民能够熟悉她。在小组开展的前期，森姨对于应急措施的知识知道得较多，只是让她总结出来分享给其他居民会较为困难。但是经过小组学习，森姨能够懂得总结所学的新知识和所知道的知识主动分享给其他居民，并协助社工制作“居家应急手册”。同时经过“居家应急手册”和“平安包”的推广实践和社工的引导，森姨愿意加入社区志愿团队，成为一名志愿者，为社区其他困难居民服务。所以在后期，经过森姨提供的名单和带路，向社区中30名高龄、独居的长者、残障人士推广和派发了“居家应急手册”和“平安包”各30份。

2. 祥叔（代称）

基本信息：姓名——祥叔，年龄——65岁，性别——男。

成长分析：社区中的模范丈夫，妻子中风两年左右一直贴身照顾，大部分社区居民都认识，本身的人际关系也好，大部分小组成员就是祥叔协助社工进行招募的。经过小组观察，发现祥叔和组员之间的交流较少，存在的可能原因是组员中女性较多，男性只有两三个而且是隔开坐。但是后期小组总结会中，祥叔表示自己通过参加这几次活动知道了许多应急知识，比如拨打110是快捷的应急方式、随身携带邻里卡、按下平安通进行求救等。

3. 芳婆婆（代称）

基本信息：姓名——芳婆婆，年龄——83岁，性别——女。

成长分析：社区中的热心居民，据了解，年轻的时候经常帮助别人。在小组开展过程中，芳婆婆的参与度很高，乐于向社工和组员分享自身的看法与意见，所以在制作“居家应急手册”中，她能够提供很好的建议。同时表示非常支持“居家应急手册”和“平安包”的推广服务，但是由于身体情况就没有协助社工上门进行推广，不过表示会向自己认识和熟悉的老邻居分享相关知识。

4. 拾姨

基本信息：姓名——拾姨，年龄——78岁，性别——女。

成长分析：拾姨很喜欢帮助别人，所以社区中的大部分居民都认识她。因为拾姨有几十年的志愿经验，在小组过程中，她能够向其他组员分享相关的应急措施方面的知识，并能协助社工制作“居家应急手册”。在推广服务中，拾姨表示非常支持，愿意带领社工入户进行推广。经过拾姨的带路，共向社区中的高龄、独居长者、残障人士20人推广和派发了“居家应急手册”和“平安包”各20份。

5. 女姨

基本信息：姓名——女姨，年龄——78岁，性别——女。

成长分析：女姨虽然较少出声，但是她很认真地投入进来，有时还会协助社工维持现场秩序。愿意提供自身随身携带的药物作为展示品向其他组员分享，并协助社工制作“居家应急手册”和“平安包”。

八、专业反思

社工开展完小组之后，系统总结小组开展过程，小组第一节，社工引导组员相互认识，知晓并认同小组主题及意义，约定共同遵守小组契约，较好完成小组初期的阶段任务。接下来的小组，社工注重关注小组内部的讨论、互动，观察组员在小组中的行为表现、角色，运用小组动力推动平等、互助氛围的建立。小组第二节，社工引导组员建立了对应急措施的掌握、对邻里卡重要性的认同。小组第三节，组员展示自己备用的应急药物，有效促成组员分享自己的经验，组员在这个过程中也能借鉴其他组员的经验，从而达到互助的效果。小组第四节，社工介绍的应急设备，特别是智能应急设备，能协助组员快速获得外界的支援，这能有效降低组员的居家风险。小组第五节，社工指引小组成员一起制作居家应急手册，居家应急手册能充分吸收组员在日常生活中积累的风险应急经验，是小组集体的智慧，这个过程也提升了组员参与居家应急手册宣传推广的参与动机。小组第六节，组员以行动实践的方式，将小组的成果——“居家应急手册”“平安包”，通过社区宣传的方式，惠及更多社区居民。本节小组，社工倡导的“自助、互助、助他人”理念得到践行，亦获得组员的认同，是较成功的探索，值得肯定。小组整个过程，很好地践行了以居家应急措施学习小组构建独居长者社会支持网络。

社工和组员一起推广“居家应急手册”和“平安包”服务后，其他社区的长者从社工站的公众号、XF 社区熟悉的亲朋好友处知晓了该服务，不断有本街道其他社区的长者向社工站咨询“居家应急手册”的派发问题，这也充分说明社区的长者在此方面的需求突出。社工可对此服务进行总结，形成案例，在其他社区或者整个行业内进行推广宣传。

九、督导点评

本小组从服务主题来看，小组对社区重点人群即社区独居长者、空巢长者、残疾长者及其他重残人士来说，非常适切，可初步分析在 XF 社区存在广泛性需求，将来可考虑进行推广；从小组服务方式来看，社工为小组输入社会资源信息，同时组员内部分享自己的经验，促成外部与内部资源信息相结合，受到组员的普遍欢迎；从小组成果延伸来看，“居家应急手册”和“平安包”不仅仅惠及小组成员，还推广给 50 位有需要的社区居民，有效地将小组成果延伸到社区。

案例二：运用群体动力学管理长者慢病健康
——“健康直通车”长者慢病健康管理小组服务案例

一、案例背景介绍

随着年龄的增长，老年人的身体机能和器官功能逐渐下降，伴随而来的是老年人健康水平下降，导致的是慢性病的患病概率提升，因此老年人容易患有慢性疾病，老年人慢性疾病也因此成为众多老年人关注的问题之一。老年人慢性病的患病率为全人类的 4.2 倍，患有慢性病不仅影响老年人的身体健康，还会为老年人的生活带来不便，严重的会给家庭和社会带来沉重的医疗花费及照料负担，但大多数慢性疾病可以通过改变生活方式进行控制和干预，因此老年人需要加强健康教育，提高自我保健能力。

根据《SH 街社工服务站 2020—2021 长者领域需求调研报告》的调研结论显示，在拓展服务对象当中，有 80% 以上的长者随着年龄的增长，会患有多种老年慢性病，严重影响他们的身体健康，导致他们身体变差，为家庭经济也带来了一定的压力和负担。因此，拓展服务对象对于慢性疾病方面的健康问题非常重视，希望能做到预防和减轻疾病带来的影响。

二、案例分析（预估）

（一）问题成因分析

根据过往服务发现，SH 街某社区有部分服务对象患有慢性疾病，并担忧长期待在家里不走动会加重老年疾病，因此他们每天都会固定一个时间在社区内散步、晒太阳、相聚交谈，但是他们较少针对自身的健康状况作出一些具体的措施或行动，例如针对性的运动锻炼、健康饮食控制和慢病方面的监测等。服务对象虽然有管理健康的意识，但积存已久的慢性疾病较难起到管理的作用，缺乏健康管理的技巧学习和运用，他们需要为自己的健康进行管理规划并实施行动。

（二）资源分析

1. 人力资源

服务对象固定每周下楼到社区亭子晒太阳 3 ~ 5 次，一共有 5 ~ 6 人，大部分互相认识，经常相聚在凉亭下聊天，早上时间在社区内活动的服务对象人流比较大。

2. 环境资源

该社区位于沙河街服装批发城旁边，四周都被批发商铺围绕，人流、车辆较多，导致服务对象长时间无法外出社区，只能限于社区内活动。社区内有两个凉亭，可以供服务对象相聚交谈使用。

（三）服务形式

结合服务对象的健康问题和需求，社会工作者开展本次“健康直通车”慢病健康管理小组。社会工作者在小组中运用“群体动力”理论，引导服务对象从个人在社区锻炼身体，转变为和有共同需求的同伴相聚在一起，通过相互分享管理成果、经验，相互监督、鼓励，从个人力量发展为团体力量，最终打造一支慢病健康维护团队，促使服务对象形成持续的健康管理行动力。

三、服务计划

（一）服务目标

1. 总目标

打造慢病健康维护团队，服务对象由个人健康维护行动转变为团队健康维护行为，形成共同行动目标，健康维护的行动力得以提高。

2. 具体目标

分目标 1：服务对象认同并加入健康维护团队。

分目标 2：服务对象能学会慢病健康管理的技巧和方法并运用到日常生活中。

分目标 3：服务对象通过参与小组，提高了健康维护的行动力。

（二）专业理论及服务方法

群体动力理论的宗旨是寻找和揭示群体行为与群体中的个体行为的动力源，从心理及社会环境两方面去寻找对群体以及个体行为的推动力量。它认为，要改变一个个体，最好从改变他生活的群体入手，因为任何一个人都有一种群体归属感，都不愿意被他所属的群体厌弃。

在小组中，服务对象都患有慢性疾病，有维护健康的共性需求。服务对象参与小组学习能够提升个人健康维护的能力，能够和其他有共同需求的服务对象聚集在一起产生团队动力，共同为健康而付出健康管理和监测的行动，从个人力量发展为团队力量，能够更好地推动服务对象的需求和目标完成，提升服务对象的健康管理能力和行动力的持续性。

（三）服务计划

时间	本环节目标	具体内容
第一节	1. 服务对象了解小组主题、内容、目的、时间 2. 服务对象之间相互认识 3. 引导服务对象制定小组契约	1. 社会工作者介绍小组主题、内容、目的、时间 2. 引导服务对象相互认识，加深关系 3. 服务对象共同商讨并签订小组契约 4. 通过健康树小游戏了解服务对象的慢病情况、困难和需求，服务对象填写慢病健康档案
第二节	1. 服务对象学习健康管理技巧之一——运动管理 2. 提升服务对象运动锻炼的能力	1. 社会工作者回应上一节服务对象健康树反映的困难、困惑和需求，引导出本节小组的内容 2. 服务对象学习健康管理的技巧之一——运动管理，学习十式操、手指操 3. 服务对象实践锻炼，反馈锻炼后的感受 4. 布置家庭作业：服务对象在家锻炼一次手指操、十式操
第三节	1. 服务对象学习健康管理技巧之一——饮食管理 2. 提升服务对象健康管理的能力	1. 回顾上一节小组内容，并做运动锻炼 2 次 2. 社会工作者介绍本节小组的内容和时间，服务对象学习健康管理的技巧之一——饮食管理（高血压、糖尿病的饮食） 3. 巩固本节小组知识 4. 布置家庭作业：服务对象在自己的健康档案里，记录自己近期的饮食，以及每天的身体和心情状况；回家后坚持运动锻炼，进行打卡
第四节	1. 提升健康管理的能力和意识 2. 鼓励服务对象持续的健康管理行动	1. 回顾前两节小组中学习的健康管理方法 2. 讨论环节：服务对象针对家庭作业进行总结和分享，并提出疑问大家一起讨论 3. 服务对象总结有效的健康管理方法和经验 4. 服务对象学习使用血压仪，引导服务对象学会后相互帮助测量血压 5. 布置家庭作业：继续健康管理行动的打卡、记录
第五节	1. 提升服务对象健康管理的自主能力 2. 告知小组进度	1. 引导服务对象自行进行健康监测：①服务对象自行组织做运动健康锻炼；②社会工作者提问饮食知识。由服务对象通过回答复习知识；③服务对象相互协助测量血压并登记血压数据；④服务对象自行交换健康饮食记录，讨论和分析各自收集健康饮食记录的情况 2. 布置家庭作业：继续健康管理行动的打卡、记录

续表

时间	本环节目标	具体内容
第六节	1. 巩固知识 2. 鼓励服务对象持续健康管理行动 3. 制订小组结束后的健康管理行动计划	1. 服务对象自行进行健康监测 2. 社会工作者总结服务对象的成长和变化，鼓励服务对象在小组后继续坚持健康管理行动 3. 组织服务对象一起讨论小组结束后的健康管理行动计划（时间、地点、频率） 4. 拍摄合照，社会工作者派发参与小组的礼物

四、服务计划实施过程

（一）小组初期：形成小组规范，孵化小团队

在该时期，社会工作者是小组的中心人物，通过与服务对象的互动，引导服务对象之间相互认识，以及主导小组进程和小组发展，带动服务对象积极参与小组。在小组过程中，社会工作者关注每一位服务对象的表现，对发言较少的服务对象给予特别关注，并创造机会让服务对象表达自己的想法和促进服务对象之间的沟通交流。

在本阶段的小组中，服务对象逐一展示自己的“健康树”，分享自己的慢病状况和因慢病导致的生活问题，服务对象在聆听和讨论过程中寻找共同困难，服务对象逐渐认识到慢病的危害性以及健康的重要性，并开始提出加入健康维护团队的意愿和对参加小组的期望。

（二）小组中期：引导服务对象学习慢病管理的方法

在该时期，社会工作者的角色主要是领导者，第二是支持者。在本阶段的小组中，服务对象学习运动锻炼、饮食控制、慢病指数测量——三种常见的健康管理方法，学习之后，服务对象结合自身的实际生活经验总结有效的饮食搭配方法相互分享，把新健康管理方法和自身的经验相结合制订健康管理计划。服务对象积极提出自己的疑问和建议，在该阶段逐渐脱离社工的引导，能够主动相互鼓励、监督，相互组织打卡，实施慢病管理。

（三）小组后期：巩固成果，服务对象自主实行健康管理计划

社会工作者在该阶段的角色主要是引导者。在该时期，服务对象之间关系较为紧密，对社会工作者的依赖性减弱。部分服务对象熟悉和掌握运动锻炼的技巧和方法之后，会尝试自己朗读口诀，带领其他组员进行健康锻炼。越来越多的服务对象不依靠社工的带领和引导，能够自主独立完成健康监测，能自发和其他服务对象一起完成，主动向社会工作者和其他组员分享自己近

期的饮食情况和身体素质自我感受情况。

另外，根据小组的进度，服务对象共同讨论提出关于小组结束后延续团队健康管理行为的方案，并和社会工作者沟通，最后达成一致行动方案，促使健康维护的行动计划能够持续进行下去。

五、案例评估

（一）评估方法与标准

小组中主要运用评估方法：调查法——小组意见反馈表，观察法——观察服务对象在小组中自主健康管理行动的变化和健康管理持续行动的情况，服务对象建立健康档案记录健康管理动态行动的方法，测量法——健康维护行动力前后测。

1. 调查法——小组意见反馈表

小组结束后，服务对象填写小组意见反馈表，80% 以上的服务对象在“通过小组能否促进自己持续进行健康管理方面的行为”一项中勾选“能”，可以得出服务对象通过参与小组提高了健康维护的行动力。

2. 观察法——观察服务对象在小组中自主健康管理行动的变化、健康管理持续行动的情况

观察服务对象在参与小组中，是否从一开始学习健康管理方法，到后期能够发挥自己的自主能力完成健康管理，观察服务对象是否在每一节小组中持续性地开展和完成健康管理。

3. 服务对象建立健康档案记录健康管理动态行动的方法

服务对象建立健康档案，在健康档案中持续进行运动锻炼打卡、饮食健康记录、血压测量指数登记，得出服务对象能够学习并运用健康管理的方法，并有持续性的行动。

4. 测量法——健康维护行动力前后测

小组结束后，服务对象填写健康维护行动力前后测，对健康维护的行动意愿以及行动的持续力进行评分，80% 以上的服务对象填写的后测分数比前测分数高，可以得出服务对象的健康维护行动力有所提高。

（二）目标达成情况

目标	衡量准则	分析过程
服务对象认同小组开展，加入健康维护团队	80%以上的组员认同小组开展，通过签订小组协议，同意加入健康维护团队，愿意遵守健康维护团队的内容和规则	小组共有10位服务对象报名参加，均认同小组开展并签订协议，同意加入健康维护团队，愿意遵守健康维护团队的内容和规则，成为团队中的一员
服务对象学习慢病健康管理的技巧和方法，并运用到日常生活中	在小组签到表和小组集会记录表中呈现，80%以上的服务对象参与学习前三节小组的内容；80%以上的服务对象运用至少1种健康管理的方法，记录在小组成员健康档案中	8位服务对象参与学习前三节小组学习率达到100%；根据组员慢病健康档案的记录，100%的服务对象运用至少1种健康管理的方法，其中运动锻炼方法是组员比较常用且坚持时间较久的。目标达成
服务对象提升健康维护的行动力	在健康维护行动力前后测对比中，80%以上的服务对象参与小组后的健康维护行动力指数有所提高；《小组意见反馈表》：80%以上的服务对象在“通过小组能否促进自己持续进行健康管理方面的行为”这一题选项中勾选“能”	6位服务对象参与小组后的健康维护行动力持续指数有所提高，有1名服务对象的前后测分数没有变化。根据意见反馈表的数据统计，9位服务对象参与意见反馈表的填写，9位服务对象认为自己通过小组，能坚持运动、饮食、量血压等方式管理自己的健康，他们在“通过小组能否促进自己持续进行健康管理方面的行为”这一题选项中勾选“能”，因此服务对象能够通过小组提升自己健康维护的行动力

（三）案例成效

1. 服务对象的健康管理能力得到提升

服务对象在小组中反馈，经过学习健康饮食知识之后，明白了哪怕自己得了慢性疾病，很多食物是可以适量食用的，这才是真正对身体好，真正的管理健康，而且学习、掌握了慢病健康管理的技巧之后，在社区可以自己做相关提升健康的运动操，身体遇到不适的时候还知道如何使用血压计为自己测量，定期监测身体状况。

2. 服务对象的健康维护意识发生转变

服务对象表示加入小组后和其他有共同维护健康的长者相聚在一起，相互影响后，愿意为健康付出行动，从原来的晒太阳到有意识地共同学习管理健康的知识。

3. 成功建立一支健康维护团队

服务对象表示愿意为了健康付出行动，在小组后形成了一个 10 人的健康维护团队，并产生 2 名队长，完成了共同的目标计划，付出行动，相互鼓励与监督。

4. 服务对象健康管理行动力能够持续

服务对象从每节小组中的“一管理一监测”的健康管理行动，延伸到小组外。服务对象自主打卡完成管理和监测，直至小组结束后制订健康管理计划，持续进行健康管理的行动。

六、专业反思

1. 社会工作者角色

社会工作者在前期主要角色为领导者，引导服务对象学习健康管理的技巧和方法，把自己局限在领导者的角色中。但小组开展后反思，社会工作者观察到服务对象在前三节的小组讨论中出现较多的困惑和疑问，如：我没有高血压、糖尿病，得的是其他慢性疾病，小组可否涉及其他慢性疾病的内容？或者服务对象年纪较大，记性很差，经常忘记小组开展的时间。当产生这些问题时，社会工作者可调整自己的角色，以协调者的角色，引导服务对象把问题带到小组中，相互讨论，引发集体智慧，让服务对象根据自身情况、需求的不同，讨论原因以及应对的方法，而非一直由社会工作者作决策。

2. 小组形式

小组形式可以更加丰富，在小组中后期——服务对象开展健康管理行动中，可邀请社区医生定期为服务对象解答健康管理过程中出现的困惑或问题。

七、服务感言

本人开展本小组之前，虽然调查过服务对象确实存在健康维护的意识，但是在调查过程中仍然听到不少来自服务对象质疑的声音，如：“你的小组真的对我的健康有帮助吗?”“能改善什么，我的病只能去医院接受治疗才会变好吧!”因此本人发现了服务对象对于本小组有偏离的认知，这就是为什么本人在开展小组的第一节，就向每一位服务对象澄清本小组开展的目的。

最终小组能够产出一支慢病健康维护团队，是需要每一位服务对象的认可和支持，才能产出的，因此在本案例开展的一开始，就需要和每一位服务对象明确团体的目标，这样在开展的过程中，社会工作者和服务对象才会有相互促进、相互进步的过程和感受。

八、督导点评

该小组能充分关注服务对象所有的能力和资源，积极促进服务对象从意识转变到行动维护的落实，旨在建立可持续健康行动的共同体。这个小组是一个很好的开始，组员后续也能持续参与健康类志愿服务，分享所学，并坚持力所能及的锻炼。

案例三：从社区教育到社区参与：体验式学习理论在老年人小组工作中的运用

——以“防骗我至叻”精明大使志愿者培育小组为例

一、案例背景

相关统计数据显示，广州有高达90%的老年人曾遇到疑似诈骗的情况，而在受骗的老年人中，却有15%的老年人表示“想求助，但不知怎么办”。在服务辖区内，社工发现有许多老年人曾有被诈骗的经历或者不懂得如何辨别诈骗信息，因此遭遇经济和精神双重损失。例如，社工通过对经常活跃在YZ社工站（以下简称社工站）的老年人群体的调查发现，有接近一半的受访老年人曾遭遇过诈骗。同时了解到，他们对防诈骗话题颇感兴趣，希望有学习防诈骗知识的平台，也愿意将自己的受骗经历与他人分享，共同探讨应对方法，总结防骗妙招，并协助社工进行社区教育宣传，为打造安全社区贡献力量。因此，中心设计开展了“防骗我至叻”精明大使志愿者培育小组，对老年人进行防骗教育，鼓励他们将学到的知识转化为服务技巧，参与志愿者服务，成为社区安全教育推广的大使。

二、介入评估

存在需求

1. 老年人需要提高的防诈骗意识和能力

由于身体机能的不断退化，老年人的认知、思维能力也会逐步下降，这严重影响着老年人的判断能力。加之老年人的社会参与力度远远不如中青年时期，社会关系也日渐减少，使得老年人较难获得归属感和价值感，内心往往渴望丰富的社会交往，这样的身心状态使得老年人群体较容易轻信他人，成为日益新奇的骗技的最好下手目标。本辖区内有许多老年人曾遭遇诈骗，本中心的活跃老年人群体中甚至有一半被访者都遭遇过诈骗，这对老年人的身心健康、家庭关系、生活质量等带来诸多不利的影响，同时威胁着社区安全。因此，老年人需要不断提高防诈骗意识和能力，保障自身和家庭的安全。

2. 老年人需要保持适当的社会参与力度

活动理论认为，活动水平高的老年人比活动水平低的老年人更容易感到生活满意和更能够适应社会，从医学和生物学的角度来讲，“用进废退”也是一个普遍认同的规律。因此，面对老年人身体机能的不断退化，社会工作者不仅要在态度和价值取向上鼓励老年人积极参与他们力所能及的一切社会活动，在沟通与社会交往、认知和精神状态等方面进行有意识的训练，从而减缓退化过程。同时，社会工作者结合中心低龄老年人的优势——时间多、学习意愿强、乐于分享，在小组的过程中不仅仅关注防诈骗学习，还会进一步促成老年人成为志愿者进一步分享所学，这样又可以为老年人提供更多社会参与机会。

三、指导理论

体验式学习理论是美国学者大卫·科尔布提出的，是指从阅读、听讲、研究、实践中获得知识或技能的过程。这一过程只有通过亲身体验才能最终有效地完成。科尔布认为学习不是内容的获得与传递，而是通过经验的转换从而创造知识的过程。他用学习循环模型来描述体验式学习。该模型包括四个步骤：（1）实际经历和体验——完全投入当时当地的实际体验活动中；（2）观察和反思——从多个角度观察和思考实际体验活动和经历；（3）抽象概念和归纳的形成——通过观察与思考，抽象出合乎逻辑的概念和理论；（4）在新环境中测试新概念的含义——运用这些理论去作出决策和解决问题，并在实际工作中验证自己新形成的概念和理论。社会工作者针对低龄老年人开展的精明大使志愿者培育小组借助大卫·科尔布的体验式学习理论，以让组员学习、体验、交流和实践为主，通过主题分享、经验技巧总结、活动策划、付诸行动等方式强化服务对象对防诈骗的认识，学习防诈骗的知识和技巧，为服务对象在日常生活中预防诈骗提供良性经验。

由于精明大使小组对于老年人的个人成长方面要求较高，所以社会工作者在开展小组的过程中特别注意服务对象自身的能力建设，小组内容节次的设计也由浅入深。在小组开展初期，多以引导服务对象分享自身经历、观看案例、集体讨论代入对常见诈骗手法的认识等。在服务对象对防诈骗这一主题有了较全面的了解后，中后期进行精明招数总结、宣传活动策划、学以致用这些内容，进而促使小组目标的达成。

四、介入目标

（一）总目标

提升老年人对防诈骗的认识，掌握防诈骗的方法，进而转化为服务技能，强化社会参与。

（二）分目标

1. 100% 的小组成员能够辨识不少于五种常见的骗局；

2. 100% 的小组成员至少掌握三个防诈骗的方法；

3. 所有小组成员至少策划开展一场防诈骗宣传倡导活动，服务不少于 50 人次。

五、介入策略

小组采用体验式学习循环模型（“实际经历和体验→观察和反思→抽象概念和归纳的形成→在新环境中测试新概念”的含义）来强化老年人组员的学习效果和动机。基于老年人的记忆水平情况和理解能力情况，小组更强调让老年人从视频案例、组员真实经历、经典骗局、讨论分享、模拟实践中获得知识或技能，重视组员的亲身体验与观察反思、总结归纳与再实践。本小组不仅重视老年人的社区安全教育工作，在不断强化自身能力的同时，也积极地鼓励接受教育的老年人尽可能地增强社会参与。这样，不仅能传递所学，扩大社区教育的受益人群，也能让老年人在这个学习和参与的过程中获得归属感和价值感。而体验式学习循环模型不仅为小组如何开展老年人防诈骗教育提供了科学的学习范式，也帮助社会工作者明确了从老年人社区教育到社区参与的服务路径。

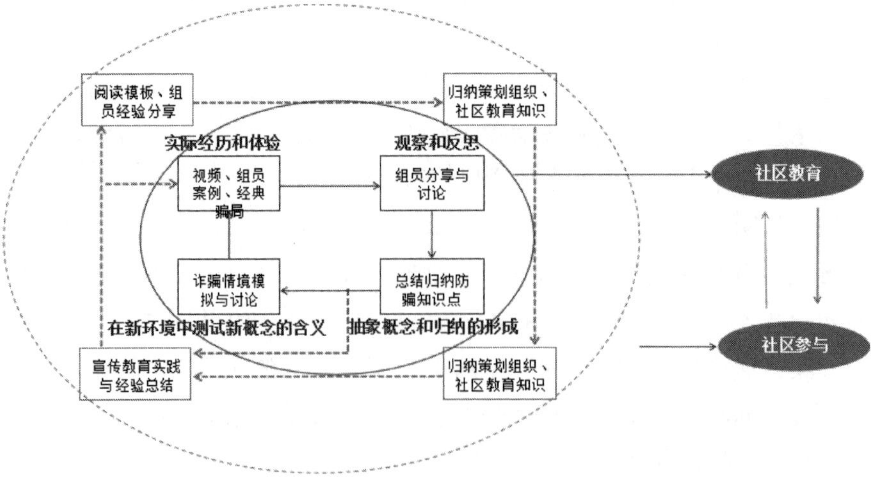

六、介入计划

节数	小节目标	具体内容	备注
小组筹备	确定服务对象、小组开展时间	招募服务对象并对服务对象进行筛选，为保证小组服务对象的同质性，招募的服务对象均是对老年人防诈骗主题感兴趣、热心社区事务的积极低龄老年人，小组服务对象能够在小组中保持相同频率，有助于小组服务对象之间关系的建立和服务推进	
第一节	主题：初相聚 目标：小组破冰，制定小组契约，点明小组主题	1. 破冰游戏：大风吹。服务对象通过游戏互相认识，打破隔阂，活跃小组氛围 2. 介绍小组：小组的内容和目标，了解服务对象的期待，并进行回应，引导服务对象学会在小组进行中关注自己的期待并在小组结束后回顾，看期待是否实现 3. 订立小组契约：服务对象一起讨论并一致认可的小组契约，推选代表记录，设置惩罚措施，共同签名。社会工作者在整个过程中扮演观察者、引导者角色，发挥服务对象的积极性与主动性 4. 点明小组主题：引导组员分享受骗经历，了解组员对何为诈骗、受骗的原因等的认识，使组员意识到预防诈骗的重要性，为小组开展奠定基础 5. 预告下节小组内容并布置家庭作业	家庭作业：思考自己知道的常见的骗局有哪些，可分为几类
第二节	小组主题：慧眼识骗局 目标：认识骗局，讨论及总结应对方法	1. 回顾上节小组内容：社会工作者和服务对象一起回顾上节小组内容，通过“找朋友”游戏加深服务对象之间的认识。组员分享家庭作业，社工引导组员讨论并互相给予支持 2. 以视频的形式呈现常见的骗局，与服务对象一起分析其破绽并分享应对技巧：社会工作者事先准备好的有关诈骗主题的视频，包括电信诈骗、街头诈骗、保健品诈骗等视频进行现场播放，在服务对象观看后引导其思考及讨论以下三个问题：A. 每种骗局都借助何种媒介、由头以及受骗者存在何种心理等；B. 你认为的会上当受骗的原因；C. 对于你自身有何启示？引导服务对象加深对常见骗局的认识以及思考应对的方法 3. 引导服务对象思考如何将所学习到的知识运用到小组后期的宣传推广中：社会工作者将服务对象分成若干个小组，每个小组两人，一人抽取卡片，扮演社区居民（无被骗经历或有被骗经历或者对此话题有兴趣），具体事例可结合之前介绍过的骗局，另一组员为精明大使，通过现场模拟，引导精明大使与之宣传和交流；现场其他服务对象观察并根据其表现提出意见或建议，加深服务对象感受，促进精明大使精明指数和服务技能的提升	家庭作业：巩固本节小组内容，熟悉常见骗局及手法

续表

节数	小节目标	具体内容	备注
第二节	小组主题：慧眼识骗局 目标：认识骗局，讨论及总结应对方法	4. 分享感悟，回顾本次小组的内容，总结应对骗局的方法：邀请服务对象分享感受，了解其对防诈骗方法的了解情况，是否可以识别骗局，行为和心理层面遇到骗局时应该怎么处理。社会工作者总结本次活动的内容，说明应对各种骗局首先要从自己心理出发，不轻信、不贪心、保持冷静，遇事多与家人朋友商量等，都可以避免上当受骗。布置家庭作业后预告下节小组内容	家庭作业：巩固本节小组内容，熟悉常见骗局及手法
第三节	小组主题：见招拆招 目标：加深组员印象，促进组员思考和记忆方法要点	1. 回顾上节小组内容：社会工作者与服务对象一起回顾上节小组的主要内容：三大类骗局及总结出的应对方法 2. 梳理常见骗局，邀请组员分享应对方法：鉴于组员都是低龄老年人，社会工作者又以 PPT 形式梳理并回顾常见骗局，再次引导组员讨论招数应对 3. 精明大使识骗局：社会工作者通过“同心同乐”游戏，让组员在进行康乐运动——投掷沙包的过程中随机回答沙包投中的数字背后关于防诈骗的问题，主要为回答属于何种诈骗手法和应对方法，寓学于乐，加深组员印象 4. 防诈骗顺口溜编制和学习：将服务对象进行分组，每个小组抽取卡片，卡片上写明任务，如“请用简洁的语言概括××类诈骗的应对方法”，每个小组首先将常见骗局的应对方法进行简要概括，最后通过社工的引导和其他服务对象的建议逐步完善，形成较简洁易懂、朗朗上口的防诈骗顺口溜，此过程不仅锻炼组员团队合作与思考能力，同时便于后期社区宣传推广 5. 小组总结与下节小组预告：要以正确的态度和方法应对生活中遇到的疑似诈骗的情况，避免受骗上当，同时也可将方法告知周围的人，共同防诈骗。接着布置家庭作业并预告下节小组内容	家庭作业：思考策划一次活动需要具备哪些要素？如何结合防诈骗的宣传目标

续表

节数	小节目标	具体内容	备注
第四节	小组主题：防骗宣传我至叻 小组目标：引导组织策划防诈骗社区推广活动，将所学转化为服务技能	1. 回顾上一节小组内容：社会工作者与服务对象一起回顾上节小组的主要内容，通过“击鼓传花”游戏回顾防诈骗顺口溜及相应骗局 2. 分享家庭作业：服务对象各自表达自己认为的一次社区活动涵盖的要素，并如何结合宣传防诈骗主题。社工在服务对象分享的过程中，鼓励其他服务对象积极给予回应支持，并在全部分享完毕后引导其进行归纳和完善 3. 策划防诈骗社区推广活动：对应服务对象讨论和总结的活动要素，分别代入体现本次宣传推广活动主题的内容，制定活动流程，完善活动内容，讨论体验游戏，引导组员不断提出建议优化，形成完整的活动方案，推选小组领袖，发挥统筹引领作用，引导其他服务对象根据活动要求进行分工。注意厘清服务对象在活动中的角色和作用，提醒其善于发挥每位服务对象的长处，为活动开展做好准备 4. 小组总结与下节小组预告：再次和服务对象回顾本节小组内容，厘清目前小组任务，引导服务对象按照活动方案进行服务筹备。预告下节小组内容	在制订完整活动方案后，社会工作者引导服务对象要注重沟通与合作；社会工作者对于主动分享和积极提出想法的服务对象给予肯定和鼓励。说明本次宣传推广的重要性，增强服务对象的责任感和信心
第五节	小组主题：精明大使出动 小组目标：学以致用，服务社区	1. 回顾上一节小组内容，明确本节开展的防诈骗宣传推广活动相关事项，为活动开展做最后准备 2. 活动开展：引导小组领袖带领小组成员到达社区开展防诈骗宣传活动，小组中的服务对象各司其职，以活动方案中的多种游戏体验，协助社区居民尤其是老年人了解常见骗局和应对方法，活动过程由服务对象主导和推进。社会工作者主要观察服务对象在实际活动中对小组中所学知识的运用、活动中的服务表现以及团队的合作等，进行现场记录。对于某些突发情况或者组内成员遇到较棘手的问题时，引导其如何应对解决 3. 服务反思和自我表现总结：服务对象分享活动开展后感受，引导其从“做得好的地方”和“不足的地方”两个方面进行反思，鼓励服务对象互相回应支持，共同总结经验。了解防诈骗知识在宣传活动中的运用，社区居民的参与程度。邀请服务对象分享对自我的评价，反馈在活动中收集到的社区居民关于这一主题的服务需求或建议 4. 社会工作者总结服务对象表现，并预告小组最后一节小组内容	

续表

节数	小节目标	具体内容	备注
第六节	小组主题：精明大使毕业了 小组目标：小组总结	1. 成长剪影观看：社会工作者将小组历程制作成成长剪影，邀请服务对象共同观看，回顾小组历程 2. 精明大使诞生：给服务对象颁发精明大使证书，肯定精明大使们的成长和付出，鼓励其继续发挥作用为社区服务，共同营造安全的社区氛围。讨论防诈骗常规服务内容及形式 3. 总结：社会工作者再次和服务对象一起回顾小组每一节的主题和目标，社会工作者反馈小组每个服务对象的成长变化。然后请服务对象自我总结小组中的感受、收获，对刚参与小组时的期待进行回应，并对其他服务对象进行点评总结 4. 留言合影和搭建沟通平台：服务对象填写小组反馈表，进行温馨合影，并建立微信群，以便小组主题后续沟通和服务联系	

七、实施过程

第一节：初相聚，达成学习和行动的共同目标。

目标：促进组员相互认识，制定小组契约，明确小组主题。

小组正式开始，社工做自我介绍，带领组员进行“大风吹”破冰游戏，打破了小组沉闷的气氛，点燃了组员的热情。接着，组员通过“击鼓传花”游戏进行相互介绍，增加了相互间的认识。

社工向组员介绍小组主题、形式及成立的目标，并一一收集了组员的意见及期待。有一名曾受骗的组员分享到：因为缺少防骗的意识，曾经因为热衷于买“保健品”而上当受骗，希望通过一起学习，让更多的人知道社会上骗人的行径，要懂得辨别伪装的骗子。

根据接下来小组的安排，社工引导组员针对小组开展的时间、形式、频率、组员需要遵循的责任等进行讨论，制定了小组契约，并针对小组结束后参与社区倡导方面达成了共识，希望应用小组所学的知识帮助更多的人。社工给组员布置了家庭作业，让组员收集日常生活中常遇到的骗局案例。第一节小组完满结束。

第二节：慧眼识骗局，讨论研究受骗经历，总结防骗方法，情境模拟检测所学。

目标：组员认识骗局常见的类型，讨论及总结应对方法。

第二节小组开始，社工与组员一同回顾第一节小组的内容，重点强化了组员对小组契约的记忆。接着，社工通过“找朋友”游戏加深组员间的互动与认识，组员基本可以说出相互间的名字。

10分钟后，社工引导组员分享上节布置的家庭作业，每名组员分享小组后收集到的诈骗例子，并讨论如何应对。社工总结了组员讨论的要点后，以视频的形式呈现常见的骗局，视频呈现了电信诈骗、街头诈骗、保健品诈骗等案例，在视频结束后引导组员思考及讨论以下三个问题：A. 骗子通常会借助何种媒介，从受骗者的哪种心理入手；B. 回顾个人的经历，自己在遭遇诱骗时的心理；C. 通过观看各种例子，结合自身的经历，对以后遇到诈骗事件时有何启示。

而后，社会工作者将组员分成若干个小组，每个小组两人，一人扮演社区居民（无被骗经历或有被骗经历或者对此话题有兴趣），一人扮演精明大使，进行现场模拟，加深组员对诈骗应对方法的认识，并促进精明大使精明指数和服务技能的提升。

小组最后，社工带领组员回顾本节小组的主要内容，引导组员分享学习感悟，总结应对骗局的方法，并布置了家庭作业：向朋友了解其受骗情况，并传授防骗方法。在社工预告下一节小组的内容后，此节小组结束。

第三节：见招拆招，优化防骗方法，形成防骗顺口溜。

目标：强化组员对防骗方法的印象，促进组员思考和记忆方法要点。

社工与组员共同回顾第二节小组内容，重温日常生活中的骗局类型及防骗应对方法。随后，小组进入“精明大使识骗局”环节：小组通过“同心同乐”游戏，让组员在投掷沙包的过程中随机回答防诈骗的问题，寓学于乐，以加深组员对防骗知识的记忆。

接着，社工让组员进行分组，每个小组抽取卡片，卡片上附有“请用简洁的语言概括××类诈骗的应对方法”的任务。各小组首先独立汇报，社工引导其他小组进行打分，其次进行补充或给出建议，最后共同将答案改编成简洁易懂、朗朗上口的防诈骗顺口溜。此过程不仅锻炼了组员团队合作与思考能力，更为后期社区宣传推广做好了铺垫。

社工总结此节小组的内容，布置家庭作业：如何策划防骗社区宣传活动，并预告下节小组内容。

第四节：防骗宣传我至叻，组员学习策划防诈骗宣传教育方案。

目标：引导组员合力策划防诈骗社区推广活动，将所学知识转化为服务技能。

小组通过“击鼓传花”游戏引导组员回顾防诈骗顺口溜及应对骗局的方法，活跃了小组气氛。接着，由各组员分享家庭作业：组员分别表达个人认为较重要的一个社区活动涵盖的要素，并阐述这个要素是如何进行社区活动的。社工在组员分享的过程中，鼓励组员间给予积极回应，并在所有组员分享完毕后引导其进行归纳和完善。

小组接下来进入主题环节“如何策划防诈骗社区推广活动”：社工首先总结社区活动包含的要素，引导组员思考如何结合防诈骗的主题，设计一场社区活动。通过近 20 分钟的讨论，社区活动方案“新鲜出炉”，并由被推选的一名组员进行汇报分享。社工针对组员设计的方案进行了点评，对组员在短时间内设计出的完整方案给予了赞赏及肯定，并针对方案中的不足提出了建议。

在分享中，有组员表示虽然在讨论过程中遇到了困难，但组员间能够相互了解，相互支持，收获非常大。社工总结了此节小组的学习要点，并预告下一节小组的内容，第四节小组结束。

第五节：精明大使出动，组员亲身组织社区防诈骗宣传教育活动。

目标：组织开展社区防诈骗宣传活动，引导组员学以致用。

在社区活动开始前，社工与小组进行开展活动前的工作会议，明确了各组员的分工，说明活动需注意的事项。

在活动中，组员各司其职，有负责摊位游戏的、有负责现场宣传讲解的、有负责招募志愿者的……社工主要观察各组员在活动中的表现，进行现场记录，对于突发情况或者组员遇到较棘手的问题时及时给予引导与支持。

活动结束后，社工引导组员分享，反思参与活动的所感所获，领悟如何将所学的知识应用于实际中。组员分享结束后，社工针对组员在活动中的表现进行总结，肯定组员的努力及表现，并预告最后一节小组内容。

第六节：我们的毕业礼，总结防诈骗学习经验，分享社区参与收获。

目标：回顾历程，处理组员离别情绪，建立小组后的沟通平台。

最后一节小组开始，社工首先播放组员的各节成长剪影，回顾组员参与历程，组员看到一些有趣的相片，纷纷大笑起来。接着，社工为组员颁发精明大使证书，肯定组员的成长和付出，鼓励他们继续做志愿者，服务社区。

随后，社工与组员一起回顾每一节小组的主题和目标，邀请组员自我总结，分享小组参与的感受、收获，相互送上赞美或欣赏的一句话。

最后，组员填写小组反馈表，进行温馨合影，并现场建立了微信沟通群，小组在组员依依不舍的祝福声中圆满结束。

八、介入成效

（一）评估方法

小组分享、小组参与者问卷调查、活动意见评估表、回访。

（二）服务成效

1. 目标达成情况

小组主要是通过每节小组的分享、小组参加者意见问卷分析和小组中服务对象开展的防诈骗宣传推广活动的活动意见评估表分析来进行评估，在小组结束的两个月后，社会工作者也对小组成员进行了回访。结合以上多种评估方法，可以得出：

（1）通过小组学习，服务对象能够识别常见的骗局：100% 的服务对象能够识别主要三大类骗局及具体的骗术；

（2）通过小组学习，到小组结束时每个服务对象至少掌握三点防诈骗知识：100% 的服务对象在小组学习后都掌握了三种以上的防诈骗知识，并能从心理、行为上分别列举出来；

（3）通过小组学习，包含小组过程和到小组结束后的两个月时间，所有小组成员都能运用所学知识在社区自主组织开展防诈骗宣传倡导活动，共计三场，服务达 260 人次。

2. 服务对象反馈情况

（1）感觉非常有意义，不仅自己学会了，还可以教别人，让大家都别上当受骗。

（2）参加小组很开心，大家一起学习一起做志愿者，自己也发挥了作用，很满足，感恩。

（3）希望可以再有多一些关于社区问题的小组来学习，宣传出去，让社区更多人重视起来。

（4）我愿意再次参加此类学习成长活动。

九、专业反思

（一）社工坚持接纳、保密等原则，是建立小组组员良好关系的前提

社工在开展小组过程中，应坚持与组员沟通交流最基础的原则：在小组开始之初，社工应告知组员小组将遵循保密的原则，为组员营造安全的表达环境；在小组初期，服务对象有强烈的表达欲望希望在组内获得共鸣时，社工可着重营造舒适放松的小组氛围，让服务对象畅所欲言，积极倾听，引导其他组员表达同理和支持；在不同阶段小组开展过程中，社工需接纳服务对象的沉默、不配合等行为，并进行积极关注引导组员融入小组团体中。

（二）社工不是“专家”，而是“引导者”“观察者”的角色

小组参与者为老年人，如果社工的角色定位为“专家”，过多地强调社工的权威性，会降低组员参与的积极性及效能感。社工应充当“引导者”“观察者”的角色，注重强化组员的主体作用，发挥组员的积极性与主动性，强化小组凝聚力，引导组员在参与过程中不断总结反思，并能学以致用，以最大化发挥小组的动力。

（三）运用优势视角的理念，相信每一名组员都是独一无二的

组员都是低龄老年人，学历能力水平有差异，社会阅历不同，社工在小组坚持优势视角的服务理念，坚信每名组员自身的作用和优势，协助其激发潜能。在小组过程中给予服务对象肯定，提供独立尝试的机会，使其都有“我被需要、我很重要”的感受，自我认同感得到极大的增强。

十、专家点评

本次的小组活动，设计小组活动前期开展了需求调研工作，根据有能老年人的服务需求，以及结合社区老年人存在的问题，设计本次的活动内容。每节小组响应整体目标，衔接互相紧扣主题。小组中运用体验式学习理论，通过体验、分享、学习、总结的过程掌握防诈骗的技巧，能关注到个人的成长过程，在学习技能后运用到社区活动中，建立、培养精明大使志愿者，服务更多的居民。

第三节　老年社区服务案例

案例一：五社联动，构建农村老养残家庭三级支持系统
——以广州市花都区 YX 街农村老养残家庭项目为例

一、案例背景

老养残家庭主要是指家中有残疾人生活不能自理，日常生活主要靠 60 岁及以上的老年人充当主要照顾者，仅靠老年人的退休金供养，残疾患者介乎 16～60 周岁的特殊困难家庭。广州市花都区 YX 街辖区内有 4 个城市社区和 11 个农村社区，94% 的困境群体分布在农村社区。在农村，大部分困境群体其收入来源单一，仅靠村里的分红支撑着，更有一部分困境群体面临多重困境，他们的生活面临着极大的挑战。“残有所依，老有所盼”农村老养残家庭支援计划以花都区 YX 街为服务落脚点，重点关注农村老养残家庭的家庭支持及社区支持网络搭建。

经走访了解，老养残家庭本身家庭收入单薄，其中 61% 为低保家庭，这部分家庭不仅面临着经济上的困难，同时也面临着照顾者老龄化、劳动力老龄化、养老困难、残疾子女未来监管照顾问题等多方面困难，照顾者需要面临自身身体机能下降，还需要随时应对残疾子女出现的各种突发状况，承受着巨大的生活及照顾压力，亟须社会各界的关注与支持。

二、介入评估

结合目前所呈现的社区问题，社工站采用问卷调研、村居走访、购买方/合作方访谈等多种方式进行调研，需求结论如下。

1. 照顾者压力舒缓的需求

随着照顾者的年龄增长，照顾者自身面临身体机能不同程度的退化，容易诱发焦虑、无能等负面情绪，或许还需要进行各种的治疗，同时需要花费较长时间甚至全生命历程的无间隙照顾，随时面临残障成员未来照顾缺位及生活的不确定性问题。在经济入不敷出的情况下，他们的压力无处可泄，慢慢形成“见一步走一步”的消极态度。此外，由于照顾的问题，照顾者与亲朋好友、邻里联系互动的机会有所减少，更无法抽空参与社会活动，他们亟

须喘息的空间。

2. 政策救助支持的需求

目前针对老养残家庭相关的政策是有的，如居家养老服务、申请辅具、低保等，但是在问卷中显示，83% 的老养残家庭享有残疾补贴的政策福利，47% 的老养残家庭享有低保，但是像重大疾病保险、医疗救助等政策享有的则为 0%。另外，长者获取相关政策资讯的途径单一且被动，大部分老养残家庭不了解，导致其出现紧急情况也不知通过何种途径解决，而照顾者最为担心自己去世后残障子女的生活照料问题。因此需进一步完善政策救助体系和应急支援机制，提升老养残家庭对政策的知晓度和应用，协助其有效缓解生活困境，鼓励他们积极生活。

3. 扩建社会支持网络的需求

残障家庭成员需要家庭较长时间甚至是全生命历程无间隙的照顾。这意味着照顾者要将自己生活几乎全部的精力都用在照顾残障家庭成员这件事情上，无暇他顾，社交范围较小。有老养残家庭的长者表示，自己的家庭情况特殊，也不敢多去麻烦其他人。对于社区里邻里的支持情况，大部分老养残家庭表示最多就是平日打招呼寒暄一下。部分照顾者在自身身体出现毛病需要住院治疗，也因为无人帮忙照顾残障子女而选择放弃治疗，这大大影响了照顾者的身体状况，并形成一个恶性循环的闭环。因此，协助老养残家庭扩建社会支持网络，特别是邻里互助支持的强化、社会资源的整合，建立相应的支援机制，有效给予老养残家庭实际的支持和帮助。

三、指导理论

1. 社会支持理论

社会支持是指一定社会网络运用一定的物质和精神手段对社会困难群体进行无偿帮助的行为的总和。一般是指来自个人之外的各种支持的总称，是与困难群体的存在相伴随的社会行为。依据社会支持理论的观点，一个人所拥有的社会支持网络越强大，就能够越好地应对各种来自环境的挑战。个人所拥有的资源又可以分为个人资源和社会资源。个人资源包括个人的自我功能和应对能力，后者是指个人社会网络中的广度和网络中的人所能提供的社会支持功能的程度。以社会支持理论取向的社会工作，强调通过干预个人的社会网络来改变其在个人生活中的作用。特别对那些社会网络资源不足或者利用社会网络的能力不足的个体，社会工作者致力于给他们以必要的帮助，帮助他们扩大社会网络资源，提高其利用社会网络的能力。

2. 优势视角

“优势视角”是一种关注人的内在力量和优势资源的视角，意味着应当把人们及其环境中的优势和资源作为社会工作助人过程中所关注的焦点。优势视角基于这样一种信念，即个人所具备的能力及其内部资源允许他们能够有效地应对生活中的挑战。虽然大部分外来务工人员的涌入对农村社区中“熟人关系”有一定的冲击，但优势视角下，关注农村社区中的优势资源，强化农村老养残家庭自身“熟人”网络，鼓励老养残家庭相互支持，同时进一步整合社区资源，推动多元主体参与，搭建邻里互助支持网络，拓宽农村老养残家庭的社会支持网络，促使农村老养残家庭“残有所依，老有所盼”，为其提供一定的生活保障。

四、介入目标

（一）总目标

在街道党工委的领导下，五社联动，构建农村老养残家庭的三级支持系统。

（二）分目标

1. 畅通老养残家庭的需求反馈途径，提升对政策的知晓度；
2. 建立老养残家庭的邻里互助平台，增大社会参与的机会；
3. 构建老养残家庭的联动服务机制，强化生理与安全保障。

五、介入策略

服务策略

项目从老养残家庭实际需求出发，“社区+社工+社区企业+社区组织+社区居民”五方联动，整合社区资源，加强农村老养残家庭的正式支持与非正式支持，搭建农村老养残家庭的三级支持系统，尽可能地满足农村老养残家庭的生理和安全需求，协助农村老养残家庭解决实际问题。

一级支持系统：畅通老养残家庭的需求反馈途径，提升对政策的知晓度。一方面，社工为本辖区内所有的老养残家庭建立“一户一档”，通过定期的上门探访实现家庭需求的动态评估；另一方面，在社区内开展以老年人政策和残疾人政策为主的社区宣传和安全健康教育，以便有需要的家庭知晓更多的资源及求助途径，提升社区家庭的安全和健康意识，预防残疾的发生。

二级支持系统：建立老养残家庭的邻里互助平台，增大社会参与的机会。一方面，强化老养残家庭的自身家庭支持网络，并发挥农村熟人社区这一特点，搭建邻里互助平台，缓解照顾者的照顾压力，丰富生活，强化老养残家庭的就近支持网络；另一方面，推动同质性家庭互助支持，促进同质性家庭照顾者之间的互动交流，强化他们的支持网络，以使老养残家庭照顾者更加乐观积极面对生活困境。

三级支持系统：构建老养残家庭的联动服务机制，满足生理与安全需求。针对遇到重大困难、紧急事件、特殊情况的农村老养残家庭，往往需要多方的力量共同干预，干预内容也全面包含政策救助、物质支援、人力支持、精神关怀等。因此，确定五社联动服务机制，解决难、大、急事件，为老养残家庭提供生理和安全保障。

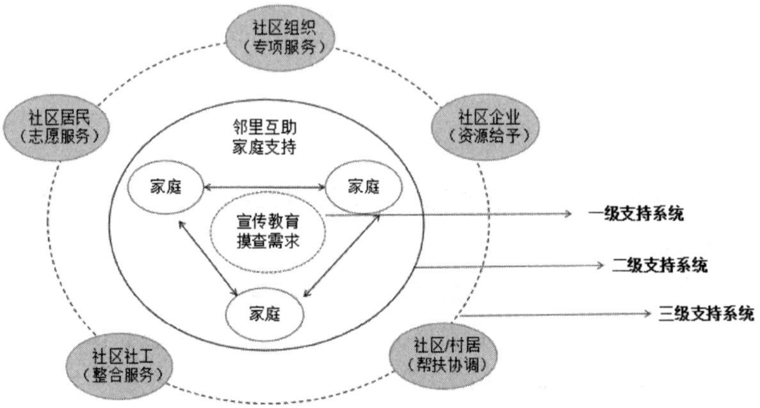

六、介入计划

服务层面	服务内容
一级支持系统	1. 一户一档。社会工作者通过社会支持量表、观察等方式，对每户老养残家庭建立档案进行管理 2. 开展社区宣传活动。通过社区宣传和教育，提升社区居民对政策以及老养残家庭的认识和理解，加强社区安全健康教育，营造互助、安全的社区氛围
二级支持系统	1. 家属支持小组。组织辖区内的老养残家庭共同学习照顾技巧、健康知识等，引导照顾者分享感受、经验，搭建家庭之间的互助交流平台，缓解照顾压力 2. 减压下午茶活动。通过唱歌等多元形式开展减压下午茶活动，丰富老养残家庭的日常生活，促进老养残家庭与社会的互动，培养其积极生活的心态 3.“周末 1 小时”结对陪伴服务。挖掘培育社区志愿者，孵化志愿服务队伍，发展本土志愿者骨干，为老养残家庭提供“周末一小时”恒常志愿服务，关注老养残家庭的动态需求，给予其及时性、针对性的支持

续表

服务层面	服务内容
三级支持系统	1. 微心愿摘星计划。联动辖区内党支部、爱心企业、爱心人士为老养残家庭实现微心愿，改善生活质量 2. 关爱议事会系列活动。联动辖区内残联、妇联、村居等社区部门，建立并完善老养残家庭五社联动服务机制，针对老养残家庭如就医问题、日后照顾问题进行讨论并拟定服务方案，不断加强老养残家庭的生理和安全保障 3. 个案管理服务。在联动服务机制的指引下，社工作为协调者和服务提供者，协同社区、社区企业、社区组织、社区居民共同为遭遇难、大、急事件的老养残家庭提供服务，缓解困难

七、实施过程

（一）一级支持系统：点面结合，畅通需求反馈途径

1. 逐户建档，开展动态跟踪管理

社工针对辖区内每一户老养残家庭建立个性化档案，围绕家庭结构、家庭成员身体状况、支持网络等进行情况了解与评估，并结合需求评估进行分级分类跟进，关注老养残家庭的动态需求。

2. 社区教育，提升互助、安全意识和资源知晓率

开展社区宣传与教育，不仅让村民知晓了解惠民政策和安全健康知识，亦能让村民意识到老养残家庭目前所面临的生活困境、压力等，便于引导村民及租住在村里的外来务工人员关注农村老养残家庭，为互助服务奠定基础。同时，也能收集到村民主动反馈的需求。

（二）二级支持系统：从家庭到邻里，强化“熟人”支持

1. 强化家属支持，关注照顾者压力舒缓

社工为辖区内老养残家庭长者开展减压喘息类服务小组 1 个，协助老养残家庭照顾者掌握了至少 3 个有效的减压方法，并引导老养残家庭彼此交流与帮助。另外，开展母亲节主题活动、观影活动，引导残障子女表达对母亲的感谢，通过简单的亲子互动，调动其他家庭成员给予主要照顾者支持，让老养残家庭的主要照顾者得到短暂的放松，一定程度舒缓日常照顾压力，强化家庭支持网络。

2. 多元互动，巩固老养残家庭“熟人”支持网络

通过多元的减压下午茶系列活动，邀请老养残家庭及其相熟的邻里一同参与，促进老养残家庭与邻里间的互动，让老养残家庭感受到邻里的关爱和

支持，并向邻里日常的帮助表示感谢，进一步巩固老养残家庭“熟人”支持网络。

3.“周末 1 小时”结对陪伴，温暖邻里情

挖掘热心村民培育孵化关爱老养残家庭志愿服务队伍，针对服务内容展开志愿者知识培训、残疾人照料知识、情绪疏导等基础培训，并初步配对帮扶，开展“周末 1 小时”结对陪伴服务，包括康复训练、日常生活照料、游戏互动、康娱活动、技能训练等，让老养残家庭感受到邻里的关爱和支持。

（三）三级支持系统：多方联动服务，建立熟人社区，完善支持系统

1. 微心愿摘星计划

结合日常探访收集老养残家庭的微心愿，整合社区资源，在社区发动爱心人士、爱心企业进行心愿认领。目前已收集 10 个微心愿，并已全部认领完毕，并由志愿者开展社区生活帮扶类服务和志愿者队伍建设：在社区生活帮扶方面，展开“微心愿”认领计划，目前已有 8 个微心愿被认领，包括电动轮椅 1 部、自行车 1 辆、落地风扇 2 台、血压计 1 个、吹风机 1 个、电磁炉 1 个、老花眼镜 1 副等，另外更有来自爱心企业、爱心人士捐赠的床上四件套、消毒液、米和面，折合人民币约 15 万多元。

2. 关爱议事系列活动

针对老养残家庭突发事件处理问题，开展了两场议事会，联动妇联、残联、村委干部、志愿者骨干等初步建立了老养残家庭联动机制。在此机制下，搭建了关爱议事会恒常讨论制度，弥补目前宏观层面上老养残家庭帮扶政策的不足。

3. 个案管理服务

在联动服务机制的指引下，社工协同社区、社区企业、社区组织、社区居民共同为遭遇难、大、急事件的老养残家庭提供服务。例如，在社区党委的指导下，社工联结社区组织，初步整合了关于适用老养残家庭的政策资源，如居家养老服务、长护险等，社区企业提供物质与资金支持，社区志愿者则与社工负责具体的上门服务和跟进服务，协助老养残家庭缓解困境。

八、介入成效

（一）评估方法

社会工作者借助社会支持量表对老养残家庭进行前后测评，评估各级支持系统的改善状况，并通过问卷、个别访谈、参与观察等方法，评估社会各

界对老养残家庭的关注及支持情况。

（二）服务成效

1. 一级支持系统方面

（1）档案式管理，老养残家庭动态需求得到关注。社工针对辖区 56 户老养残家庭一一建立档案进行管理，并结合其动态需求进行分级跟进，通过日常探访、电访了解老养残家庭不同阶段的需求及微心愿，并提供针对性的个性化服务。

（2）村民主动反馈需求，对政策的知晓度有所提升。社工每月进行政策宣传或者安全教育工作，在这个相对恒常的社区集体活动平台中，社工会主动向村民收集需求，逐渐也会有村民将自己或者邻居的困难向社工反馈。另外，根据活动后的随机调查结果得知，居民能说出政策的大致内容，对政策的知晓度有所提升。

2. 二级支持系统方面

（1）老养残家庭无论在精神上还是在知识上均得到支持。社工通过家属支持小组指导老养残家庭照顾者利用园艺种植和手指操的减压小技巧，对老养残家庭日后的生活有很大的帮助，让照顾者在家也能自己缓解照顾压力。同时，融入专业的医护资源，丰富了资源主体，弥补社工在医学方面的专业性不足，让老养残家庭的长者拥有更科学、更规范的健康管理知识，缓解长者因老龄化、身体原因而带来的身心压力。

（2）老养残家庭的家庭支持得以强化，并初步搭建了老养残家庭之间互助交流平台。社工通过开展母亲节主题活动、观影活动等方式，促进老养残家庭成员之间的互动交流，强化家庭成员间的支持。语言表达比较困难的小锦，在母亲节活动当天用蹩脚的言语认真地向母亲表达感谢："妈妈，您辛苦了，感谢您多年来对我无微不至的照顾。"其妈妈感动得落泪。另外，社工组织多个老养残家庭开展减压下午茶活动，以轻松愉快的方式，促进老养残家庭之间的相互支持，分享日常照顾经验，舒缓日常照顾压力，初步搭建了老养残家庭之间互助交流平台。

3. 三级支持系统方面

（1）初步建立老养残家庭联动服务机制，初见成效。社会工作者联动残联、妇联、村委等多元主体，召开关爱议事会，探讨老养残家庭紧急事件处理机制的具体内容，探讨各主体的责任分工，并运用该机制成功协助 1 户老养残家庭中的照顾者紧急就医的突发状况。突发事件发生后，社工立马运用老养残紧急事件处理机制，联系村委，商讨处理结果，最终决定社工带服务对象前往医院就医，社工陪同、引导家属挂号、缴费、取药等，协助服务对象成功就医。服务对象家属阿葵给社工写了一封感谢信，表示非常感谢社工对他们家的关怀和无微不至的服务，让她父亲的病情得到缓解。

（2）社区资源主体日益丰富，老养残家庭得到更多的关注和支持。社会工作者通过社区宣传活动，挖掘培育了1支有12人的关爱老养残家庭志愿者队伍，其中有10位志愿者与5户老养残家庭成功配对，并开展“周末1小时”陪伴服务近20场，定期上门陪他们聊天，协助外出散步、政策宣传、生活照料、康娱互动等，累计服务50人次。另外，社会工作者进一步整合社区资源，调动多方参与，链接包括千禾基金会、广州市伶居丽布纺织品有限公司在内的各种企业、组织、热心居民，为老养残家庭提供生活物资的支持。在发布微心愿认领活动的三天内，10个老养残家庭微心愿全部认领完毕，让老养残家庭感受到了来自社区对他们的关爱，更在项目实施过程中引导各相关方持续参与项目服务，形成多方联动的参与格局。

九、专业反思

（一）支持系统所发挥的作用存在一定的挑战及局限性

社会工作者在优势视角下，以支持者和资源筹措者的角色协助农村老养残家庭强化及扩建其支持网络，包括家庭支持网络、邻里支持网络、社会正式支持网络、社会非正式支持网络。但在项目实施过程中，我们发现大部分老养残家庭因为各种原因在走出家庭、与社会互动的过程中均存在较大的困难，多以上门服务为主，导致服务形式单一，各支持网络所发挥的作用更多为精神层面，特别对志愿服务队伍的可持续发展存在较大的挑战。因此，社会工作者在项目推进过程中需进一步思考各支持系统的定位及持续性发展。

（二）老养残家庭的正式支持力度仍有待提升

社会工作者联动妇联、残联、村委等多个主体关注农村老养残家庭，并围绕老养残家庭的日常照顾需求、残障子女未来生活规划等问题进行探讨，并建立紧急事件处理机制，拟定各主体在老养残家庭发生突发紧急事件后的责任及应对流程，以确保老养残家庭在需要时能够得到及时的支持和帮助。除此以外，社会工作者更整合了现时的社会救助政策印制成小册子，派发给老养残家庭，告知其需要的时候可寻求的帮助及途径。但现时政策缺乏对老养残这类家庭的针对性，且各政府职能部门未有专门的人员对接该类问题的处理，因此正式支持力度仍有待提升。社会工作者在机制的完善上需与各主体进一步细化流程及各主体的职责，同时加强老养残家庭非正式支持网络的作用。

案例二：光照小地方，温暖你心房

——社会支持网络理论下社区困境家庭帮扶系列活动的实践

一、案例背景介绍

本系列活动名称为“光照小地方，温暖你心房”，主要是针对社区内的困境家庭，即为低保低收等困境家庭开展的系列活动，在帮扶的过程中培育青少年志愿者服务力量。于2019年9月27日至10月17日，在××街辖区内分阶段推进以及开展。

此系列活动起源于广州美院城市学院环境艺术专业设计“灯饰”的课程，负责该课程的老师非常热心公益、希望培养学生社会责任感，因此希望能够与社工站合作，开展这门公益设计的社会实践课程，社工站根据困境服务对象需要帮扶的需求，与广州美院达成合作。之所以设计灯饰，立意是灯带给人光明，寓意温暖和关爱。而在社会上有很多不起眼的小地方，例如困境家庭，希望通过本次活动，照亮他们前行的道路，温暖他们的心房，引起社会更多的关注。

二、案例分析（预估）

（一）××街困境人群基本情况

截至2019年××街辖区内低保低收在册人员191人，其中长者群体39人，家庭群体111人，青少年群体41人。该群体在生理、心理、社交、经济等单个或多个方面存在问题，导致无法进行正常劳动或收入达不到正常生活水平而申请低保低收，但即使获得了正式资源的救助，也还不能让他们完全摆脱困境，此时更需要获得更多的社会关注和社会救助。困境家庭能力、资源的缺失或不足，使得他们的社会支持网络较薄弱，因此如何帮助他们提升应对困境的能力以及获取更多的社会资源，是社会工作者服务的切入点。

（二）××街困境人群的需求

1. ××街内困境群体存在居家安全环境改善的需求

××街辖区内为楼龄较高、环境较旧的社区，房屋的内部较陈旧狭窄，灯光昏暗，光线不足，对于居住在里面的人群而言，存在较大的安全隐患，例如容易跌倒受伤，特别是长者和残康人士。另外，长期处于昏暗的环境中生活，容易影响心理健康，让人产生压抑、焦虑的情绪，虽然如此，但他们没有实际行动去改善，主要原因：一是在经济方面较困难。二是知道存在隐患，但是不知道如何去改善，希望得到帮助。

2. ××街内困境群体家庭有获得物质帮扶的需求

社区低保低收困境家庭除了有政府提供的购物卡、节日慰问品等物资帮扶之外，还有少量爱心企业不定期捐赠的米和月饼，但对于他们来说，是远远不足的，低保低收家庭还希望获得日常用品、家电、辅食类食品、扶手等物质帮扶。此部分群体中，有一类为以老养残的家庭，他们虽然有政策补贴（低保金、残疾金等），但是如果遇到突发事件或者特殊情况（如冬天需要购置价格相对较高的衣服或者残疾子女身体情况恶化如大小便失禁需要使用护理垫等），经济负担会明显加大。

3. 社区低保低收困境家庭有增强人际支持的需求

大部分低保低收家庭的人际支持网络比较薄弱，最亲密的只有家人或者个别亲戚，遇事不懂得向外寻求帮助，对身边的朋友有所顾虑，觉得朋友也没有多余的能力来帮助自己，因此就不愿去麻烦其他人，但自己扛着会感觉到喘不过气，情绪很焦虑，希望能够获得更多外界的关注，能够有更多的情感关怀，减轻自己的情绪负担。而此部分家庭的青少年来往群体同样较单一，因家庭的关系，青少年会比较内向，虽愿意与外人接触，但不会主动去接触或不知道如何去接触，遇到困难时也很难去求助别人，他们同样也需要获得更多的人际支持。

综上需求，社会工作者与广州美术学院合作，设计了“光照小地方，温暖你心房”社区困境家庭帮扶系列活动，通过组织美院学生志愿者进行社区探访，为困境群体提供情感慰问，增加人际支持，并收集微心愿，增强人际支持；之后，美院学生根据服务对象家庭环境和改善环境的需求，为困境家庭设计和制作对应的“灯饰”，并亲自上门赠送，用于改善家庭昏暗的环境，带去活力、关怀和慰问；同时，进行义卖筹集善款；最后，利用善款完成服务对象的微心愿，购买所需物资或用于其他公益项目的帮扶。

三、服务计划

（一）服务目标

1. 总目标

改善困境群体的居家环境，增强困境群体的社会支持网络。

2. 具体目标

（1）在活动结束后，有80%的受访困境家庭能够获得一盏灯饰，昏暗的居家环境得到改善；

（2）在活动结束后，有80%的受访困境家庭能够获得情感支持，人际支持得到增强；

（3）在活动结束后，能够筹得不低于灯饰成本（1000元）的善款，并能够用于帮扶困境群体。

（二）服务理念/理论

社会支持理论，是指由一组个人之间接触所构成的关系网，通过这些关系网个人得以维持其认同，并获得情绪支持、物质援助、服务、信息、新的社会接触，并由各种正式的和非正式支持构建起来的支持网络体系。依据社会支持理论的观点，一个人所拥有的社会支持网络越大，就能越好地应对来自各种环境的挑战。个人所拥有的资源又可分为个人资源和社会资源。以社会支持理论取向的社会工作，强调通过干预个人的社会网络来改变其在个人生活中的作用。特别对那些社会网络资源不足或者利用社会网络能力不足的个体，社会工作者致力于给他们必要的帮助，帮助他们扩大社会网络资源，提高其利用社会网络的能力。

××街的困境群体在经济、物质、人际上的支持都比较薄弱，能够获得的社会资源也较少，有些基本没有，他们的社会支持网络都较小，所以在应对困境的时候，会显得力量不足。因此，在活动过程中，社会工作者通过增强服务对象的物资支持和人际支持，来增强他们的社会支持网络，促进他们获得更多的社会资源和情感支持，从而增强他们应对困境的信心和能力，帮助他们更好地缓解困境。

（三）服务流程

时间	本环节目标	具体内容	备注
2019. 9. 25—2019. 9. 27	预热阶段：明确服务对象需求，提供人际支持	1. 招募组织广州美术学院志愿者，确定参与人数 2. 与美院老师沟通活动安排，确定参与时间 3. 社会工作者带领美院志愿者上门探访困境居民，了解服务对象家庭居家环境和服务对象基本情况，收集微心愿，总结服务需求	带领上门人手不足——统筹各领域合作，确保志愿者上门探访时有社会工作者可以带领
2019. 10. 14—2019. 10. 17	准备阶段：设计和制作灯饰，宣传活动背景与预告，确定人、物、地安排	1. 美院学生设计和制作灯饰 2. 社会工作者整理服务对象信息和需求，沟通志愿者制作灯饰情况 3. 制作公众号推文，通过发送微信群和转发朋友圈进行宣传，吸引社会关注 4. 准备义卖活动开展的物资、人员、场地等协调工作和安排	普通灯饰较难吸引爱心人士购买——有针对性地结合服务对象情况和特点，赋予每盏灯饰一个家庭故事，能够更有吸引力
2019. 10. 17 上午	收获阶段：链接社会资源，募集资金；赠送灯饰，改善居家环境	1. 志愿者培训，进行活动人员分工安排 2. 布置活动现场，进行灯饰义卖活动 3. 统计整理灯饰义卖情况，总结资源链接成果，制订善款使用方案 4. 志愿者上门探访慰问，赠送灯饰，进行居家环境美化 5. 利用善款完成服务对象微心愿	1. 义卖活动人气不足——提前宣传，拓展宣传渠道，学校和社区同步宣传，选择人群集中的位置开展 2. 灯饰对于服务对象的实用性不高——根据不同困境家庭需求，设计相应的灯饰，用义卖经费购买慰问品，合理满足服务对象需求
2019. 10. 17 下午	收尾阶段：总结活动，扩大社会影响力	1. 收集服务对象与志愿者对本次活动的反馈 2. 公众号新闻推送与后续服务反馈跟进	

四、服务计划实施过程

（一）预热阶段：沟通筹备，上门收集需求，送去关怀。

活动预热阶段主要是与学校老师沟通本系列活动的安排，确定活动时间、形式、参与人员、物资等，之后开展前期的探访，做好后续活动的准备。本系列活动共有 40 名美术学院学生参与，根据探访服务对象的人数分成 7 个小组。出发前，由社会工作者进行岗前培训，包括服务对象总体情况介绍、访谈技巧、探访目的、注意事项等的讲解。之后由社会工作者带领到各个服务对象家中，开展探访，主要了解了服务对象家庭居家环境和服务对象基本情况，收集了微心愿，如安装小夜灯、购买窗帘等。共探访 14 户困境家庭，包括长者、青少年、残康人士，初步为他们送去了关怀和慰问。

（二）准备阶段：结合需求，设计制作灯饰，筹备义卖。

探访结束后的两周内，由美院学生志愿者根据服务对象的情况和需求，设计灯饰并亲手制作，社会工作者及时跟进制作情况，提供必要的信息支持。此外，社会工作者开始筹备义卖活动，包括线上线下的宣传、招募志愿者、沟通活动场地、准备物资等事宜，活动开展前与美术学院负责老师沟通，协商活动细节，以及后续的义卖款项跟进。

（三）收获阶段：筹集善款，改善居家环境，赠送光明。

灯饰义卖环节。该环节主要由前期探访和设计的美院学生参与，活动在合兴苑小学门口开展，一部分志愿者在现场进行摊位义卖，另一部分志愿者在社区中走动，向商铺和居民介绍本次活动和义卖品，进行流动义卖。现场进行灯饰展示并有音乐暖场，活动气氛活跃，社会工作者与美院负责老师共同向居民介绍活动主题和义卖背景，吸引了居民对帮扶社区困境家庭的关注和支持，其中一位热心人士看到公众号的推文后，花了两个小时特意从其他地方过来支持活动。通过线上与线下同步进行，本次义卖共卖出灯饰 16 盏，款项达到 1824 元，还有社会爱心人士现场捐款，为帮扶困境家庭奉献自己的绵薄之力，获捐善款 43 元，义卖与捐款累计金额共 1867 元。义卖环节开展情况达成预期目标。

探访慰问环节。同日下午，社会工作者组织美院学生上门探访，将根据服务对象设计的灯饰赠送给对应的家庭，并带去背后的故事，鼓励服务对象，增强他们应对困境的信心，带给他们不一样的光明，温暖他们的心房。同时，使用部分义卖善款，购买服务对象需要的物资，如窗帘、绿植、夜灯等，为服务对象布置家庭，开展居家环境美化工作，完成了两户的微心愿。在探访过程中，服务对象通过此次活动改善了居住环境，得到了社会人士和志愿者的帮助，对此表示感谢。

（四）收尾阶段：总结成效，扩大社会影响，引起关注。

收集服务对象对本次活动的感受和反馈意见，与美院老师及学生一起总结活动成效，如活动现场有美院老师以及学生志愿者在摊位和走动进行义卖，吸引了不少居民购买灯饰支持本次活动；活动现场派发灯饰宣传单张以及展示每盏灯背后的设计故事，引起了参与者的共鸣，部分参与者购买了两盏灯饰，大力支持本次社区困境家庭帮扶系列活动；前期通过公众号和微信群推送了活动预告推文，促进了社会人士与居民对本次活动的认识。活动结束后，社工站与学校总结活动成果，并通过各自公众号、《信息时报》社区媒体、荔湾区政府网进行活动报道，大力进行宣传和推广，扩大活动效应，引起更多的社会关注。

五、案例评估

（一）评估方法与标准

1. 活动登记表、签收表

标准：签收表上义卖灯饰送给服务对象不低于 11 盏，义卖筹得善款不低于 1000 元，所得善款用于购买困境家庭微心愿物资或捐赠给社工站公益帮扶项目，有相应的记录。

2. 观察法、照片前后测

标准：困境家庭获得灯饰后，观察居家环境有明显的美观变化（房间加装灯饰后光线明显充足），并进行拍照记录，前后有明显的环境改善。

3. 访谈法

标准：被访的困境服务对象，能够表达出自己有正向的情感体验，例如开心、感动、感觉到关怀等。

（二）目标达成情况

1. 具体目标

（1）在活动结束后，有 80% 的受访困境家庭能够获得一盏灯饰，昏暗的居家环境得到改善。

此目标达成。根据在活动现场参与者购买灯饰填写义卖登记表的统计情况，了解到有 100% 的困境家庭能够获得 1 盏灯饰和慰问品，在探访过程中，92% 的服务对象表示本次活动链接到的社区资源可以帮助到改善居住环境，如加装灯饰、窗帘之后环境更加舒适，有明显的美观变化，房间光线更加充足。

（2）在活动结束后，有80%的受访困境家庭能够获得情感支持，人际支持得到增强。

此目标达成。通过回访被访对象，100%的服务对象表示感谢，获得关注和帮扶很开心，部分服务对象表示看到设计品后，非常感动，体会到满满的正能量。通过本系列活动促进了社区困境家庭获得社会大众的人际支持，社会网络得到增强。

（3）在活动结束后，能够筹得不低于灯饰成本（1000元）的善款，并能够用于帮扶困境群体。此目标达成。本次筹款额为1867元，超出成本，在活动现场不仅通过义卖筹集了预期善款，同时也有社区居民了解活动意义后，愿意个人捐款支持本次活动，参与帮扶社区困境家庭，之后善款用于实现两户家庭的微心愿，改善居家环境，剩余款项捐赠至青少年困境帮扶项目中。

2. 总目标

本系列活动的总目标是改善困境群体的居家环境，增强困境群体的社会支持网络。最终帮助14户困境家庭改善了居家环境，拓展了他们的人际支持和物资支持，社会支持网络得到增强，此次链接的资金将持续性地用于帮扶青少年困境家庭，具有延续效应。

（三）服务对象反馈

1. 服务对象H阿姨反馈

志愿者第一次上门探访听到我说出的需求，每一句话都记在心里，再次上门时为我儿子购买了感应灯安装到合适的位置，把一切细节都考虑了进去，真的很用心。看到志愿者设计的枯木中发出暖光的灯饰，看到这盏灯以自己为形象设计的，相当感动。有光的枯木不再象征着衰老，就像这班学生，为我带来了正能量。

2. 服务对象O伯反馈

服务对象对志愿者赞道："这帮'00后'好叻!"由于服务对象行动不便，志愿者为其设计了一盏拐杖灯，既能够照亮也方便出行。

（四）服务合作方的评价

1. 广州美术学院H老师评价

通过与社工服务站的合作，同学们在社工的带领下去探访这些家庭，并真实地为不同的家庭进行"灯"设计。一方面让长者们感觉晚年并不孤独，社会各界人士都会有爱并关注他们，在同学们去探访和交流中，老人家也教导学生们许多人生和生活经验，也让老人感知自己的价值感；另一方面，参与此次活动也让学生们在基础设计课程中就开始培养设计师的社会责任感，除了学习掌握材料、结构、形式法则等各种专业知识和解决设计使用功能外，更要关注到使用的人，真正的学以致用，让设计融入社会，服务社会。

这是一次很好的关爱别人、成长自己的学习体验。最后一天，同学们的课程汇报看到大家在过程中用心的付出，让我感动不已，热泪盈眶，非常感谢给我们这样一个跨领域学习成长的机会，通过此次活动非常有收获。

（五）服务产生的社会影响

资源链接情况：本次义卖活动筹得善款 1867 元，受惠困境家庭 14 户，服务对象居家环境得到改善。

媒体宣传推广：在活动开展前后与学校媒体、微信 e 家通、社工站微信公众号、荔湾区政府网等共同进行线上活动的推广，浏览人次累计达约 2000 人次，社会影响力较好。

活动结束后，获得了购买方的认可与肯定，后续还吸引了《广州日报》《老年报》的采访报道，通过线下纸媒大篇幅的报道，扩大了社工站服务知晓度，让更多社会人士了解到本次活动的开展，能够呼吁更多人群支持困境家庭的帮扶，增强了社会影响力。

六、专业反思

（一）本次活动主要存在以下问题

义卖环节场地人流量不高，使得义卖活动时间延长，没有很好合理安排时间。

由于义卖活动开展时间计划在上午举行，位于小学附近的路口位置该时间段人流量不高，使得活动开始后的一段时间都没有人购买灯饰支持活动，最终只能延长义卖活动时长，继续进行宣传和摊位义卖。下次开展此类活动，需要提前了解好时间阶段的人流量，合理做好时间安排。

由于志愿者人数较多，因此志愿者岗前服务技巧的培训未能做到较精细。

本次到场志愿者共 40 多名，由于人数较多，并未能够准时到达社工站，最终社会工作者进行活动前培训分工较为仓促，对于志愿者服务能力的培训没有达到预期的效果，使得在服务过程中个别志愿者出现散漫和不熟悉安排的情况，在探访的过程中也出现沟通上的失误，因此鉴于较多人参与的岗前培训，需分组进行培训，并着重强调注意事项，如探访困难家庭应注意不能说敏感的词语。

（二）运用社会支持理论的反思

本次活动主要运用社会支持理论来为服务对象搭建支持网络，以链接资源的形式来满足服务对象需求。活动从社会资源为切入点，通过社会工作者、志愿者、社区居民、社会爱心人士等资源，扩大困境群体社会网络的广度，吸引更多的社会人士关注和支持本次活动。在理论运用过程中会较少关注到服务对象个人资源的运用，可能会导致其产生依赖心理，习惯性地接受目前的处境，不愿意再作出努力。除了链接社会资源之外，还可以更加深入地去挖掘和激活服务对象本身的潜能，调动个人资源，从而往助人自助的方向去发展，让自己成为更好的自己。

七、服务感言

为居民实现我所能，提升我所不能。通过本次活动链接资源帮助社区困境家庭，这不只是一个人的力量，而是通过社会工作者的努力、挖掘和调用社会支持和社区资源，带动一群人去参与，去付出；为了帮助到社区中有需要的人，去完成的一次壮举，从筹备、沟通、排练、开展、总结、跟进，一步一步去努力和完成，最终受益的并不仅仅是服务对象，还有志愿者和社会工作者，从中都会有收获和成长。社会工作者是服务提供者，也是服务受惠者。

八、督导点评

活动的设计、构思与内容是一个较完整衔接的环节，在此过程中，社会工作者调动了美院大学生、社区居民等资源参与其中。虽然活动的受益群体是社区中的困难家庭，但是大学生志愿者在参与义卖、上门探访、设计灯饰、赠送灯饰环节中也能得到成长与锻炼，是一个很好的双向成长。本次活动作为学校与社工站合作的一个良好开端，社会工作者可考虑与学校的固定班级或社团签订合作意向协议，让此活动形式形成一个定期的、固定的项目，让更多居民受益，将活动的影响传播得更广。

参考文献

［1］王思斌．社会工作概论［M］．北京：高教出版社，2004.

［2］沙莲香．社会心理学［M］．北京：中国人民大学出版社，2002.

［3］王瑞鸿．人类行为与社会环境［M］．上海：华东理工大学出版社，2002.

［4］贾春增．外国社会学史［M］．北京：中国人民大学出版社，1989.

［5］［德］诺贝特·埃利亚斯．个体的社会［M］．南京：译林出版社，2003.

［6］埃米尔·涂尔干．社会分工论［M］．北京：三联书店，2005.

［7］沙依仁．高龄学［M］．台湾五南图书出版公司，1996.

［8］江亮演．老人福利与服务［M］．台湾五南图书出版公司，1988.

［9］朱佩兰．安老与社会工作［M］．香港：香港中文大学出版社，2001.

［10］关锐煊，颜文雄．老人小组、社区、行政工作［M］．香港：香港集贤社，1993.

［11］陈墀成，黄河．社会工作概论［M］．厦门：厦门大学出版社，2000，第二版，

［12］陈杏铁，张正义．老年社会工作［M］．北京：中国人民大学出版社，2003.

［13］袁华音，王青山．社会工作概论［M］．济南：黄河出版社，1990.

［14］雪娃，杜鹏．21 世纪·中国老龄问题老干部工作论坛［M］．北京：中国人口出版社，1998.

［15］黄雪行，范浩荣，王先益．面向 21 世纪的老年学研究［M］．北

京：中华书局，2001.

［16］时正新．中国社会福利与社会进步报告（2000）［M］．北京：社会科学文献出版社，2000.

［17］靳士英．老年健康长寿小百科［M］．北京：人民军医出版社，2001.

［18］田雪原．跨世纪人口与发展［M］．北京：中国经济出版社，2001.

［19］罗淳．从老龄化到高龄化——基于人口学视角的一项探索性研究［M］．北京：中国社会科学出版社，2001.

［20］杨善华，沈崇麟．城乡家庭——市场经济与非农化背景下的变迁［M］．杭州：浙江人民出版社，2000.

［21］汝信，陆学艺，李培林．社会蓝皮书——2002 年：中国社会形势分析与预测［M］．北京：社会科学文献出版社，2002.

［22］田雪原，等．中国老年人口社会［M］．北京：中国经济出版社，1991.

［23］何金铠，高殿芳．新编老年百科全书［M］．北京：中国人事出版社，1993.

［24］邬沧萍．社会老年学［M］．北京：中国人民大学出版社，1999.

［25］袁缉辉，张钟汝，等．社会老年学概论［M］．上海：复旦大学出版社，1992.

［26］刘华伯．老年学概论［M］．重庆：重庆大学出版社，1993.

［27］刘寻，朱京慈．中老年养疗图典［M］．重庆：重庆大学出版社，2001.

［28］江百年，白洁．老年病的防治与调理［M］．赤峰：内蒙古科学技术出版社，2001.

［29］莫雷．心理学［M］．广州：广东高等教育出版社，2000.

［30］张颖．闲窥石镜清我心——老年心理保健［M］．西安：三秦出版社，2000.

［31］黄翔岳，辛利．老年心理解读［M］．广州：中山大学出版社，2001.

［32］杨心德．老年心理障碍［M］．上海：上海三联书店，2001.

［33］郑梓桢．改革开放进程中的广东老年人口［M］．北京：中国人口出版社，1999.

［34］［美］乔恩·亨德里克斯，戴维斯·亨德里克斯．金色晚年——老年问题面面观［M］．上海：上海译文出版社，1992.

［35］王全珍．现代老年护理学［M］．北京：人民军医出版社，1999.

［36］国务院．国务院关于印发“十四五”国家老龄事业发展和养老服务体系规划的通知［EB/OL］．http://www.gov.cn/zhengce/content/2022-02/21/content_5674844.htm.

［37］人民网．民政部：截至2021年底我国60岁及以上老年人达到2.67亿［EB/OL］. http://society.people.com.cn/n1/2022/0901/c1008-32517241.html.

附录一：心理衰老自我测试问卷

这套心理衰老自我测试问卷包括了 A、B、C 三个部分，每个部分都由一系列反映老年人心理变化或衰老现象的项目组成。老年人可以用这些测试题来测试自己的心理衰老程度，既可以选择一个部分，也可以将三个部分综合起来使用。

（一）测试问卷 A

1. 即使戴了眼镜也看不清东西。
2. 没有一个年轻的朋友。
3. 不喜欢看报刊的“智力园地”这类内容。
4. 不能一下子说出“水”的五种不同用途。
5. 别人和您说话非得凑在耳边大声讲才行。
6. 不能一下子顺背七位或倒背五位数。
7. 做事情不能坚持到底。
8. 看到小说中描写有关爱情的段节一跳而过。
9. 害怕外出。
10. 在两分钟内不能从 100 开始连续减 7 直至减到 2。
11. 喜欢一个人静静地坐着。
12. 不能想象出天上的云块像什么。
13. 常常和别人争吵。
14. 吃任何东西都感到味道不好。
15. 不想学习新的知识和技能。
16. 常常把一张立体图看成是一张平面图。
17. 不喜欢下棋这类动脑子的游戏。

18. 总以为自己比别人高明。
19. 以前的许多兴趣爱好现在都没有了。
20. 记不清今天是几号，也记不清今天是星期几。
21. 钱几乎都花在吃的方面。
22. 老是回顾过去。
23. 常常无缘无故地生气。
24. 不喜欢听纯粹的音乐。
25. 喜欢反复讲一件事。
26. 看了书、电影、戏剧后，回忆不起它们的内容。
27. 别人的劝告一点儿听不进。
28. 对未来没有计划和安排。
29. 常常看错东西或听错话。
30. 走路离不开拐杖。

在以上现象中，如果你有26~30种，那么你是极度衰老；21~25种为明显衰老；16~20种为中度衰老；10~15种为轻度衰老；10种以下基本没有衰老。

（二）测试问卷B

1. 记不住最近的事情。
2. 如有急事在身，总感到心情焦急。
3. 事事总好以我为中心，以关心自己为主。
4. 总好说过去的事。
5. 对过去的生活总是后悔。
6. 对眼前发生的任何事情都感到无所谓。
7. 愿意自己一个人生活，不想麻烦别人。
8. 很难接受新事物。
9. 对噪声十分烦恼。
10. 不喜欢接触陌生人。
11. 对社会的变化恐慌不安。
12. 很关心自己的健康。
13. 喜欢讲自己过去的本领和成就。

14. 好固执己见。
15. 喜欢做无聊收藏家。

在以上现象中，如果你有 13 ~ 15 种，那么你是极度衰老；10 ~ 12 种为明显衰老；7 ~ 9 种为中度衰老；4 ~ 6 种为轻度衰老；3 种以下基本没有衰老。

（三）测试问卷 C

1. 经常会发生胆怯和害怕。
2. 别人做错事，自己会感到不安。
3. 别人稍有冒犯就火冒三丈。
4. 别人请求帮助时，会感到不耐烦。
5. 经常会感到坐立不安，情绪紧张。
6. 脾气暴躁，焦急不安。
7. 看见生人会手足无措。
8. 一点不能宽容别人，甚至对自己的亲友也如此。
9. 感情容易冲动。
10. 曾进过精神病医院。
11. 有时感到生不如死。
12. 常常犹豫不决，下不了决心。
13. 不听别人劝告，一味干某些事或想某件事。
14. 没有熟人在身旁会感到恐惧不安。
15. 总是愁眉不展，忧心忡忡。
16. 在别人家吃饭时会感到别扭和不愉快。
17. 紧张时会头脑糊涂。
18. 总希望别人和自己闲聊。
19. 会无缘无故地想念不熟悉的人。
20. 经常会哭泣。

在以上现象中，如果你有 17 ~ 20 种，那么你是极度衰老；13 ~ 16 种为明显衰老；9 ~ 12 种为中度衰老；5 ~ 8 种为轻度衰老；4 种以下基本没有衰老。

附录二：老年抑郁量表

选择最适合您最近一周来的感受的答案。测试的每个条目只需回答“是”或“否”，其中有20条用正序记分（即回答“是”表示抑郁存在），10条用反序记分（即回答“否”表示抑郁存在）。凡被试者的回答与标准一致时，记1分。

问题	标准
1. 你对生活基本上满意吗?	（否）
2. 你是否已经放弃了许多活动与兴趣?	（是）
3. 你是否觉得生活空虚?	（是）
4. 你是否常感到厌倦?	（是）
5. 你觉得未来有希望吗?	（否）
6. 你是否因为摆脱不掉脑子里的一些想法而烦恼?	（是）
7. 你是否大部分时间精力充沛?	（否）
8. 你是否害怕会有不幸的事落到你头上?	（是）
9. 你是否大部分时间感到幸福?	（否）
10. 你是否常感到孤立无援?	（是）
11. 你是否经常坐立不安，心烦意乱?	（是）
12. 你是否希望待在家中而不愿去做些新鲜事?	（是）
13. 你是否常常担心将来?	（是）
14. 你是否觉得记忆力比以前差?	（是）
15. 你觉得现在生活很惬意吗?	（否）
16. 你是否常感心情沉重、郁闷?	（是）
17. 你是否觉得像现在这样活着毫无意义?	（是）
18. 你是否总为过去的事忧愁?	（是）

19. 你觉得生活很令人兴奋吗？（否）
20. 你开始一份新的工作很困难吗？（是）
21. 你觉得生活充满活力吗？（否）
22. 你是否觉得你的处境已毫无希望？（是）
23. 你是否觉得大多数人比你强得多？（是）
24. 你是否常为一些小事伤心？（是）
25. 你是否常觉得想哭？（是）
26. 你集中精力有困难吗？（是）
27. 你早晨起来很快活吗？（否）
28. 你希望避开聚会吗？（是）
29. 你做决定很容易吗？（否）
30. 你的头脑像往常一样清晰吗？（否）

注：记分标准——0～10 分为正常范围，11～20 分为轻度抑郁，21～30 分为中重度抑郁。

附录三：有关老年人的 37 部经典电影推荐单

1.《普罗旺斯的夏天》
2.《人生果实》
3.《亲爱的，不要跨过那条江》
4.《金色池塘》
5.《关于施密特》
6.《长寿商会》
7.《飞越老人院》
8.《与玛格丽特的午后》
9.《四重唱》
10.《爱在记忆消逝前》
11.《爱》
12.《遗愿清单》
13.《一个叫欧维的男人决定去死》
14.《孙子从美国来》
15.《我们俩》
16.《爱・回家》
17.《我爱你》
18.《东京家族》
19.《东京物语》
20.《天伦之旅》
21.《推手》
22.《饮食男女》
23.《天水围的日与夜》

24.《桃姐》
25.《剃头匠》
26.《老爸的单程车票》
27.《阿嬷，不要忘记我》
28.《楢山节考》
29.《樱花盛开》
30.《我们天上见》
31.《世界上最疼我的那个人去了》
32.《大病人》
33.《生之欲》
34.《老人与海》
35.《老人与猫》
36.《亲爱的奶奶》
37.《去见小洋葱的母亲》

后　记

党的十八大以来，党中央、国务院高度关注人口老龄化问题，关心老龄事业改革发展和老年群体福祉改善，提出了一系列发展老龄事业、加强老龄工作的新思想、新理念、新战略。党的二十大指出，“实施积极应对人口老龄化国家战略，发展养老事业和养老产业，优化孤寡老人服务，推动实现全体老年人享有基本养老服务”。

“莫道桑榆晚，为霞尚满天。”本书从积极老龄化的视角入手，呈现出老年社会工作服务层面的专业技巧、理论方法和实践经验，同时重视老年社会工作服务领域“百善孝为先”“老有所依”“老有所养”“老有所乐”“老有所为”“老有所学”等重要育人理念，强调老年社会工作对新时代大学生思想政治意识和观念的塑造，实现“立德树人”这一老年社会工作高质量人才培养的最高目标。希望通过本书的学习，让所有老年社会工作服务领域的从业者和学习者都能具备开展老年社会工作服务所需的道德观念、基本知识、职业素质和专业服务能力，让所有老年人都能拥有一个幸福美满的晚年。

全书由朱媛媛副教授、阎安副教授共同编著，是朱媛媛副教授主持教育部2021年度人文社会科学研究青年基金项目（项目名称：循证社会工作介入养老机器人居家照护实践模式研究，项目编号：21YJC840039）；广东省社科规划2022年度常规项目（项目名称：社会工作介入城市社区智能居家照护的循证实践研究，项目编号：GD22CSH01）；广州市哲学社会科学发展“十四五”规划2021年度共建课题（课题名称：迈向人工智能的老年社会工作循证研究——基于广州市养老机器人居家照护的实践体系”，课题编号：2021GZGJ213）；广东省2020年度课程思政建设改革示范项目（项目类别：示范课堂，项目名称：公共关系学，项目编号：粤教高函〔2021〕4号）；广东省2021年度研究生教育创新计划项目（项目名称：“三全育人”引领下理工类高校研究生课程思政教学的整合介入模式研究，项目编号：

2021JGXM040）；广东省 2022 年度教育科学规划课题（党建研究专项）（课题名称：高校学生党支部组织生活创新模式研究——基于学生社区社工服务站的构建与实践）；2022 年广东省研究生教育创新计划项目（项目名称：社会服务项目管理与评估，项目编号：2022SFKC040）；2021 年广东省一流本科课程（项目名称：公共关系学，项目编号：粤教高〔2019〕7 号）；广东工业大学 2020 年度本科教学工程项目（项目名称：老年社会工作，项目编号：广工大教字〔2020〕22 号）；广东工业大学 2021 年度本科教学工程项目（项目名称：基于“课程思政”理念的《公共关系学》混合式课堂的创建与实践，项目编号：广工大教字〔2021〕71 号）；广东工业大学 2021 年党建理论研究课题（项目名称：高校基层党建品牌化建设研究——基于学生社区社会工作服务站的构建与实践）；广东工业大学 2021 年度高等教育研究基金项目（项目名称：新工科与新文科背景下教育机器人服务课堂的“广工模式”研究——基于多模态学习分析视角，项目编号：GJXM20210128）的研究成果。

全书由朱媛媛副教授提供详细的编写提纲和写作要求，而后由朱媛媛副教授和阎安副教授共同逐字逐句进行审稿、修改、统编、定稿，冉戈、温云油、胡燕、王兴龙、王曼曼、王顺兴协助做了较多的辅助性工作。具体作者分工如下：

第一章到第八章，朱媛媛、阎安；

第九章，冉戈、温云油、阎安；

第十章，胡燕、王兴龙、王曼曼、王顺兴、朱媛媛；

朱媛媛、胡燕负责书稿的最后审读。

本书的出版凝聚了编著者的心血，是集体智慧与汗水结出的硕果。在编著过程中，参阅了大量国内外相关文献，听取了诸多同行专家的意见，得到了广东工业大学法学院和广州市广爱社会工作服务中心的大力支持，在此特别感谢林丽婷、陈建红、王霖都、简琳寓、何心意、林丽婷、黄凤鸣、曾可颖、张欣、薛惠琴、郑仪、邹燕清、陈建涛和蔡丽萍等为本书的编著提供了相关素材。另外，中国社会出版社孙武斌、李新涛等编辑细心编校，对他们付出的辛勤劳动，表示深深的谢意！由于理论修养、实务经验及人力物力的限制，本书仍然存有不足与遗憾之处，真诚地希望业内同行在阅读或使用本书的过程中提出批评与建议。

编著者

2022 年 11 月